THOMAS ERIKSON

DIE NARZISSTEN UNTER UNS

THOMAS ERIKSON

DIE NARZISSTEN UNTER UNS

Toxische Menschen erkennen und ihnen klare Grenzen setzen

mvgverlag

Bibliografische Information der Deutschen Nationalbibliothek
Die Deutsche Nationalbibliothek verzeichnet diese Publikation in der Deutschen Nationalbibliografie. Detaillierte bibliografische Daten sind im Internet über https://dnb.de abrufbar.

Für Fragen und Anregungen
info@m-vg.de

3. Auflage 2025

Türkenstraße 89
80799 München
Tel.: 089 651285-0

Die schwedische Originalausgabe erschien 2021 bei FORUM unter dem Titel ***OMGIVEN AV NARCISSISTER***.

Übersetzung: Katja Theiß
Redaktion: Ariane Novel
Umschlaggestaltung: Pamela Machleidt
Abbildungen Innenteil: shutterstock/Lucky Photographer; nitinut380; James Hime; Chere; Pan Xunbin; Teddy Leung; Showtime.photo; Haggardous50000; Whitevector
Layout und Satz: Christiane Schuster | www.kapazunder.de
Druck: ScandBook, Litauen
Printed in the EU

Wir produzieren nachhaltig
www.m-vg.de

ISBN Print 978-3-7474-0442-3
ISBN E-Book (EPUB, Mobi) 978-3-96121-851-6

Weitere Informationen zum Verlag finden Sie unter

www.mvg-verlag.de

Beachten Sie auch unsere weiteren Verlage unter www.m-vg.de

Inhalt

Einleitung ... 9

TEIL 1. NARZISSMUS – EINE KURZE EINFÜHRUNG ... 19

1. Was ist Narzissmus? ... 21
2. Immer einen Tick besser als der Durchschnitt ... 34
3. Die anderen zwei der dunklen Triade ... 39
4. Ist es normal, die ganze Zeit an sich selbst zu denken? ... 49
5. Eine erste Begegnung mit Linda ... 62

TEIL 2. NARZISSMUS – EIN GENAUERER BLICK ... 67

6. Über die Tiefen komplexer Seelen ... 68
7. Liebe ich mich selbst? It's complicated! ... 73
8. Emotionen und Narzisst:innen – wie Öl und Wasser? ... 85
9. Die Geheimsprache der Narzisst:innen ... 93
10. Hat ein wenig Narzissmus jemals geschadet? ... 99
11. Manipulation ... 106
12. Wer ist gefährdet, Opfer von Narzisst:innen zu werden? ... 132
13. Was macht jemanden zum/zur Narzisst:in? ... 149
14. Die Herausforderungen des Narzissmus ... 157

TEIL 3. ÜBER DEN UMGANG MIT NARZISST:INNEN ... 167

15. Die Nähe zu Narzisst:innen als Herausforderung ... 168
16. Sich von Narzisst:innen befreien ... 175
17. Sich systematisch und strukturiert für immer befreien ... 185
18. Kann man Täter:innen vermissen? ... 201
19. Ein Treffen mit Linda – eine Analyse ihres Verhaltens ... 209

TEIL 4. EINE NARZISSTISCHE KULTUR **213**
20. Wenn das Problem mehr als nur ein paar Menschen betrifft 214
21. Ausdrucksformen einer narzisstischen Kultur 220
22. Der buchstäbliche Blick in den Rückspiegel 233
23. Aggression und kollektiver Narzissmus 239
24. Wie konnte es so weit kommen? 255
25. Selbstwertgefühl – der Mühe wert? 263
26. Wie haben die 1970er-Jahre unsere Eltern beeinflusst? 272
27. Teste dich selbst: Bist du ein/e Narzisst:in? 292
28. Sei die Veränderung 309

Zum Abschluss.

Linda, dritter Teil: Wie können wir ihr helfen? 322

Bibliografie und Quellen 326

Einleitung

I

Liebe kann das Schönste sein, was ein Mensch in seinem Leben erfährt. Wahre, echte Liebe, die erwidert wird und stark genug ist, um den Kern deines Wesens zu erschüttern. Sie lässt dein Herz rasen und deine Beine werden weich wie nie zuvor. Ich spreche von der Art von Liebe, bei der du träumerisch zum Horizont blickst und dich unendlich nach dem Objekt deiner Begierde sehnst. Eine Liebe, die dich dazu bringt, deine/n Partner:in vor jeder aufkommenden Bedrohung beschützen zu wollen. Normalerweise braucht es zwei Menschen, um diese Art von unendlicher, überlebensgroßer Bewunderung zu erschaffen. Aber manchmal ist es auch anders.

Vor einigen Jahren habe ich *Hilfe, Psychopathen!* geschrieben. Seit der Veröffentlichung haben mir unglaublich viele Leute vorgeschlagen, doch auch ein Buch über Narzisst:innen zu schreiben. Zunächst hat mich das nicht besonders neugierig gemacht. Das lag vor allem daran, dass Narzissmus und Psychopathie eng miteinander verbunden sind. Ich fand es schwierig, dem Thema wesentlich neue oder andere Aspekte hinzuzufügen.

Doch während ich an anderen Projekten arbeitete, fielen mir mit der Zeit eine Reihe seltsamer Phänomene auf, die in unserer heutigen Gesellschaft vorkommen. Aus meiner Sicht ergaben diese Entwicklungen, ehrlich gesagt, wenig Sinn. Ich ertappte mich immer öfter dabei, wie ich mit einer ganzen Reihe von Leuten, die selbst ähnliche Beobachtungen gemacht hatten, über eher ungewöhnliche Fragen diskutierte. Immer häufiger traten Phänomene, die wir zuvor noch nie beobachtet hatten, direkt vor unseren Augen auf.

In der Zwischenzeit kamen immer wieder Anfragen von verschiedenen Seiten: »Wann schreiben Sie ein Buch über Narzissmus?« Schließlich wurde mir die Frage von jemandem gestellt, den ich nicht abwimmeln konnte, und ich fing an, zugegebenermaßen anfangs etwas widerwillig, zu recherchieren. Nach einigen gründlichen Nachforschungen rund ums Thema Narzissmus dämmerte mir, dass ich auf die Erklärung für eine ganze Reihe von Merkwürdigkeiten gestoßen war, die überall zu beobachten sind.

Die psychiatrische Definition der narzisstischen Persönlichkeitsstörung leitet ihren Namen von der Figur des Narziss aus der griechischen Mythologie ab. Dieser für seine Schönheit berühmte Jüngling war der Sohn des Flussgottes Kephissos. Narziss war so unglaublich schön, dass sich jeder, der ihn sah, sofort in ihn verliebte. Das Problem war nur, dass er alle zurückwies, auch das junge Mädchen Echo – und dass er deshalb dazu verdammt wurde, sich in sein eigenes Spiegelbild zu verlieben.

In einer Version des Mythos – es gibt erstaunlich viele konkurrierende Versionen – verhungert Narziss einfach, während er am Teich sitzt und sein Spiegelbild betrachtet. Schließlich verwandelt er sich in eine weiß-gelbe Blume, die seither nach ihm benannt ist; zur Gattung der Narzissen gehören zum Beispiel auch die Osterglocken.

Welcher Version des Mythos wir auch immer Glauben schenken wollen, der arme Narziss war, soweit wir wissen, der erste Mensch, der dieser mächtigen Form der Selbstliebe zum Opfer fiel. Aber da es sich bei Narziss um eine mythische Figur handelt, ist es wahrscheinlich, dass das Problem schon bekannt war, bevor die Geschichte zum ersten Mal erzählt wurde. Mythen beschreiben und erklären in der Regel Dinge, die die Menschen bereits vorher kennengelernt haben. Und wir kennen das Phänomen auch nur zu gut.

Jene Menschen, die unaufhörlich über sich selbst reden und der Welt ihr unglaubliches Wissen, ihre Fähigkeiten, ihre Erfahrung und ihre Referenzen aufdrängen; die sich berechtigt fühlen, von allem, was das Leben zu bieten hat, das Beste zu bekommen; die sich besser, attraktiver und erfolgreicher fühlen; die Hunderte von Selfies machen, sie akribisch prüfen, um das beste herauszufiltern, und dann vor lauter Wut explodieren, wenn der Post nicht so viele Likes erhält, wie sie meinen, verdient zu haben. Sie folgen den Trends, legen großen Wert darauf, gesehen zu werden, und sind anscheinend bereit, fast alles zu tun, um aufzufallen. Sie regen sich auf, wenn der erwartete Erfolg ausbleibt, und jammern, wenn die Dinge nicht so laufen, wie sie es sich vorstellen.

Vielleicht denkst du jetzt, dass es solche Leute ja schon immer gab. Früher hätten wir nur gedacht: »Was für ein/e Idiot:in!« Doch heute zieht bei einem solchen Verhalten kaum jemand die Augenbraue hoch. Denn so sieht die neue Normalität aus.

Familien, die auf einem Schuldenberg sitzen, nur damit sie mit anderen mithalten können. Eltern, die ihre Kinder davon überzeugen, dass sie alles sein können, was sie wollen, weil sie von Natur aus so fantastisch sind. Influencer:innen, deren einzige wirkliche Leistung darin besteht, in den sozialen Medien in trendigen Outfits aufzutreten. Wie lange geht das schon so?

Schüler:innen meinen, sie bräuchten nicht zu lernen, weil sie glauben, alles schon zu wissen. Der Notendurchschnitt an unseren Schulen fällt immer schlechter aus, obwohl die Benotungskriterien immer stärker verwässert werden. In Familien geben diejenigen den Ton an, die keine oder nur unzureichende Erfahrungen im wirklichen Leben haben. Teenager wählen das Urlaubsziel der Familie aus. Mütter kaufen ihren Kindern Autos, die mehr kosten als die, die sie selbst fahren. Studierende bilden einen Mob, statt sich mit ihren ideologischen Gegner:innen in einer Debatte auseinanderzusetzen – sie schimpfen und setzen auf Aufruhr, um jene Redner:innen, die sie ablehnen, mundtot zu machen. Menschen geben offen zu, dass sie alles tun würden – wirklich *alles* –, um erfolgreich zu sein. Doch erfolgreich *wobei?*, fragt man sich dann. Vielleicht bei der Teilnahme an Realityshows im Fernsehen, in denen Körper und Verhalten in einer Weise gezeigt werden, die noch vor wenigen Jahrzehnten unglaublich schockiert hätte.

Was wir heute für normal halten, sieht anders aus. Und man kann zwischen den obigen Beschreibungen und Narzissmus offensichtliche und beunruhigende Verbindungen herstellen. Denn all diese Beschreibungen enthalten deutliche Anzeichen für narzisstisches Verhalten. Manchmal muss man allerdings ein paar Schritte zurücktreten, um aus der Distanz das Muster zu erkennen. Sobald man das tut, erkennt man es ganz deutlich.

II

Die Psycholog:innen sind sich mehr oder weniger einig: Eine klinische Diagnose tritt bei etwa ein bis zwei Prozent der Bevölkerung zu. Absoluten Konsens in diesem Bereich gibt es allerdings nicht, und verschiedene Forscher:innen führen unterschiedlichen Zahlen an. Meinungsverschiedenheiten und Auseinandersetzungen gehören hier zur Tagesordnung. Wir gehen von ein oder zwei Prozent aus, diese Angabe ist für unsere Zwecke genau genug. Ein Prozent ist kein großer Anteil, jedenfalls klingt es nicht nach sonderlich viel. Eher nach einer winzigen Panne im System. Andererseits bedeutet das, dass in meinem Heimatland Schweden zwischen 100 000 und 200 000 Narzisst:innen leben.

Wendet man den gleichen Prozentsatz auf die gesamte Weltbevölkerung an, so ergibt sich eine Zahl zwischen 70 und 140 Millionen Narzisst:innen. Zwischen dem klinischen Begriff der narzisstischen Persönlichkeitsstörung (NPS) und dem, was wir als narzisstisches *Verhalten* bezeichnen, besteht jedoch ein erheblicher Unterschied. Narzisstisches Verhalten wird von Menschen an den

Tag gelegt, die offensichtliche narzisstische Tendenzen haben, ohne eine klinische Diagnose erhalten zu haben. Im weiteren Verlauf dieses Buches gebe ich eine Reihe von Beispielen für das, was ich als narzisstische Kultur bezeichne. Dabei handelt es sich um narzisstische Verhaltensweisen, die auf verschiedenen Ebenen der Gesellschaft immer häufiger anzutreffen sind. Ein Beispiel dafür ist die zunehmende Betonung des eigenen Ichs. Internationale Forschungen legen nahe, dass *dies* in der westlichen Kultur bei etwa zehn Prozent der Menschen der Fall ist, vielleicht sogar bei weit mehr. Manche sprechen sogar von 15 bis 20 Prozent.

Allein bei der Vorstellung, diesen Prozentsatz auf die Weltbevölkerung zu übertagen, überkommt mich das dringende Bedürfnis, mich im Bett zu verkriechen.

Wenn wir uns ansehen, was klinischer Narzissmus eigentlich ist, stellt man schnell fest, dass Betroffene neben anderen Merkmalen dazu neigen, unrealistische Selbstbilder zu haben, der Selbstbesessenheit zu frönen, sich für einzigartig zu halten, nur über sich selbst zu sprechen, jegliche Kritik und negatives Feedback abzuwehren, das Gefühl zu haben, dass die Regeln für sie nicht gelten, und im Grunde nach nichts anderem als äußeren Belohnungen und sozialer Anerkennung zu streben. Alle anderen – und zwar alle – sollten gefälligst den Weg frei machen, denn *hier komme ich!*

Narzisst:innen streben wirklich nach Vollkommenheit, vor allem in den Augen der anderen. Sie wollen, dass jeder sie als den schönsten, intelligentesten, informiertesten, fittesten, bestgekleideten, wohlhabendsten, erfolgreichsten und glücklichsten Menschen auf der ganzen Welt sieht und anerkennt. Und hier liegt auch das offensichtliche Problem: Dieses Ziel ist sowohl irrational als auch völlig unerreichbar.

Im Grunde kann es nichts Gutes bedeuten, wenn sich Narzissmus in der Gesellschaft immer weiter verbreitet. Wollen wir das Thema jedoch ernsthaft angehen, müssen wir erst einmal herausfinden, was da eigentlich los ist. Außerdem müssen wir uns Gedanken über die praktischen Folgen machen, die wir alle zu tragen haben, wenn wir dem Narzissmus freien Lauf lassen. Worauf ich hinauswill: Wir müssen uns der *Bedeutung der Herausforderung* bewusst sein. Wenn man nicht weiß, welches Problem man lösen soll, wird man auch nicht die Notwendigkeit einer Lösung erkennen.

Einst, vor langer, langer Zeit, gab es keine SUVs. Dann, eines Tages, wurden SUVs zu einer angesagten Sache. Einige Leute kauften sie und genossen die Vorteile eines hohen, sicheren Sitzplatzes mit guter Sicht auf den Verkehr (auf Kosten aller anderen), und sie genossen auch das Gefühl der Sicherheit, denn bei einem Zusammenstoß mit einem normalen Auto wären sie geschützt. Wer jedoch keinen Geländewagen fuhr, befand sich plötzlich in größerer Gefahr, weil er nun mit einem solchen kollidieren konnte. Die wichtigsten Kosten im Zusammenhang mit SUVs wurden im Grunde von allen anderen Fahrer:innen getragen.

Immer mehr Menschen kauften SUVs. Sie wollten sich auch sicher fühlen und einen guten Überblick über den Verkehr haben. Was aber waren die Folgen? Der Kraftstoffverbrauch stieg, die Ressourcen des Planeten wurden rücksichtsloser denn je ausgebeutet, die Emissionen stiegen … Wenn alle einen SUV fahren, würden viele der ursprünglichen Vorteile wegfallen. In gewisser Weise ist das wie eine Falle.

Narzissmus funktioniert ähnlich. Das Verhalten eines Narzissten geht auf Kosten anderer, so wie die Invasion der SUVs hauptsächlich auf Kosten anderer Autofahrer:innen ging. Narzisst:innen können ihren Stolz aufrechterhalten, indem sie auf jemanden losgehen, der sie beleidigt hat. Ebenso können sie ihr Gefühl ihrer eigenen persönlichen Großartigkeit aufrechterhalten, indem sie die Lorbeeren für die Leistungen ihrer Mitmenschen einheimsen. Sie können sich ein cooles Image als *Player* geben, indem sie sich mit zahllosen potenziellen Partner:innen verabreden, die nicht einmal von der Existenz der anderen erfahren. Narzisst:innen können sich tatsächlich weiterhin wunderbar und großartig fühlen, während sie bewirken, dass alle um sie herum leiden.

Manche gehen davon aus, dass es eine Grenze gibt, wie viele selbstverliebte Narzisst:innen wir kollektiv verkraften können. Das ist ein interessanter Gedanke: Wie viel Narzissmus kann die Gesellschaft tatsächlich ertragen? Vorausgesetzt, das Phänomen tritt wirklich gehäuft auf.

III

Natürlich ist die Frage, wie es so weit kommen konnte, unglaublich interessant. Einfach zu beantworten ist sie aber auf keinen Fall. Einige geben dem Internet und den sozialen Medien die Schuld, andere verweisen auf die allgegenwärtige Botschaft, dass wir alle unser Selbstwertgefühl kultivieren und die beste Version sein müssen, die wir sein können. Die sozialen Medien wurden ursprünglich von Menschen geschaffen, die wirklich Gutes in der Welt tun und Menschen miteinander verbinden wollten, um ihr Leben online zu teilen. Andere sind der Meinung, dass es diese narzisstischen Züge schon immer gab und sich nur dadurch geändert hat, dass wir nun die Mittel haben, sie auszudrücken.

Dass Eltern, die ihre kleinen Lieblinge vom Moment ihrer Geburt an in dem Glauben bestärken, sie seien Prinzessinnen oder Weltmeister, zugegebenermaßen mit den besten Absichten, unbeabsichtigt eine träge Armada von egomanischen Underachievern produzieren, wird dabei kaum erwähnt. Später werde ich in diesem Buch noch auf Beispiele eingehen, in denen die Leistungen von Schüler:innen mit unterschiedlichem Selbstwertgefühl verglichen wurden. Die Ergebnisse können nur als »interessant« bezeichnet werden. Sich einzubilden, dass man toll und erfolgreich ist, bevor man die Arbeit überhaupt begonnen hat, ist natürlich ein Ansatz. Allerdings wissen wir auch nicht mit Sicherheit, ob Menschen eher danach streben, sich erfolgreich zu fühlen als tatsächlich erfolgreich zu sein.

Ich möchte daher den Gedanken verfolgen, ob wir *vielleicht tatsächlich* den Punkt erreicht haben, an dem der Nutzen von Selbstbezogenheit langsam nachlässt und ihre Vorteile ausradiert. An welchem Punkt verwandelt sich ein gutes, gesundes Selbstwertgefühl in Eitelkeit und Selbstbesessenheit, wann gehen sie in einen pathologischen Egoismus über?

Selbst die, die nur dem Risiko ausgesetzt sind, narzisstische Züge zu entwickeln, und die nicht zu echten Narzisst:innen werden, sollten hier gewarnt sein. Obwohl Narzisst:innen immer in der Lage sind, einen Raum, ein Gespräch oder sogar ein ganzes Unternehmen zu beherrschen, verraten sie sich am Ende unweigerlich selbst. Die Menschen um sie herum entwickeln irgendwann eine echte Abneigung gegen sie. Wenn Narzisst:innen ihre offensichtliche Selbstbezogenheit nicht aufgeben, lösen sie bei anderen schließlich Gefühle der Abscheu aus. Das ist genau das Gegenteil von dem, was Narzisst:innen eigentlich erreichen wollen, nämlich unerschütterliche Bewunderung.

IV

Bevor ich mich mit der narzisstischen Kultur befasse, die sich gerade entwickelt, werde ich Beispiele für die narzisstische Persönlichkeitsstörung (NPS) beschreiben, die eine wirklich tiefgreifende Störung ist.

Ich möchte dich und alle anderen auffordern, sehr sorgfältig darüber nachzudenken, was wir als Gesellschaft anstreben sollten.

Was für ein Mensch wollen wir sein? Wer willst *du* sein? Wovon willst du dein Leben und dein persönliches Wachstum bestimmen lassen? Wie möchtest du von anderen gesehen werden, und zwar ab jetzt?

Wir könnten uns für den typisch narzisstischen Weg entscheiden, der mit Eitelkeit, Selbstbezogenheit, oberflächlichen Beziehungen, Gier, sozialer Isolation, Schuldgefühlen und Chaos gepflastert ist. Wir können auch einen anderen Weg wählen, einen, der uns von all diesen Dingen wegführt. Wir können nach einer weitaus größeren Wahrheit und Freiheit streben, aber auch weitreichende Verantwortung übernehmen – für uns selbst, unsere Familien, unsere Kinder und all die Menschen, die uns am Herzen liegen. Diese Verantwortung umfasst auch die Gesellschaft, in der wir leben.

Dieser Weg ist zweifellos anspruchsvoller, aber im Gegensatz zum Ansatz der Narzisst:innen, der weitgehend auf einer Illusion beruht, ist er echt. Anstatt einer utopischen Vorstellung von persönlicher Perfektion nachzujagen, können wir dafür sorgen, dass sich dieser Zustand ständig verbessert. Auch wenn dies in gewisser Weise eine Reise ohne wirkliches Ziel ist, so ist es doch eine echte Reise, bei der man sich selbst treu bleiben kann.

Eine Voraussetzung dafür gibt es allerdings: Wir müssen uns erlauben, innezuhalten und über diese Dinge nachzudenken. Wir müssen auf die Bremse treten und über Themen nachdenken, die uns für den Rest unseres Lebens beeinflussen könnten. Ein bisschen weniger an uns selbst und ein bisschen mehr an andere zu denken, ist der Weg zu wahrem Erfolg und Glück. Genau darum geht es in meinem Buch.

TEIL 1

Narzissmus – eine kurze Einführung

1
Was ist Narzissmus?

Narzisst:innen hat es, ebenso wie Psychopath:innen, schon immer gegeben. Sie gehören zur Spezies Homo sapiens dazu. Genauso wie es leise und laute Menschen, Frühaufsteher:innen und Nachteulen, Katzen- und Hundemenschen und so weiter gibt. Die Evolution hat das Phänomen des Narzissmus hervorgebracht, und es ergibt wahrscheinlich wenig Sinn, nach dem Warum zu fragen. Vielleicht ist das alles ein grausamer Scherz, den sich unser Schöpfer zu Anbeginn der Zeit ausgedacht hat. »Schaut her, wie wär's mit dieser interessanten Herausforderung – warum schicke ich ihnen nicht ein trojanisches Pferd in Menschengestalt?«

Warum eigentlich nicht? Als Spezies hat sich die Menschheit mit einer langen Reihe von Problemen und Hindernissen herumgeschlagen, die sich in einer verwirrenden Vielfalt zeigen. Narzissmus ist nur ein Beispiel unter vielen.

Beim Narzissmus muss man bedenken, dass es sich nicht um eine Krankheit handelt – es ist kein Aspekt der psychischen Gesundheit im eigentlichen Sinne. Man kann ihn nicht mit Medikamenten behandeln oder lernen, mit ihm zu leben. Narzissmus ist eine Persönlichkeitsstörung. Es ist wichtig, sich das klarzumachen, um die Vorstellung von einer Heilung oder Behandlung der Krankheit sofort ad acta legen zu können. Ich gehe später auf die gängigen Behandlungsmethoden ein, aber Narzissmus scheint genauso wenig heilbar zu sein wie Farbenblindheit oder jenes unglückliche Leiden, das manche Menschen dazu bringt, die Rolling Stones gerne zu hören. Es ist, wie man so schön sagt, was es ist.

Wikipedia sagt: »Die narzisstische Persönlichkeitsstörung (NPS) zeichnet sich durch einen Mangel an Empathie, Überschätzung der eigenen Fähigkeiten und gesteigertes Verlangen nach Anerkennung aus. Typisch ist, dass die betroffenen Personen übermäßig stark damit beschäftigt sind, anderen zu imponieren und um Bewunderung für sich zu werben, aber selbst nur wenig zwischenmenschliches Einfühlungsvermögen besitzen und nur wenig emotionale Wärme an andere Menschen zurückgeben.«

Die Mayo Clinic, eine amerikanische Non-Profit-Organisation mit Niederlassungen auf der ganzen Welt, beschreibt Narzissmus folgendermaßen: »… eine psychische Störung, bei der Menschen ein übersteigertes Gefühl für ihre eigene Wichtigkeit, ein tiefes Bedürfnis nach übermäßiger Aufmerksamkeit und Bewunderung, gestörte Beziehungen und einen Mangel an Empathie für andere haben.«

Wie bei vielen anderen Diagnosen wird auch diese im alltäglichen Sprachgebrauch häufig etwas ungenau eingesetzt. Manchmal wird jemand schon zum/zur Büro-Narzisst:in abgestempelt, der/die dazu neigt, leicht zu übertreiben, sobald er/sie von sich selbst spricht. Egozentrische Menschen können sicherlich nervig sein, und natürlich ist es ein Anzeichen für Narzissmus, aber eben nicht das einzige.

Typische Merkmale des Narzissmus:

- unrealistisches, grandioses Selbstbild,
- unglaublich selbstbezogen,
- spricht nur über sich selbst,
- fühlt sich besonders und einzigartig,
- ist arrogant und überheblich,
- kritisiert und beurteilt schnell andere,

- denkt, dass die Regeln für ihn/sie nicht gelten,
- betreibt ständig Eigenwerbung,
- erhebt Anspruch auf das Beste von allem,
- reagiert sehr empfindlich auf Kritik,
- legt Wert auf Macht und Ruhm,
- fordert ständige Anerkennung ein,
- wird aggressiv, wenn er/sie infrage gestellt wird,
- betrügerisch und manipulativ.

All diese Punkte lassen sich in kleinere Komponenten unterteilen, und es lohnt sich, die verschiedenen Punkte eingehend zu analysieren, da man dabei oft eine Erklärung für etwas finden kann, das sonst nur ein vages Gefühl hinterlässt. Ich bin mir sicher, dass du schon Menschen getroffen hast, die man als Narzisst:innen diagnostizieren würde, auch wenn dir das vielleicht nicht bewusst war. Wahrscheinlich sind dir dann Gedanken wie »Das fühlt sich seltsam an« oder »Warum fühle ich mich bei diesem Gespräch unwohl?«, »Stimmt etwas mit *mir* nicht?« durch den Kopf gegangen. Und vielleicht helfen dir die folgenden Beschreibungen, diese Gedanken zu klären.

Falls man zu Unrecht jemanden als eine/n Narzisst:in dargestellt hat, erhältst du in diesem Kapitel das nötige Handwerkszeug, um das selbst herauszufinden. Du wirst lernen, die Muster zu erkennen, auch wenn du kein qualifizierter Psychologe oder keine qualifizierte Psychologin bist.

Werfen wir einen detaillierten Blick auf jedes Merkmal

Wenn wir uns die einzelnen Merkmale kurz ansehen, stellen wir schnell fest, dass sie eigentlich alle recht gut zusammenpassen. Einige von ihnen überschneiden sich sogar, ohne identisch zu sein.

Unrealistisches Selbstbild

Manchmal wird das auch als »grandioses« Selbstbild bezeichnet. Ein unrealistisches Selbstbild ist genau das, was man erwarten würde: Es handelt sich um ein Selbstbild, das nicht mit der Realität übereinstimmt. Der Begriff »unrealistisch« lässt jedoch zwei verschiedene Interpretationen zu: Schließlich hat auch eine sehr erfolgreiche Person, die sich als völlige/r Versager:in fühlt, ein *unrealistisches* Selbstbild. *Realistisch* bedeutet in diesem Zusammenhang, dass das Bild gut mit der Realität übereinstimmt. In unserem Fall geht es um den entgegengesetzten Zusammenhang: Menschen, die ihre Leistungen überschätzen, sodass sich auch mittelmäßige Versager:innen als wahre Gewinner:innen sehen können.

Eine bestimmte Gruppe von Narzisst:innen (die im Gegensatz zu anderen Narzisst:innen tatsächlich oft Hilfe suchen, teils wegen auftretender Depressionen, teils wegen der ihnen dadurch entgegengebrachten Aufmerksamkeit) neigen dazu, sich als Versager:innen zu betrachten. Sie betonen jedoch, dass ihr Versagen die direkte Folge ihrer ungerechten Behandlung durch die Welt ist und dass ihre Talente sie deutlich von der Masse abheben. Sie sind in der Regel neidisch auf andere Menschen und vermuten oft, dass deren Erfolge durch unlautere Mittel erreicht wurden und nicht durch echtes Talent oder Verdienst, wie bei anderen Narzisst:innen.

Ihre unrealistische Selbsteinschätzung beruht oft darauf, dass sie ihre eigenen Grenzen nicht anerkennen. Sie nehmen Jobs an, für die sie nicht qualifiziert sind, und sind dann wirklich überrascht, wie herausfordernd diese sind. Sie lassen sich auf Diskussionen über Themen ein, von denen sie so gut wie nichts wissen, und können es dann nur schwer akzeptieren, wenn ihre Unwissenheit aufgedeckt wird und sie die Diskussion verlieren.

Unglaublich selbstbezogen

Das Online-Wörterbuch von Merriam-Webster definiert Selbstbezogenheit einerseits als Selbstgenügsamkeit und andererseits als ausschließliche Beschäftigung mit den eigenen Wünschen, Bedürfnissen oder Interessen. Ersteres hat nichts mit Narzissmus zu tun – im Gegenteil, Narzisst:innen neigen dazu, zur Befriedigung ihrer psychischen Bedürfnisse völlig von anderen abhängig zu sein. Narzisst:innen denken im Wesentlichen nur an sich selbst, an ihre eigenen Erfahrungen, ihre Vorlieben und Bedürfnisse. Andere Menschen? Nun, die gibt es natürlich auch, aber hauptsächlich, um sie zum eigenen Vorteil auszunutzen.

Im Grunde genommen dreht sich alles andere um Narzisst:innen. Ihre Sicht der Welt ist die einzige, die zählt, und alle anderen sollten sich besser anpassen. Alles, was in ihrer Umgebung geschieht, wird nach ihrer eigenen Meinung beurteilt. Erkennen sie eine Möglichkeit, von einer Situation zu profitieren, ist das positiv – auch wenn es negative Folgen für zehn andere Menschen hat. Ist es dagegen für Narzisst:innen schlecht, aber für hundert andere gut, ist es insgesamt schlecht.

Spricht nur über sich selbst

Jedes Gespräch wird unweigerlich auf den Narzissten oder die Narzisstin hinauslaufen. Das Thema selbst ist nicht wichtig. Nichts ist für Narzisst:innen natürlicher, als sich in alles einzumischen. Das ist es, was sie schließlich am meisten interessiert: Narzisst:innen wollen in jede Geschichte verwickelt werden und ihre Erfahrungen hervorkehren. Da andere Menschen nicht sonderlich interessant sind, ist es für sie nur logisch, das Thema auf etwas Spannenderes zu bringen. Und sollte es Narzisst:innen nicht gelingen, das jeweilige Gesprächsthema auf sich zu lenken, wechseln sie einfach das Thema, sodass es um sie geht. Sicherlich kennst du den alten Kalauer »Das war jetzt genug über mich. Lass uns über dich reden. Was denkst *du* über mich?«.

Fühlt sich besonders und einzigartig

Narzisst:innen sind der Meinung, dass sie in hohem Maße einzigartig und wirklich etwas Besonderes sind. Natürlich ist jeder Mensch auf seine Weise einzigartig, aber für Narzisst:innen bedeutet dies, dass sie Fähigkeiten besitzen, die fast niemand sonst hat. Sie haben andere Eigenschaften als andere Menschen.

Sie sehen besser aus, sind klüger oder erfolgreicher. Das sind Menschen, die sich selbst als Gottes Geschenk an die Menschheit betrachten. Sie halten sich selbst für absolut fabelhaft, und wenn jemand etwas anderes behauptet, gibt es Ärger. Hinzu kommt, dass Menschen, die zum Narzissmus neigen, sich oft einbilden, von anderen in hohem Maße geschätzt, ja sogar geliebt zu werden. Sie glauben ernsthaft, dass sie in weiten Kreisen sehr beliebt sind – vielleicht beliebter als alle anderen –, aber in Wahrheit sind sie eher nur in einer ganz bestimmten Gruppe beliebt und in anderen weit weniger.

Narzisst:innen glauben, dass sie die Welt beherrschen, selbst wenn alle anderen sehen können, dass sie nicht einmal annähernd an diese Vorstellung heranreichen.

Kritisiert und verurteilt schnell andere

Da Narzisst:innen bereits in allem die Besten sind und diese Tatsache freimütig mit allen teilen, die ihnen über den Weg laufen, wissen sie auch, dass alle anderen in allem viel schlechter sind. Es macht ihnen auch nichts aus, diese Tatsache offen kundzutun, oft auf verurteilende Art und Weise. Da Narzisst:innen sich berechtigt fühlen, zu denken und zu sagen, was sie wollen, tun sie oft genau das. Und aufgrund der offensichtlichen Verachtung, die sie allen anderen entgegenbringen, können sie nicht anders, als andere herabzusetzen. Im Grunde genommen fühlen sich Narzisst:innen besser, wenn sie andere herabsetzen, da sie sich dadurch wichtiger fühlen. Wie Gewinner:innen sozusagen.

Da Narzisst:innen in ihrem Verhalten und ihrer Einstellung zu Arroganz und Hochmut neigen, widmen sie nur wenigen Menschen ihre Zeit und Aufmerksamkeit bereitwillig. Schließlich sind die kleinen Leute ihrer Aufmerksamkeit nicht wirklich würdig.

Narzisst:innen, die über ausgeprägte soziale Fähigkeiten verfügen, können ahnungslosen Opfern großen Schaden zufügen. Die enorme Zunahme an Hatespeech im Internet in den letzten Jahren ist nur ein Beispiel dafür. Menschen anzugreifen, die man aus irgendeinem Grund nicht mag, ist eine besondere Spezialität von Narzisst:innen. Dabei spielt es keine Rolle, ob das Opfer schuldig oder unschuldig ist. Da Narzisst:innen nicht an moralische Gesetze gebunden sind und sich berechtigt fühlen, zu tun, was sie wollen, und sie sich irgendwie erhaben fühlen, wenn sie andere niedermachen, sind sie bereit, sehr viel Zeit damit zu verbringen, Menschen auseinanderzunehmen. Manchmal sind sie im Grunde nur Mobber:innen.

Reagiert sehr empfindlich auf Kritik

Manche Menschen kritisieren schnell, weil sie eine offene und freizügige Gesprächsatmosphäre bevorzugen, aber bei Narzisst:innen ist das immer eine Einbahnstraße. Sie selbst nehmen sich das Recht heraus, andere zu kritisieren und niederzumachen, aber sie sind viel zu sensibel, als dass sie sich anhören würden, was andere über sie denken. Da sie jede Kritik, die ihnen entgegengebracht wird, als Zeichen dafür werten, dass die Welt um sie herum ihre Größe nicht anerkennt, reagieren sie rasch und oft mit heftiger, plötzlicher Wut. Und damit einhergehend mit Rachedurst.

Kritik kann dabei auf unterschiedliche Weise interpretiert werden. Einerseits kann es sich um echte Kritik handeln, also zum Beispiel um eine negative Bewertung der Leistung von Narzisst:innen. Es kann aber auch ein unzureichendes Lob sein, oder dass man nicht laut genug darüber jubelt, wie wunderbar ihre Leistung war. Immer dann, wenn das, was du Narzisst:innen gibst, nicht ihren Erwartungen entspricht, können sie in jedem Moment explodieren.

Denkt, dass die Regeln für ihn/sie nicht gelten

Der vorherige Punkt führt häufig zu einem weiteren Ergebnis. Da Narzisst:innen sich selbst für etwas ganz Besonderes und Einzigartiges halten, tritt ein interessanter Effekt ein: Die Regeln und Vorschriften, auf die sich die übrige Gesellschaft geeinigt hat, gelten für sie nicht. Das kann von der Einhaltung des Tempolimits bis zur Verantwortung am Arbeitsplatz alles sein. Wenn man wirklich glaubt, dass die normalen Regeln der Gesellschaft für einen selbst nicht gelten, wird man mit Sicherheit auch daraus ausbrechen. Natürlich gehört es zum Repertoire von Narzisst:innen, sich zu bemühen, nett zu sein oder sich höflich und zuvorkommend zu verhalten, aber da sie keinen wirklichen Zwang verspüren, sich an diese Normen zu halten, sind sie in der Lage, den Schein mit überraschender Geschwindigkeit fallen zu lassen, wenn sie provoziert werden.

Dies ist auch einer der Gründe, warum andere Menschen Narzisst:innen nur selten wirklich schätzen. Sie mögen zwar eine Schar von Bewunderern anziehen, die sie umkreisen, aber niemand mag sie wirklich. Ihr mangelnder Respekt vor den Regeln macht sie unberechenbar. Die meisten Menschen finden das auf Dauer anstrengend. Ihre Beziehungen sind in Wirklichkeit viel oberflächlicher, als ihnen vielleicht bewusst ist.

Betreibt ständig Eigenwerbung

Das erste Wort eines jeden Satzes ist »Ich«. *Ich* denke, *ich* fühle, *ich* glaube, *ich* wünsche, *ich* will, *ich* verlange ... Da Narzisst:innen sich für die Besten in allem halten, betonen sie auch immer ihre eigenen Qualitäten. Sie sind auch darauf angewiesen, jeden über ihre Beliebtheit, ihre wichtigen Bekanntschaften und ihr unübertroffenes Netzwerk in Kenntnis zu setzen. Betonen Narzisst:innen ständig ihren Beitrag für die Welt im Allgemeinen und im Besonderen, dann kann diese Ausprägung des grandiosen Selbstbildes rasch seltsam wirken. Dabei geht es nicht nur darum, über sich selbst zu sprechen.

Narzisst:innen könnten durchaus Geld für wohltätige Zwecke spenden – sie werden es nur nicht tun, wenn sie den Rest der Welt nicht darüber informieren können. Der Grund dafür ist ganz einfach: Sie wollen Anerkennung für ihr großes Herz erhalten.

100 Euro an Save the Children zu spenden, reicht ihnen nicht. Um sicherzustellen, dass sie von ihren vermeintlichen Fans die verdienten Ovationen erhalten, müssen sie auf Instagram und Facebook darüber berichten.

Erschreckenderweise sind Narzisst:innen in den Hierarchien globaler Wohltätigkeitsorganisationen wie Save the Children oder UNICEF überrepräsentiert. Sie leisten das Minimum an Arbeit, das von ihnen verlangt wird, versuchen aber, auf Kosten von Kolleg:innen, die ihr Leben der Wohltätigkeitsarbeit gewidmet haben, die Sprossen der Organisationsleiter zu erklimmen. Ja, auch dazu gibt es Studien.

Erhebt Anspruch auf das Beste von allem

Narzisst:innen fühlen sich berechtigt, auf alles, was die Welt zu bieten hat, das Beste davon zu beanspruchen. Das ist unter anderem ein Drang, ein Streben nach Perfektion und nach dem Allerbesten. So wie sich ein kleines Kind einbildet, alles tun zu können, worauf es Lust hat, tun Narzisst:innen das Gleiche, weil sie sich dazu berechtigt fühlen. Sie beanspruchen Raum für sich, beleidigen andere oder trampeln auf ihnen herum, erhalten maximale Entschädigung für minimalen Aufwand – Narzisst:innen haben ein natürliches Recht auf all diese Dinge.

Außerdem ist es ihr Geburtsrecht, im elegantesten Haus in der besten Gegend zu wohnen, das teuerste Auto zu fahren und nur die feinsten Kleider zu tragen. Die Liste lässt sich unendlich fortsetzen. Wann immer Narzisst:innen etwas wollen, beruht das auf dem Gefühl, dass sie ein Recht darauf haben. Weitere Argumente sind nicht nötig. So unlogisch das auch klingen mag, für sie ist es völlig rational. Und da Narzisst:innen es vorziehen, sofort belohnt zu werden, zögern sie auch nicht, dafür eine Abkürzung zu wählen.

Legt Wert auf Macht und Ruhm

Macht und Ruhm sind in den Augen von Narzisst:innen hochgeschätzte Eigenschaften. Sie sind ein Beweis für ihren tatsächlichen Wert, den jeder anerkennen sollte. Aufmerksamkeit ist wichtig. Witzigerweise bestehen sie nicht darauf, dass die Aufmerksamkeit, die sie erhalten, positiv ist. Selbst negative Aufmerksamkeit ist besser als gar keine Aufmerksamkeit. In dieser Hinsicht sind Narzisst:innen genau wie kleine Kinder.

Dies hat zur Folge, dass sich Narzisst:innen wie Psychopath:innen zu jenem Ort hingezogen fühlen, wo sich Macht und Aufmerksamkeit konzentrieren. Und es führt schnell zu Problemen, wenn andere ihre Bedeutung nicht anerkennen. Wenn sie nicht die Aufmerksamkeit erhalten, nach der sie sich so sehnen, können sie sogar eine leichte Depression entwickeln.

Fordert ständige Anerkennung ein

Viele Menschen arbeiten hart und freuen sich über die Anerkennung, die sie für ihre Erfolge erhalten. Und das war's für sie auch schon. Die Anerkennung, die sie erhalten haben, befriedigt sie. Nicht so bei Narzisst:innen.

Diese Menschen leben für ständige Anerkennung. Und da sie glauben, dass sie ein Anrecht darauf haben, sind sie auch immer auf der Suche nach mehr. Das könnte ein/e Angestellte:r sein, der/die immer Botengänge für den/die Chef:in macht, um dafür Lob zu erhalten. Es könnte aber auch ein/e Chef:in sein, der/die seinem/ihrem Team ständig Kuchen kauft, um zu hören, wie beliebt er/sie ist.

Ihr Bedürfnis nach Anerkennung muss ständig gestillt werden, und das kann bei den Menschen in ihrer Umgebung auf Unverständnis stoßen. Denn wie kann es sein, dass man jemandem jeden

Tag sagen muss, wie gut diese/r aussieht, wie gut er/sie gekleidet, wie geschickt, wie erfolgreich und wie beliebt er/sie ist?

Betrügerisch und manipulativ

Narzisst:innen sind oft sehr effizient, wenn es darum geht, die Schwächen von anderen zu erkennen. Sie sind auch bereit, diese Schwächen auszunutzen, um ihre Opfer zu täuschen und zu betrügen. Andere auszunutzen, ist für sie selbstverständlich. Sie sind oft gleichgültig gegenüber den Gefühlen anderer, was sie zu geschickten Manipulator:innen macht. Da ihnen die Gefahr, enttarnt zu werden, gleichgültig ist, gehen sie Risiken ein und verhalten sich so dreist, dass es oft schwer zu glauben ist, dass sie hinterlistig sind.

Welche Schlussfolgerungen können wir bisher ziehen?

Dies sind die grundlegenden Merkmale des Narzissmus. Es gibt psychologische Instrumente, anhand derer wir diese Merkmale recht genau messen können, und ich werde später auf eines dieser Instrumente eingehen. Solltest du in jedem Bereich eine hohe Punktzahl erreichen, könntest du tatsächlich ein Narzisst oder eine Narzisstin im klinischen Sinne sein. Die Diagnose kann jedoch nur von qualifizierten Fachleuten gestellt werden, die sich in der Regel auf diesen Bereich spezialisiert haben. Nicht jede/r Psycholog:in ist dafür qualifiziert, denn viele auf diesem Gebiet sind der Meinung, dass Narzissmus und sogar Psychopathie behandelbare Krankheiten sind. Sie gehen das ganze Problem im Grunde genommen von der falschen Seite an.

Viele »normale« Menschen weisen ausgeprägte narzisstische Züge auf, ohne dass jemals eine Diagnose gestellt wird. Es besteht auch kein Zweifel daran, dass unsere Gesellschaft diese Art von Verhalten fördert und belohnt. Deshalb werden wir uns einige dieser Verhaltensweisen genauer ansehen und die damit verbundenen Risiken aufzeigen. Und wir werden der Frage nachgehen, ob es Vorteile haben könnte, ein Narzisst oder eine Narzisstin zu sein.

2
Immer einen Tick besser als der Durchschnitt

Bist du einzigartig? Klar bist du das, schließlich hat jeder Mensch ganz offensichtlich von Natur aus einen einzigartigen Bauplan. Jeder Mensch hat seine eigene, einzigartige DNA-Sequenz. Bei jedem lebenden Individuum sind die DNA-Stränge unterschiedlich. Große Teile davon sind tatsächlich identisch, aber wir wollen uns hier nicht zu sehr in die wissenschaftlichen Details vertiefen. In jedem Fall ist das alles nur ein kleiner Teil dessen, was dich zu einem einzigartigen Wesen macht. Wenn du weitere Faktoren berücksichtigst, gibt es noch viel mehr Einzigartiges zu entdecken. Wahrscheinlich ist deine Persönlichkeit fast einzigartig – wenn nicht sogar völlig einzigartig. Allerdings ist weniger offensichtlich, was eigentlich zur einzigartigen Persönlichkeit eines Menschen gezählt werden sollte.

Wie einzigartig kann eigentlich jemand sein?

Allein durch dein Geschlecht unterscheidest du dich von fast der Hälfte der Bevölkerung. Wie sieht's mit deinem Alter aus? Nur eine winzige Minderheit der Menschen ist exakt so alt wie du. Wie viele Menschen auf der Welt haben genau die gleiche Ausbildung wie du, und zwar komplett? Wie sieht's mit Herkunft und Einkommen aus? Bekennst du dich zu einem bestimmten Glauben? Was sind deine Ansichten zum Klimawandel? Welchem politischen Lager gehörst du an? Bist du verheiratet? Ledig? Lebst du in einer Wohngemeinschaft? Hast du Kinder? Warum? Keine Kinder? Und wieso?

Wie sieht es mit Hobbys und Interessen aus? Was isst du gerne und welche Gerichte hasst du? Wie groß bist du? Bist du gut in deinem Job? Wie viel Zeit deines Arbeitstages verbringst du tatsächlich mit produktiver Arbeit? Würdest du sagen, dass du ein zuverlässiger Mensch bist, der seine Versprechen eigentlich immer einhält? Bist du gut organisiert oder unordentlich? Was ist mit deinem Temperament? Auf einer Skala von 1 bis 23 Millionen, wobei 23 Millionen der fortschrittlichste Computer der Welt ist und 1 so gut wie abgestürzt: Wie schnell triffst du Entscheidungen? Bist du eine Lerche oder eine Eule? Und wenn du mit vorgehaltener Waffe zu einer Entscheidung gedrängt wirst: Wählst du Hund oder Katze?

Würden wir eine Liste aller Faktoren erstellen, die sich auf die Persönlichkeit eines bestimmten Menschen auswirken könnten, wird schnell klar, dass es viel mehr als die eigene DNA gibt, was dich von den anderen sieben Milliarden Menschen unterscheidet. Oft wird vorgeschlagen, dass wir uns auf unsere Gemeinsamkeiten konzentrieren sollten statt auf unsere Unterschiede. Natürlich kann ich die Intention dahinter nachvollziehen, aber ich glaube auch, dass sie auf einem Missverständnis darin beruht, warum Einzigartigkeit überhaupt so betont wird. So zu tun, als wären wir alle gleich, ist mehr als naiv, wenn man bedenkt, wie unterschiedlich wir alle sind.

Einzigartig und unglaublich besonders sein

Die Schlussfolgerung, zu der wir dann kommen, ist wirklich interessant. Der Anspruch, einzigartig zu sein, scheint in einer Welt, in der alle anderen auch einzigartig sind, Zeitverschwendung zu sein. Wenn wir alle einzigartig wären, würde das Wort selbst jede Bedeutung verlieren. *Einzigartig* bedeutet *einmalig*. Daran ist nichts Besonderes.

Aber gut, einigen wir uns darauf, zu betonen, wie einzigartig wir sind, und vermeiden wir es, die Unterschiede, die wir beobachten, zu bewerten. Denn die Herausforderung besteht darin, unsere

Unterschiede zu akzeptieren, ohne sie zu bewerten. Die Annahme, dass der eine besser oder schlechter als der andere sei, erscheint mir problematisch. Vielleicht fragst du dich gerade, worauf ich hinauswill?

Sich selbst als einzigartig zu bezeichnen, bedeutet lediglich, dass man behauptet, niemand sonst sei *genau wie man selbst.* Sich selbst als etwas *Besonderes zu bezeichnen,* ist jedoch eine ganz andere Sache. Die Behauptung, etwas Besonderes zu sein, bedeutet, dass man etwas Bestimmtes besitzt, was die meisten anderen Menschen nicht haben. Es bedeutet, dass man sich von den anderen abhebt. Man ist dann nicht einfach nur einzigartig; man besitzt eine besondere Fähigkeit, eine Gabe oder einen besonderen Geist, den wir gleich beleuchten werden.

Man ist besonders, erstaunlich, wunderbar, und man kann alles tun, was man will, nur weil man diese eine Person ist … Es tut mir leid, das sagen zu müssen, aber statistisch gesehen ist dieser Mensch wahrscheinlich nichts Besonderes. Nur eine sehr kleine Minderheit der Menschheit ist tatsächlich etwas Besonderes. Genau hier haben Narzisst:innen ihren Hebelpunkt gefunden.

Wie gefährlich ist es, etwas Besonderes zu sein?

Vielleicht ist das nicht die richtige Überschrift. Manchmal birgt es keine Gefahren, besonders zu sein. Und damit meine ich nicht nur, dass man einzigartig ist, sondern dass man etwas in sich trägt, das für Millionen von Menschen auf diesem Planeten einen Wert darstellt. Diese Menschen gibt es: Isaac Newton, Mutter Teresa, Albert Einstein, Nelson Mandela, Marie Curie, Michelle Obama, Bill Gates, William Shakespeare, Beyoncé.

Etwas Besonderes zu sein, ist natürlich eine gute Sache. Allerdings nur unter einer Bedingung: Man muss *wahrhaftig* etwas

Besonderes sein. Seien wir ehrlich: Die meisten von uns haben keine offensichtlichen, unübertroffenen, heldenhaften Talente. Ich weiß mit Sicherheit, dass ich in keiner einzigen Disziplin, die mir gerade einfällt, ein Naturtalent bin. In manchen Dingen bin ich nicht allzu schlecht. Ich würde sogar sagen, dass ich in einigen Dingen ziemlich gut bin. Aber nichts davon ist mir in die Wiege gelegt worden. Jede meiner Fähigkeiten musste ich mir aneignen.

Genau an diesem Punkt taucht ein beunruhigendes Problem auf: Obwohl ich in meinem Leben nicht unbedingt viele bemerkenswerte Menschen kennengelernt habe, bin ich doch einigen wirklich außergewöhnlichen Individuen begegnet. Ich rede von der Art von Menschen, von denen du dir wünschst, dass du wie sie wärst, die dir aber auch schmerzlich bewusst machen, dass du ihnen niemals das Wasser reichen kannst. Ich habe aber auch öfter Menschen getroffen, die *so taten, als seien sie etwas Besonderes.*

Die größte Gefahr dabei, etwas Besonderes zu sein, besteht meiner Meinung nach darin, dass es etwas ist, was andere sein wollen. Man ist besonders, weil man Eigenschaften besitzt, die einen von anderen unterscheiden. Diese Menschen sind *besser* als der Rest von uns, irgendwie. *Besonders* bedeutet also im Grunde *besser.*

Wie wird man also zu etwas Besonderem?

Die Antwort darauf liegt wahrscheinlich tief im Konzept der Vererbung verborgen, unter zahllosen Schichten unglaublich komplexer Annahmen darüber, wie bestimmte Personen offensichtlich mit Merkmalen geboren werden, die fast niemand sonst mit ihnen teilt. Wir wissen, dass wir durch ein Zusammenspiel von Vererbung und Erziehung zu den Menschen werden, die wir sind. Die genauen Mechanismen werden von weltweit führenden Expert:innen in Biologie, Psychologie und einigen angrenzenden Bereichen noch immer diskutiert. Deshalb behaupte ich auch in keiner Weise, dass ich über die Grundlagen hinaus etwas davon verstehe.

Aber ich weiß etwas anderes: Sich selbst *zu sagen*, dass man etwas Besonderes sei, macht einen noch lange nicht zu etwas Besonderem. Auch nicht dadurch, wenn jemand anderes das behauptet. Wenn deine Mutter dir gesagt hat, dass du wirklich etwas Besonderes bist, wäre es vielleicht eine gute Idee, sie zu fragen, was genau sie damit gemeint hat.

Wahrscheinlich 99,9 Prozent von uns müssen der Tatsache ins Auge sehen, dass wir zwar einzigartig sind, aber keineswegs etwas Besonderes. Eigentlich ist das kein Problem. Wenn du kein Narzisst oder keine Narzisstin bist, ist es das auch nicht. Aber wenn du eine/r bist, wird dir diese Vorstellung undenkbar vorkommen.

3
Die anderen zwei der dunklen Triade

Narzissmus ist nicht die einzige Persönlichkeitsstörung, die problematisch ist. Es gibt noch andere, noch schwerwiegendere Varianten dieser nicht gerade charmanten Veranlagung. Die dunkle Triade ist eine beunruhigende Gruppe von drei großen Persönlichkeitsstörungen, die jeweils dazu führen können, dass eine Person eine Bedrohung für andere Menschen darstellt. Die Grenzen zwischen diesen drei Störungen sind fließend, und sie haben einige gemeinsame Merkmale.

Die gemeinsamen Merkmale sind Selbstbezogenheit und ein grandioses Selbstbild, kombiniert mit manipulativem Verhalten gegenüber anderen. Diese drei Persönlichkeitsstörungen bilden die »dunkle Triade«: Psychopathie, Machiavellismus und *Narzissmus*. Bei der Erörterung dieser Störungen lassen wir den Bereich des lästigen, aber im Grunde harmlosen Verhaltens weit hinter uns. Hier geht es nicht mehr um kleine Egobooster, sondern um gefährliches, pathologisches Verhalten, das für jeden, der ihm begegnet, eine Gefahr darstellen kann. Diese Menschen sind für jeden ein schlechter Umgang, manchmal sogar ein gefährlicher.

Leider sind viele falsche Vorstellungen im Umlauf, und in den sozialen Medien und im restlichen Internet kursieren alle möglichen Meinungen zur Bedeutung dieser Begriffe. Manchmal scheint sich alles zu einem einzigen Begriffswirrwarr zu vermischen, und deshalb möchte ich einige der Unterschiede zwischen Psychopathie und Narzissmus erklären. Denn obwohl sie miteinander verbunden sind, sind sie nicht dasselbe.

Psychopathie

Da ich den Psychopath:innen vor einigen Jahren ein ganzes Buch gewidmet habe, beschränke ich mich hier auf eine kurze Darstellung. Ein/e Psychopath:in ist eine Person, die aussieht wie du, die oft so spricht und sich im Allgemeinen so verhält wie du. Aber tief im Inneren hat er/sie überhaupt keine Ähnlichkeit mit dir. Unter der Oberfläche spielen sich Dinge ab, die du dir nicht einmal vorstellen kannst.

Psychopath:innen sind einer der bedenklichsten Einflüsse auf unsere Gesellschaft. Sie haben keine Hemmungen, wenn es darum geht, ihre Ziele zu erreichen. Wenn sich ihnen jemand in den Weg stellt, schrecken sie vor nichts zurück. Sie können sich unauffällig unter uns verstecken, aber am Ende verraten sie sich immer. Wenn sie das tun, ist es meist zu spät. Sie können extrem manipulativ sein und fast alle von fast allem überzeugen. Und ja, das schließt dich und mich ein. Sie haben ein Händchen dafür, die Schwächen anderer Menschen zu erkennen und sie zu ihrem persönlichen Vorteil auszunutzen.

Es gibt mehrere konkurrierende Checklisten, die zur Einordnung von Psychopathie verwendet werden, aber die folgende ist die am weitesten verbreitete. Sie wurde von Robert D. Hare entwickelt, einem Psychologen, der jahrzehntelang auf dem Gebiet der Psychopathie geforscht hat.

Checkliste für Psychopathie nach Robert D. Hare, Revised PCL-R 2016:

1. flüchtiger und oberflächlicher Charme,

2. grandiose (übertrieben hohe) Selbsteinschätzung,

3. fehlende Reue oder Schuldgefühle,

4. Gefühllosigkeit und Mangel an Empathie,
5. Gerissenheit und Manipulation,
6. oberflächlicher Affekt (oberflächliche emotionale Empfänglichkeit),
7. Impulsivität,
8. unzureichende Verhaltenskontrollen,
9. Bedürfnis nach Stimulation,
10. Verantwortungslosigkeit,
11. frühe Verhaltensprobleme,
12. unsoziales Verhalten als Erwachsene:r,
13. pathologisches Lügen,
14. parasitäre Lebensweise,
15. sexuelle Promiskuität,
16. fehlende realistische langfristige Ziele,
17. Verantwortung für das eigene Handeln wird nicht übernommen,
18. jugendliche Straftaten,

19. gegen Bewährungsauflagen verstoßen,

20. kriminelle Vielseitigkeit.

Diese Checkliste ergibt theoretisch eine Punktzahl, die von null (keiner bekommt hier null Punkte, da wir zum Beispiel alle schon mal gelogen haben) bis zu maximal 40 Punkten reicht. Jede der genannten Verhaltensweisen wird untersucht, danach wird die Häufigkeit ihres Auftretens bewertet. Kommt das Verhalten fast nie vor, wird es mit null Punkten bewertet. Wenn es gelegentlich auftritt, gibt es einen Punkt, und wenn es regelmäßig auftritt, zwei Punkte. Tritt eine ausreichende Anzahl dieser Verhaltensweisen mit ausreichender Häufigkeit auf, kann einer Person die Diagnose Narzissmus gestellt werden.

Dies erfordert jedoch eine klinische Bewertung durch qualifiziertes Personal, und diese Einstufung kann nicht in einer einzigen, schnellen Sitzung vorgenommen werden. Die Beobachtung von Mustern nimmt einige Zeit in Anspruch, zumal viele der intelligenteren Psychopath:innen lernen, nicht aufzufallen.

Wie hoch ist nun die erforderliche Punktzahl für eine Psychopathie-Diagnose? Das hängt ein wenig davon ab, wo man lebt. In Großbritannien hat man zum Beispiel eine Grenze von 25 Punkten festgelegt. In den USA wird die Grenze bei 30 Punkten gezogen. Warum das so ist? Ich weiß es ehrlich gesagt nicht. Für mich ist nicht erkennbar, welche unterschiedlichen Ansätze zu dieser Regelung geführt haben könnten. Im Grunde wurden in diesen Ländern unterschiedliche Einschätzungen vorgenommen. Obwohl die Voraussetzungen zur Einstufung von Psychopathie in den USA strenger sind, ist der Anteil der Psychopath:innen höher als in Europa. Ich habe aber bislang keine validen Daten gefunden, die die Gründe erklären könnten. Allerdings sollte man auch bei Personen, deren Punktestand bei 15 Punkten liegt, vorsichtig sein. Ein solch hoher Wert kann Ärger bedeuten.

Allgemein könnte man es so formulieren: Ein/e Psychopath:in ist ein/e Narzisst:in, aber es gibt noch mehr. Ein/e Psychopath:in ist bereit, alles zu tun, um seine/ihre Ziele zu erreichen. Er/sie hat keine Probleme damit, das Gesetz zu brechen, das bedeutet für ihn/sie nichts. Er/sie denkt selten an die Konsequenzen. Natürlich möchte er/sie lieber in Freiheit leben, aber ungeachtet der Risiken wird er/sie alles tun, wonach ihm/ihr der Sinn steht. Psychopath:innen neigen dazu, Schwierigkeiten mit der Impulskontrolle zu haben, was häufig zu Problemen führt. Die Systeme, die ihre Emotionen regulieren, bleiben stumm, was bedeutet, dass sie nie Furcht, Stress, Angst, Empathie, Liebe oder andere Emotionen empfinden, mit denen wir anderen uns täglich herumschlagen. Andere Menschen auszunutzen, ist für sie nicht unangenehmer, als im Restaurant um die Ecke ein Essen zu bestellen. Lügen ist für sie kein Problem. Sie könnten von der Polizei mit einer Leiche im Kofferraum ihres Autos angehalten werden, ohne dass sich ihr Herzschlag auch nur im Geringsten erhöht.

Weniger intelligente Psychopath:innen werden häufig inhaftiert. Das schwedische Strafjustizsystem schätzt, dass 25 Prozent aller Gefangenen im Land klinische Psychopath:innen sind. Allein das ist ein guter Grund, sich von Gefängnissen fernzuhalten.

Bei Psychopath:innen, die intelligenter sind, sieht die Sache ganz anders aus. Andere bekannte Daten legen nahe, dass zehn Prozent aller Menschen in höheren Führungspositionen Psychopath:innen sind. Dies gilt für alle Arten von Organisationen – von Drogenkartellen bis hin zu religiösen Bewegungen. Diese Daten zu verifizieren, ist nicht ganz einfach, aber offenbar ist der Anteil der Psychopath:innen umso größer, je höher die Organisationshierarchie ist, die man betrachtet. Der Grund dafür ist einfach: Psychopath:innen sehnen sich nach Macht und Aufmerksamkeit. Sie sind davon überzeugt, dass sie an die Spitze der Nahrungskette gehören, und deshalb ist es nur natürlich, dass sie danach streben, in der Rangordnung aufzusteigen. Wie üblich werden sie jedes akzeptable Mittel und noch einige mehr einsetzen, um zu bekommen, was sie wollen.

Die Meinungen darüber, wie hoch der Prozentsatz an Menschen in der Gesamtbevölkerung ist, die als Psychopath:innen eingestuft werden, gehen auseinander. In Schweden, wo ich lebe, gehen Psycholog:innen in der Regel davon aus, dass es sich um etwa ein Prozent handelt. Ich habe mit vielen von ihnen darüber gesprochen, aber niemand konnte mir erklären, worauf sich diese Schätzung stützt. Weltweit wird auf diesem Gebiet sehr viel geforscht, und weltweit wird der Anteil oft mit zwei bis vier Prozent angegeben. Bei Psychopath:innen ergibt sich mehr oder weniger dieselbe Schwierigkeit wie bei Katzen: Sie können nicht studiert werden, weil sie sich weigern, an Studien teilzunehmen.

Psychopathie kann nicht geheilt werden. Sie kann nicht behandelt werden. Eine Therapie funktioniert nicht. Sie macht sie sogar noch schlimmer, weil sie Psychopath:innen noch besser beibringt, wie Menschen ticken. Sie fügt ihrem Arsenal neue Waffen hinzu.

Es wird geschätzt, dass etwa 50 Prozent des Psychopathie-Gens vererbt werden. Es gibt mehr männliche als weibliche Psychopathen. Psychopathisches Verhalten zeigt sich in der Regel im frühen Teenageralter, kann aber auch schon früher auftreten. Wenn du mehr über Psychopathie erfahren möchtest, gibt es neben meinem eigenen Buch *Hilfe, Psychopathen! eine* ganze Reihe weiterer Bücher zu diesem Thema.

Machiavellische Persönlichkeitsstörung

Man hört kaum etwas über diese Störung, und vielleicht ist das auch gut so. Die machiavellische Persönlichkeitsstörung ist das dritte Glied der Triade. Eine Person, die von dieser Störung betroffen ist, ist so sehr auf ihre eigenen Interessen fixiert, dass sie andere manipuliert, belügt und ausnutzt, um ihre Ziele zu erreichen. Ein wirklich beunruhigendes Verhaltensmuster, das weitgehend an Psychopathie erinnert, bei näherer Betrachtung aber sogar noch schlimmer ausfallen kann. Manche Menschen sind der Meinung, dass Machiavellismus als Teil des Psychopathie-Spektrums behandelt werden sollte, andere wiederum sind der Meinung, dass diese Störung so ausgeprägt ist, dass sie eine eigene Klassifizierung verdient.

Während Narzisst:innen nicht anders können, als sich selbst in den Mittelpunkt zu stellen, und Psychopath:innen nicht anders können, als die Menschen, denen sie begegnen, zu betrügen, haben Personen mit einer machiavellischen Persönlichkeitsstörung stets die volle Kontrolle über ihr Handeln.

Der Begriff »Machiavellismus« leitet sich von dem italienischen Diplomaten und Philosophen der Renaissance Niccolò Machiavelli ab, dessen berühmtestes Werk *Der Fürst* ist. In diesem berüchtigten Werk vertrat er die Ansicht, dass starke Herrscher ihre Untertanen und Feinde mit Strenge behandeln sollten und dass Ehre und Überleben jedes Mittel legitimieren können, auch solche, die sonst als amoralisch oder übermäßig brutal gelten. Gegen Ende des 16. Jahrhunderts wurde Machiavellismus zu einem populären Begriff, der die Kunst der Täuschung zur Durchsetzung von Zielen bezeichnete. Zu einem psychologischen Begriff wurde er erst in den 1970er-Jahren. Es hat sich gezeigt, dass Machiavellismus, ebenso wie Psychopathie, bei Männern häufiger vorkommt als bei Frauen. Diese Störung kann jedoch bei jedem auftreten – auch bei Kindern. Machiavellist:innen zeigen in der Regel die folgenden Verhaltensweisen:

- konzentrieren sich nur auf ihre eigenen Ambitionen und Interessen,
- stellen Macht und Geld über Beziehungen,

- nutzen andere aus und manipulieren sie, um weiterzukommen,
- verwenden häufig Schmeicheleien,
- fehlende Grundsätze und Werte,
- man kann sie nicht richtig kennenlernen,
- Zynismus, mangelnde Wertschätzung für das Gute oder die Moral,
- ausweichendes Verhalten in Bezug auf Bindungen und emotionale Beziehungen,
- aufgrund ihres berechnenden Charakters zu großer Geduld fähig,
- offenbaren ihre wahren Absichten nur selten,
- haben häufige, immer neue sexuelle Begegnungen,
- sind gut darin, soziale Situationen und andere Menschen zu deuten,
- fehlende Wärme in sozialen Interaktionen.

Diese Störung wird leicht mit Psychopathie in einen Topf geworfen, aber es gibt mehrere wichtige Unterschiede zwischen den beiden. Der wichtigste davon hat mit den Schwierigkeiten von Psychopath:innen zu tun, ihren Impulsen zu widerstehen: Sie sehen etwas, was sie wollen, und handeln mehr oder weniger sofort, um es zu bekommen. Psychopath:innen sind immer darauf aus, andere zu manipulieren und zu täuschen, vor allem, weil es sie erregt, zu sehen, wie weit sie es treiben können. Machiavellist:innen hingegen haben immer die volle Kontrolle über ihre Handlungen. Sie können zu bestimmten Menschen unglaublich großzügig und zu anderen absolut rücksichtslos sein. Sie wissen genau, was sie tun, und sie sind sehr geschickt darin, ihre Pläne geheim zu halten. Psychopath:innen decken ihr wahres Wesen immer irgendwann auf, aber bei einer machiavellischen Persönlichkeitsstörung kann es viele Jahre dauern, bis sie entdeckt wird.

Der Machiavellismus ist letztlich auf das eigene Wohlergehen ausgerichtet. Menschen mit diesen Eigenschaften glauben, dass sie betrügerisch und manipulativ sein müssen, um im Leben weiterzukommen. Sie haben kein Vertrauen in die menschliche Güte und finden es erschreckend naiv, anderen zu vertrauen. Sie geben Macht den Vorzug vor Liebe oder Beziehungen zu anderen.

Jeder Teil der dunklen Triade – Narzissmus, Psychopathie und Machiavellismus – stellt für die Menschen, die ihnen begegnen, eine komplexe Herausforderung dar. Beim *Machiavellismus* geht es vor allem darum, Menschen zum eigenen Vorteil zu manipulieren. *Psychopathie* bedeutet vor allem, kalt, unempathisch und unsensibel für die Bedürfnisse anderer zu sein. *Narzissmus* beinhaltet meist das Gefühl, Lob und besondere Behandlung zu verdienen, die andere nicht erhalten. Jemand, der alle drei dieser Störungen aufweist, stellt eine echte Gefahr für das psychische Wohlbefinden anderer Menschen dar. Stell dir jemanden vor, der dann auch noch keine Hemmungen hat, Gewalt anzuwenden. So könnte doch vielleicht die Definition des rein Bösen aussehen, oder?

Obwohl es anscheinend offensichtliche Verbindungen zwischen den drei Teilen der dunklen Triade und der Existenz eines Merkmals, das in der Regel in Verbindung mit den beiden anderen auftritt, gibt, haben die Forscher:innen noch keine eindeutigen

Beweise für eine echte Korrelation gefunden. Aus unerfindlichem Grund gibt es so gut wie keine Literatur über den Machiavellismus. Für einen guten Überblick über die Hintergründe empfehle ich auf jeden Fall die Lektüre von Machiavellis *Der Fürst*.

4
Ist es normal, die ganze Zeit an sich selbst zu denken?

Über sich selbst nachzudenken, ist nicht sonderlich ungewöhnlich. Es ist für uns ganz natürlich, und wahrscheinlich sind wir alle von Anfang an so angelegt. Einige Verhaltenswissenschaftler:innen behaupten, dass sich 95 Prozent unserer Gedanken um uns selbst drehen oder um Ereignisse, die mit uns zu tun haben. Ich habe versucht, das persönlich zu überprüfen, aber obwohl ich bereitwillig die Logik dieser Behauptung akzeptiert habe, war ich nicht in der Lage, den Inhalt meiner Gedanken mit allzu großer Genauigkeit aufzuzeichnen.

Es gibt einen Unterschied zwischen der Konzentration auf sich selbst einerseits und der Konzentration auf sich selbst auf Kosten aller anderen andererseits. Die meisten Menschen, denen wir begegnen, sind sich selbst gegenüber loyal, aber sie bedenken und berücksichtigen bei ihren Überlegungen, welche Auswirkungen ihre Entscheidungen auf andere haben werden. Da wir in einer Welt leben, in der niemand allein erfolgreich sein kann, müssen wir auf andere Menschen Rücksicht nehmen. Das muss uns nicht gefallen, aber wir müssen begreifen, dass die Dinge auf intellektueller Ebene so sind, und uns entsprechend anpassen. Vereinfacht könnte man sagen, dass dies den Unterschied zwischen einem zivilisierten Menschen und einem/einer Narzisst:in ausmacht. Wir alle haben den angeborenen Drang, uns auf uns selbst zu konzentrieren und uns selbst als oberste Priorität zu behandeln. Narzisst:innen tun genau das, ohne zu zögern. Der Rest von uns reguliert seine Triebe und passt sich den Erfordernissen der Umstände an, in denen wir uns befinden.

Obwohl der Instinkt, sich selbst immer an erste Stelle zu setzen, immer vorhanden sein wird, sorgen verschiedene innere Prozesse dafür, dass wir die Interessen anderer in unsere Entscheidungen einbeziehen. Wir wollen uns nicht blamieren, wir wollen niemanden verletzen; wir wollen uns auch nicht selbst verletzen, indem wir uns ohne guten Grund ein schlechtes Gewissen machen. Wir denken an die langfristigen Folgen.

Was werden die anderen denken, wenn ich mir einfach so viel Kuchen nehme, wie ich will, ohne mir Gedanken darüber zu machen, wie viele von uns ihn teilen sollen? Vielleicht wird niemand etwas sagen – so konfliktscheu sind die Leute in diesem Bereich –, aber es könnte dann schwierig werden, in anderen Situationen die Unterstützung meiner Kolleg:innen zu gewinnen, wenn alle denken, dass ich egoistisch agiere. Wie wird es Roger ergehen, wenn ich die Wahrheit über seine Fehler ein wenig verfälsche, wenn der Chef mich fragt, was passiert ist? Was, wenn ich seine Fehler ein wenig übertreibe, um mich im Vergleich besser darzustellen? Will ich Roger wirklich wegen eines einzigen kleinen Fehlers, den er gemacht hat, auflaufen lassen? Vielleicht sollte ich ihm stattdessen anbieten, ihm zu helfen, das Chaos aufzuräumen, das er angerichtet hat. Wenn ich meine Frau über das, was ich letzten Donnerstag getan habe, anlüge, muss ich mich kurzfristig nicht mit ihrer Reaktion auf die Wahrheit auseinandersetzen. Doch wenn sie herausfindet, wo ich war, wird ihre Wut umso heftiger ausfallen. Ganz zu schweigen von dem schlechten Gewissen, das ich bis dahin mit mir herumtragen muss.

All diese Überlegungen, die jede/r von uns von Zeit zu Zeit anstellt, sind völlig normal. Wir wägen den kurzfristigen Gewinn gegen das langfristige Risiko ab. Manchmal treffen wir die richtige Entscheidung. Narzisst:innen funktionieren nicht auf diese Weise. Sie tun einfach, worauf sie im Moment Lust haben, und setzen auf die kurzfristigen Vorteile eines unmoralischen Verhaltens. Sie tun dies, obwohl sie wissen, dass andere infolge ihrer Entscheidung traurig, verletzt, verärgert oder anderweitig negativ betroffen sein könnten – das ist ihnen egal. Sie haben das Recht, sich amoralisch zu verhalten. Irgendwo in diesem Bereich findet der Übergang von normalem Verhalten zu etwas ganz anderem statt. Einen anderen Menschen als bloßes Sprungbrett zu benutzen, sollte als Abweichung betrachtet werden.

Die Grundlagen des menschlichen Verhaltens nach dem DiSG®-Persönlichkeitsmodell

Wenn du eines meiner anderen Bücher gelesen hast, weißt du sicher, dass wir früher oder später über diese vier Farben sprechen: Rot, Gelb, Grün und Blau. Auch in diesem Buch mache ich keine Ausnahme. Auch wenn das DiSG®-Modell als solches für die Erklärung von Narzissmus nicht wesentlich ist, sollten wir uns unser eigenes natürliches Verhalten vor Augen führen. Es kann dazu dienen, einige der Reaktionen zu erklären, die du vielleicht beim Lesen erlebst. Es kann sogar helfen, die Verhaltensweisen auszusortieren, die eigentlich ganz normal sind – auch wenn sie noch so unverständlich erscheinen mögen –, damit wir uns besser auf das eigentliche Thema konzentrieren können: Narzissmus. Ich verwende das bewährte DiSG®-Modell, um unterschiedliche Verhaltensmuster zu erklären. Es gibt unzählige andere Methoden, aber dieses Modell deckt das meiste ab, was du an dieser Stelle wissen solltest. Solltest du das Fünf-Faktoren-Modell (Big Five) oder den Myers-Briggs-Typenindikator bevorzugen, ist das vollkommen in Ordnung. Ich bleibe bei diesem Modell, weil es das ist, das ich am besten kenne. Viele Faktoren können beeinflussen, wie sich eine Person verhält – tatsächlich unzählige. Im Folgenden werde ich zwei davon erörtern: das Verhaltensprofil einer Person und den Grad ihres persönlichen Wachstums.

Ich sollte an dieser Stelle erwähnen, dass dieses System auf der Analyse von subjektiven Berichten beruht und daher nicht dafür gedacht ist, einen umfassenden Überblick über das Innenleben eines Menschen zu geben. Es kann jedoch einen grundlegenden Einblick darüber geben, wie unsere häufigsten Reaktionen aussehen. Es folgt also eine kurze Einführung. Falls du schon ein Farbexperte bist, kannst du diesen Abschnitt überspringen – ich rate dir aber, ihn so oder so zu lesen. Denn Wiederholung ist, wie man so schön sagt, die Mutter des Lernens. Los geht's!

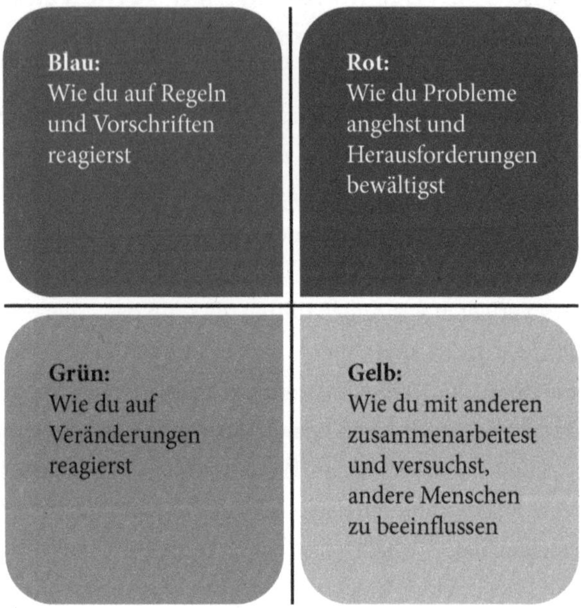

Rote, die faktenorientiert und extravertiert sind, sind davon getrieben, Probleme zu lösen und schwierige Herausforderungen anzunehmen. Je anspruchsvoller eine Aufgabe ist, desto besser. Doch wenn etwas besser funktioniert als erwartet, werden sie misstrauisch. Wo ist der Haken an der Sache? Warum ist das so einfach? Es soll anstrengend sein, es soll schwierig sein. Ohne Schmerz kein Gewinn. Manchmal ist mehr Schmerz besser als weniger. Schmerz macht dich stärker. Die Roten mögen Tempo, Action und turbulente Zeiten.

Geht es bei den Roten um Action, dann geht es bei den Gelben, den beziehungsorientierten Extrovertierten, um Interaktion. Das sind die Menschen, die nicht widerstehen können, alle anderen von der Richtigkeit ihrer eigenen Gedanken und Meinung zu überzeugen. Sie können den Raum nicht verlassen, solange kein Konsens erreicht ist. Selbst im heftigsten Regenschauer sehen sie noch die Sonne. Auch die Gelben lieben Tempo.

Grüne, die beziehungsorientiert und introvertiert sind, sind durch und durch veränderungsscheu. Wer in seinem Persönlichkeitsprofil viel Grün hat, signalisiert fast kein Interesse daran, etwas zu verändern. Veränderungen werden misstrauisch beäugt, selbst wenn sie angemessen und offensichtlich notwendig sind. Das sind die Menschen, die von den guten alten Zeiten reden, die sagen, dass man weiß, was man hat, aber nicht, was man bekommt, oder dass das Gras auf der anderen Seite nie grüner ist. Jede neue Idee wird dankend abgelehnt und sofort zugunsten des Status quo verworfen.

Blaue schließlich, die introvertiert und faktenorientiert sind, mögen Regeln und Vorschriften. Sie sind Verfechter des Protokolls und wissen immer, was die richtige Vorgehensweise ist. Diese Menschen lesen die Aufbauanleitung, bevor sie ihre neuen IKEA-Regale auspacken. Im Idealfall lesen sie sie in drei verschiedenen Sprachen.

Diese vier Einstellungen sowie die Unterschiede zwischen Introversion und Extroversion beziehungsweise zwischen Fakten- und Menschenorientierung führen zu bestimmten Verhaltensweisen.

Wie sehen diese Verhaltensweisen im Einzelnen aus?

Sehen wir uns die Folgen genauer an, stellen wir fest, dass es in allen möglichen Zusammenhängen deutliche Unterschiede gibt. Nach diesem Abschnitt folgt eine Liste verschiedener spezifischer Attribute, die jeweils mit verschiedenen Farben korrelieren. An dieser Stelle sollte ich wohl verraten, dass es Ausnahmen von diesen Regeln gibt. Ausnahmen gibt es übrigens immer. Menschen zu verstehen, ist eine komplexe Herausforderung. Dennoch ist jedes Merkmal spezifisch für die betreffende Farbe.

Wichtig ist mir auch, klar zu sagen, dass wir alle ein bisschen von allen Farben in uns haben. Wir sind alle in der Lage, uns auf unterschiedliche Weise zu verhalten, aber es gibt bestimmte Verhaltensmuster, mit denen jede/r von uns mehr oder weniger gut zurechtkommt und die wir dementsprechend der Welt um uns herum zeigen werden. Statistisch gesehen ist das häufigste Muster, das etwa 80 Prozent der Bevölkerung ausmacht, eine Kombination aus zwei Farben. Häufige Kombinationen sind dabei: Rot/Gelb, Gelb/Grün, Grün/Blau und Blau/Rot. Seltener sind: Gelb/Blau und Rot/Grün. Wir kennen die Ursache für diese Verteilung nicht. Etwa 15 Prozent der Bevölkerung weisen drei Farben auf, was ihre Interpretation noch schwieriger macht, und nur fünf Prozent der Bevölkerung bleiben bei einer einzigen Farbe. Diese Statistiken wurden nach Stichproben von etwa 50 Millionen Befragten aus der ganzen Welt erstellt.

	ROT	**GELB**	**GRÜN**	**BLAU**
Verhalten	getrieben, direkt	optimistisch und spontan	fürsorglich und rücksichtsvoll	nachdenklich und gewissenhaft
Auftreten	Business-like	zuvorkommend	diskret	förmlich
Arbeitseinstellung	akribisch ehrgeizig förmlich effizient präzise	inspirierend persönlich flexibel stimulierend eloquent	persönlich entspannt freundlich informell unauffällig	strukturiert organisiert spezialisiert methodisch lakonisch
Arbeitstempo	schnell und entschlossen	schnell und spontan	langsam und solide	langsam und methodisch

Prioritäten	Aufgabe und Ergebnisse	Beziehungen und Einfluss	Aufrecht-erhaltung guter Bezie-hungen	Aufgabe und wie man sie angeht
Ängste	Verlust der Kontrolle	das Gesicht verlieren	Konfronta-tion	sich lächer-lich machen
Verhalten unter Druck	diktiert Vor-gaben und setzt sich durch	greift an und ironisiert	gibt nach und fügt sich	zieht sich zurück und setzt auf Ver-meidung
Er/sie möchte	Ergebnisse	Inspiration	Stabilität	Methodik
Wie sich ihr Gegenüber verhalten soll	direkt	stimulierend	nett	präzise
Er/sie möchte	zuständig sein	bewundert werden	gefallen	recht haben
Wird getriggert von	Unzuläng-lichkeiten und Unent-schlossenheit	Passivität und Routinen	Unempfind-lichkeit und Ungeduld	Über-raschungen und Launen
Er/sie möchte haben	Erfolg und Kontrolle	Status und Flexibilität	Frieden, Ruhe und enge Beziehungen	Glaubwürdig-keit und Zeit zur Vorberei-tung
Auftreten	Business-like	elegant	freundlich	rechtschaffen
Lebt in	der Gegen-wart	der Zukunft	der Vergan-genheit (die »gute alte Zeit«)	ihrem Kopf
Verlässt sich auf	Bauchgefühl	Anerkennun-gen	sich selbst	Fachleute
Kann nicht ausstehen	still sitzen	Alleinsein	Unvorherseh-barkeit	Drängen

Versuch einer Skala der Selbstbezogenheit

Narzissmus ist größtenteils eine Frage der Selbstbezogenheit, aber das bedeutet nicht, dass alle, die sich egozentrisch beziehungsweise selbstbezogen verhalten, Narzisst:innen sind. Wie im Bereich der Psychologie üblich, ist es schwierig, scharfe Abgrenzungen vorzunehmen. Wenn ich versuchen würde, eine Skala für ein solch vielschichtiges Konzept wie Selbstbezogenheit zu entwerfen, würde sie wahrscheinlich in etwa so aussehen:

Alle Menschen interessieren sich am meisten für sich selbst und ihre eigenen Bedürfnisse. Das liegt in ihrer Natur. Das Gleiche gilt für die meisten Tiere, die wir kennen. Die meisten wären bereit, für ihr eigenes Überleben zu kämpfen. **Manche** Menschen zeigen nicht viel von dieser Seite ihrer Persönlichkeit. Das heißt nicht, dass sie nicht vorhanden ist! Es bedeutet nur, dass sie gelernt haben, die weniger attraktiven Aspekte ihres Wesens zu unterdrücken.

Introvertierte wirken im Allgemeinen ruhiger und gelassener und schöpfen mehr Energie, wenn sie nicht so viel mit Menschen interagieren müssen. Sie sind zufrieden damit, sich selbst Anerkennung zu verschaffen, anstatt sie bei anderen zu suchen. Sie reden nicht viel, es sei denn, sie fühlen sich in der Gesellschaft, in der sie sich befinden, sehr wohl. In der Öffentlichkeit im Mittelpunkt zu stehen, gehört nicht zu ihrer Lieblingsbeschäftigung. Sie stehen lieber am Rand und beobachten oder schauen zu. Etwas zu bewahren, ist für sie wichtiger, als zu verändern. Introvertierte sind oft zufrieden damit, wenn sie Zeit in ihrem eigenen Kopf verbringen können. Im Sinne der DiSG®-Theorie sind sie deshalb grün und blau. Sie sind weniger laut und werden von anderen Menschen nicht als besonders egozentrisch wahrgenommen, obwohl sie natürlich im Allgemeinen noch immer zur Gattung Mensch zählen.

Als Nächstes haben wir ihre Gegenspieler, die **Extrovertierten,** die Action und Hektik mögen, und dass etwas passiert. Schnelllebige Situationen regen sie an und sie bewegen sich in der Welt viel schneller als Introvertierte. Es macht ihnen nichts aus, im Mittelpunkt zu stehen, manche würden sogar sagen, dass sie es genießen. Jede Veränderung ist für sie wie ein frischer Wind, und sie mögen es, wenn sich die Dinge schnell entwickeln. Die alten Zeiten waren nämlich alles andere als gut. Nach der DiSG®-Theorie sind diese Personen wiederum rot und gelb.

Rote haben zwar ein recht großes, starkes Ego (»Ego« bedeutet auf Griechisch »Selbst«), aber es ist ihnen nicht immer wichtig, was andere über sie denken, denn sie sind nicht beziehungsorientiert. Sie können durchaus selbstbezogen sein, aber in der Regel nicht auf eine nervige Art. Sie können ungeniert darauf hinweisen, dass sie recht haben und alle anderen im Unrecht sind.

Das Verhalten der **Gelben** wird als besonders aufmerksamkeitsheischend empfunden. Halte bei einem Abendessen oder einer Party doch mal nach Gruppen Ausschau. Meistens sind die Gelben mittendrin. Sie erzählen Witze oder amüsante Anekdoten – oder sind einfach nur unterhaltsam. Sie sind gut darin, das, was sie sagen, interessant und wichtig klingen zu lassen, und sie haben ein natürliches Talent dafür, die Aufmerksamkeit anderer Menschen zu halten. Mit anderen Worten: Sie sind Redner:innen auf professionellem Niveau. Viele von uns sind charmanten Gelben mit ihren überzeugenden Visionen verfallen.

Das hat nicht unbedingt etwas mit sozialen Fähigkeiten zu tun, aber es ist definitiv eine soziale Aktivität. Gelbe lieben Aufmerksamkeit und sind ungewöhnlich empfänglich für positives Feedback. Sie freuen sich über jedes Lob, jede Anerkennung oder Bestätigung, die ihnen zuteilwird, und machen ein Riesentheater darum, dass das doch nicht der Rede wert sei. Viele Gelbe, denen man begegnet, sind bereit, sich ganz schön ins Zeug zu legen, um ihre Mitmenschen zu unterhalten. Manchmal sieht es so aus, als wäre für sie jeder bloß ein Teil ihres Publikums. Das kann dazu führen, dass sie mehr Platz einnehmen als unbedingt nötig, und das wiederum kann andere verärgern. Hey, lass doch mal jemand anderen zu Wort kommen!

Ein Großteil dieses Verhaltens geschieht tatsächlich unbewusst. Gelbe haben in der Regel nur eine vage Vorstellung davon, dass sie laut sind. Sie wollen eigentlich nicht jedes Sauerstoffmolekül im Raum für sich beanspruchen. Es passiert einfach. Sie folgen ihrem natürlichen Instinkt, der darin besteht, ihren Mund zu öffnen und abzuwarten, was als Nächstes passiert. Das führt dann nicht selten zu weiteren Sätzen, die mit *Ich* beginnen. Obwohl viele Menschen, vor allem Grüne und Blaue, sich über Gelbe und ihr Verhalten aufregen können, würde ich sagen, dass die meisten Gelben eigentlich ziemlich harmlos sind. Sie haben nichts Böses im Sinn, es fehlt ihnen lediglich an Selbsteinschätzung. Wenn ihnen also jemand irgendwann unweigerlich zuruft: »Hörst du *nie* auf zu reden?«, wird der Gelbe mit echter Überraschung reagieren. Was ist da gerade passiert? Ich dachte, wir haben gerade so eine schöne Zeit zusammen?

Eine der größten Ängste, die ein Gelber kennt, ist die Angst, ausgegrenzt zu werden. Von Gleichaltrigen nicht akzeptiert und aus der Gruppe ausgestoßen zu werden, ist eine schreckliche Form der Bestrafung. Gelbe empfinden es als ungerecht, wenn sie nur aufgrund ihrer weniger charmanten Eigenschaften beurteilt werden. Sie schnappen ein wenig ein, wenn sie mitbekommen, dass die Menschen um sie herum nicht positiv auf ihre albernen Faxen reagieren. Manchmal können sie sogar wütend werden. Gemüter können sich erhitzen. Zum Glück vergessen sie aber genauso schnell wieder, dass sie wütend sind. Und die Sonne kommt bestimmt bald wieder raus.

Wenn es eine Farbe gibt, der häufiger Narzissmus vorgeworfen wird als den anderen, dann ist das wohl Gelb. Aber das ist nicht die Art von Narzissmus, über die wir hier sprechen wollen. Was passiert nun, wenn wir unseren Blick vom Verhalten der Gelben abwenden und stattdessen einen Blick auf etwas werfen, das zugegebenermaßen weniger normal ist? Ist es möglich, noch selbstbezogener zu sein als ein Gelber, ohne ein klinischer Narzisst oder eine klinische Narzisstin zu sein?

Histrionische Persönlichkeitsstörung

Jenseits der Gelben und ihrer mäßig lästigen Selbstbesessenheit betreten wir das Gebiet eines Konzepts, das bislang wenig Aufmerksamkeit erhielt: die histrionische Persönlichkeitsstörung (HPS). Charakteristisch für diese Störung ist ein übermäßiges Aufmerksamkeitsbedürfnis, ungehemmtes und verführerisches Verhalten und ein übertriebener Wunsch, akzeptiert zu werden. Menschen, die mit HPS diagnostiziert werden, werden oft als lebhaft, dramatisch, lebendig, enthusiastisch und offen flirtend beschrieben. Bei Frauen wird HPS etwa viermal so häufig diagnostiziert wie bei Männern. Und warum ist das so? Weil es stimmt? Weil Psycholog:innen voreingenommen sind? Wer kann das schon sagen?

Die HPS gehört zu einer Gruppe von dramatischeren Persönlichkeitsstörungen. Menschen mit HPS sind *sehr* aufmerksamkeitsbedürftig und posaunen oft laute, gelegentlich sogar unangemessene Kommentare heraus. Ihr Verhalten wirkt oft etwas übertrieben, und sie sehnen sich nach ständiger Stimulation. Sie können sexuell aufreizend sein und starke Emotionen ausdrücken – alles, was sie brauchen, um einen starken Eindruck auf ihre Mitmenschen zu machen. Sie können sehr egoistisch sein und manchmal sehr manipulativ, um ihre eigenen Bedürfnisse zu befriedigen.

Menschen mit HPS neigen dazu, sowohl in sozialer als auch in beruflicher Hinsicht recht gut zu funktionieren. Sie verfügen in der Regel über durchschnittliche soziale Fähigkeiten, die sie gelegentlich einsetzen, um andere zu manipulieren und sicherzustellen, dass sie im Mittelpunkt der Aufmerksamkeit stehen. HPS kann jedoch auch Auswirkungen auf soziale und engere Beziehungen haben, die durch die Unfähigkeit dieser Menschen, Niederlagen oder Misserfolge zu verarbeiten, noch verschärft werden. Personen mit HPS haben nicht immer eine realistische Sicht auf ihre Situation und neigen stattdessen dazu, ihre alltäglichen Herausforderungen zu dramatisieren und zu übertreiben.

Sie wechseln häufig den Arbeitsplatz, weil sie sich schnell langweilen. Ihre starke Vorliebe für Nervenkitzel und Aufregung kann sie in brenzlige Situationen bringen. Wenn man ihnen nicht erlaubt, das leicht verrückte Leben zu leben, das sie wollen, oder ihnen die Bewunderung eines Publikums verwehrt wird, können sie sogar Depressionen entwickeln. Es gibt eine nützliche Checkliste, die helfen kann, die Grundlagen von HPS zu verstehen:

- provokantes Verhalten,
- Beziehungen werden als intimer angesehen, als sie tatsächlich sind,
- aufmerksamkeitsheischend,
- leicht durch andere oder Umstände beeinflussbar,
- Sprache (Stil) will beeindrucken; ohne Details,
- emotionale Labilität, Oberflächlichkeit,
- Make-up; das äußere Erscheinungsbild wird genutzt, um die Aufmerksamkeit auf sich zu lenken,
- übertriebene Emotionen, theatralisch.

Die Liste ist zwar schlicht, aber leicht nachzuvollziehen. Aber wie kommt es nun zum Übergang von normaler bis mäßig exzessiver Selbstverliebtheit zur pathologischen Selbstbesessenheit? Oder um es ganz hart auf den Punkt zu bringen: Verfallen wir dem Narzissmus, weil wir zu viel des Guten abbekommen?

5
Eine erste Begegnung mit Linda

Ich möchte dir an dieser Stelle gerne eine fiktive Person vorstellen: Linda. In diesem Buch werden wir sie einsetzen, um zu veranschaulichen, wie sich narzisstisches Verhalten im wirklichen Leben häufig äußert.

Ein Beispiel für alltäglichen Narzissmus

Lindas 22. Geburtstag war im Jahr 2020. Sie studiert Wirtschaftswissenschaften an der Universität. Sie selbst hat das Gefühl, dass sie hart gearbeitet hat, aber ihre Dozent:innen sind der Meinung, dass sie nicht alles getan hat, was man von ihr erwarten kann. Sie schätzen ihre Leistungen daher eher als durchschnittlich ein.

Linda bewegt sich in sehr großen sozialen Kreisen. Ständig interagiert sie in den sozialen Medien mit attraktiven, lächelnden Menschen. Tagtäglich veröffentlicht sie mindestens einen Beitrag, oft auch mehr. Ihre Posts bieten eine Fülle von Informationen darüber, wie aufregend ihre Tage und Nächte sind. Man könnte sagen, sie hat viele oberflächliche Beziehungen, aber nur ein oder zwei wirklich enge Freund:innen. Das ist ziemlich seltsam, wenn man bedenkt, wie offen sie ist, wie gut sie aussieht, dass sie in einer netten Familie in einer guten Gegend aufgewachsen ist, wie gut sie mit Menschen umgehen kann, wie beliebt sie zu sein scheint und wie vielversprechend ihre Zukunftsaussichten sind.

Sie lebt in einer kleinen, zentral gelegenen Wohnung in einer mittelgroßen schwedischen Stadt. Ihre Eltern haben die Wohnung für sie gekauft. Grund für den Kauf war, dass sie morgens nicht mehr so früh aufstehen wollte, um rechtzeitig zu ihren Vorlesungen zu kommen. Nachdem sie sich bei ihren Eltern immer wieder lautstark darüber beschwert hatte, mit der immer deutlicher werdenden Andeutung, dass sie doch auf jeden Fall etwas dagegen unternehmen würden, wenn ihnen noch etwas an ihr läge, öffneten sie widerwillig ihre Brieftaschen. Die Wohnung kostete fast so viel wie das Vorstadthaus, in dem ihre Eltern wohnen.

Während Linda studiert, putzt ihre Mutter, die einen Teilzeitjob hat, Lindas Wohnung und wäscht sogar ihre schmutzige Wäsche für sie. Ihre Mutter hat schon einige Male versucht, aus diesem Arrangement auszusteigen, indem sie sanft darauf hingewiesen hat, dass eine Erwachsene doch in der Lage sein sollte, sich selbst um ihre Wäsche zu kümmern. Jedes Mal ist Linda unter dem Druck, gleichzeitig zu studieren und einen Haushalt führen zu müssen, zusammengebrochen. Ihre Mutter hat sich nie getraut, Linda zu fragen, wie viele Stunden sie täglich lernt. Linda hat ihren Eltern auch nie Prüfungsergebnisse gezeigt. Und um ehrlich zu sein, verbringt sie auch nicht allzu viele Stunden mit ihrem Studium. Denn das Lernen für eine Prüfung würde Lindas soziales Leben viel zu sehr einschränken. Lindas Studium ist nicht so interessant, wie sie es sich erhofft hatte, also geht sie lieber auf Partys oder surft im Internet.

Sie ist nicht unintelligent und hat keine schlechte Schulbildung. Ihr bieten sich alle Möglichkeiten, erfolgreich zu sein. Der Grund, warum sie sich nicht auf ihr Studium konzentriert, ist nicht ganz klar. Ihre eigene Erklärung ist, dass das Leben nicht nur aus Arbeit bestehen kann. Man muss sich auch Zeit für sich selbst nehmen. In sein zukünftiges Ich hineinwachsen. Die Dinge auskosten. Und da sie es mehr oder weniger als ihr unantastbares Recht ansieht, eine gute Note zu bekommen, macht sie sich keine Sorgen. Andere Studierende haben die Prüfungen schon bestanden, warum also sollte sie es nicht auch schaffen? Und tatsächlich sieht es ganz so aus, als ob sie ihren Abschluss packen könnte, wenn sie ein paar Wiederholungsprüfungen in ihren Schwerpunktfächern ablegt.

Bevor sie sich für das Wirtschaftsstudium an der Universität eingeschrieben hatte, war sie ein Jahr auf Reisen. Jetzt hat sie das Gefühl, dass sie ein weiteres Jahr Auszeit braucht, da sie in den letzten vier Jahren mit all diesem Druck zu kämpfen hatte. Also wendet sie sich an ihre Eltern und bittet sie, sie noch ein paar Jahre lang zu unterstützen, weil sie sich nicht so recht entscheiden kann, was sie mit ihrem Leben anfangen soll. Vielleicht sucht sie sich eine Arbeit in einem Bereich, der mit ihrem Studium zusammenhängt, oder sie geht noch eine Weile an die Uni. Sie wartet eben ab, wie sich die Dinge entwickeln. Sie ist jung und hat das Gefühl, dass sie es nicht eilig hat, sich zu entscheiden. Solche Dinge klären sich am Ende immer von selbst.

Was ist das Problem?

Okay, Linda ist ein bisschen verwöhnt. Ihre Eltern sind vielleicht zu großzügig mit ihrer Zeit und ihrem Geld. Andererseits liebt man als Vater oder Mutter seine Kinder auch dann noch, wenn sie schon erwachsen sind. Natürlich würde man alles tun, um ihnen zu helfen, in ihrem Leben Fuß zu fassen. Welche Eltern würden das nicht tun?

Das Problem sind Lindas Methoden, um all die Dinge zu bekommen, die sie derzeit hat. Um eine Wohnung in der Stadt zu bekommen, die so viel wert ist wie das Haus ihrer Eltern, erpresste sie diese mit der Drohung, Selbstmord zu begehen, wenn sie nicht tun, was sie verlangt. Um ihre Mutter zu überreden, für sie zu putzen und ihre Wäsche zu waschen, weinte, schrie und beschwerte sie sich, dass ihre Mutter sie nicht mehr liebt. Um sicherzustellen, dass sie trotz ihrer mangelhaften Leistungen ihren Abschluss machen kann, bezichtigte Linda einen ihrer Professoren der Diskriminierung. Das schüchterte ihn schnell ein, sodass er ihr eine gute Note gab. Um sich einen Vorrat an neuen Kleidern und hübschen Schuhen zu sichern – ganz zu schweigen von so viel Make-up, das eine komplette Opernproduktion hätte am Laufen halten können –, hat sie es sich zur Aufgabe gemacht, ihren Vater in die Knie zu zwingen. Er konnte ihr noch nie etwas abschlagen. Selbst wenn ihr monatliches Bekleidungsbudget höher ausfällt als seines für ein ganzes Jahr, gibt er weiter Geld für sie aus.

Keine der Methoden ist auf den ersten Blick als solche erkennbar. Linda setzt einfach auf Methoden, die für sie besonders effektiv waren, um ihren Willen durchzusetzen. Weder ihr Vater noch ihre Mutter haben sich jemals ernsthaft gewehrt. Da Linda das Gefühl hat, dass sie Anspruch auf all diese Privilegien hat, kann sie auch nichts Falsches an ihrem Verhalten erkennen. Sie bekommt die Dinge, die sie für ein gutes Leben braucht, und niemand wird sie daran hindern.

Allerdings gibt es eine Reihe von Hinweisen: Für jemanden, der nur ein oder zwei gute Freund:innen hat, dafür aber jede Menge oberflächliche Bekannte, ist Linda ziemlich gut darin, Menschen, die sie nicht mag, in den Rücken zu fallen. Kritisiert sie jemand, zahlt sie es ihm dreifach heim. Schenkt ihr jemand nicht genügend Aufmerksamkeit, die ihr ja ihrer Meinung nach zusteht, verleumdet sie die betreffende Person und verbreitet bösartige Gerüchte über sie. Die sozialen Medien sind ein wunderbares Instrument, um Lügen über Menschen zu verbreiten, die sich nicht ausreichend respektvoll oder schmeichelnd verhalten haben.

Vielleicht denkst du dir, dass all das pure Idiotie ist? In diesem Fall hast du nicht ganz unrecht. Es IST Idiotie. Aber die Frage, die du dir beim Lesen stellen solltest, ist folgende: Wenn es nach dir ginge, würdest du Linda als gelb-rote Person mit starker Willenskraft, als jemanden mit histrionischer Persönlichkeitsstörung oder als Narzisstin einstufen?

TEIL 2

Narzissmus – ein genauerer Blick

6
Über die Tiefen komplexer Seelen

Abgesehen davon, dass sie dasselbe wollen wie alle anderen, nämlich ein gutes Leben, in dem sie möglichst gut zurechtkommen, wollen gerade Narzisst:innen ganz bestimmte Dinge, mit denen wir anderen vielleicht nicht einverstanden sind.

Was wollen Narzisst:innen?

Im Grunde wollen Narzisst:innen die Kontrolle haben. Sie ziehen es vor, das Steuer in der Hand zu haben, weil sie sich dann besser fühlen. Besser als was? Als all die anderen. Alles, was dieses Gefühl der Überlegenheit oder der Brillanz hervorruft, erscheint Narzisst:innen erstrebenswert. Alles, was ihnen das Gefühl gibt, im Mittelpunkt der Aufmerksamkeit zu stehen, ist für sie wichtig. Alles, was es Narzisst:innen ermöglicht, in einer Fantasiewelt zu leben, in der sich wirklich alles um sie dreht, ist erstrebenswert.

Sie wollen Dinge, die ihnen das Gefühl geben, dass sie an erster Stelle stehen – sie genießen es sogar aktiv, gegenüber anderen bevorzugt zu werden, egal in welchem Zusammenhang. Ein Kind mit narzisstischen Tendenzen verschwendet keine Zeit auf irgendein Konzept von Gerechtigkeit, das auch die Rechte seiner Geschwister berücksichtigen würde. Argumente, dass eine bestimmte Regelung für den Bruder des/der Narzisst:in ungerecht wäre, sind völlig verschwendet. Narzisstische Kinder wollen für niemanden Gerechtigkeit, außer für sich selbst. Wenn sie nicht mehr von etwas haben können, das Bessere oder gar alles, dann erleben sie das als zutiefst ungerecht.

Es reicht nicht aus, viel zu bekommen. Narzisst:innen wollen die Gewissheit, dass das, was sie bekommen, wirklich mehr ist. Sie müssen sehen und davon überzeugt sein, dass ihnen mehr Respekt und Bewunderung entgegengebracht wird als anderen. Wenn die Menschen um sie herum ihnen nicht signalisieren, wie wichtig sie *im Vergleich zu allen anderen* sind, spricht das für einen grundlegenden Fehler in diesen Menschen. Sollte dein/e Partner:in also ein/e Narzisst:in sein, dann kannst du nicht einfach sagen: »*Mensch, siehst du gut aus!*« Sicherheitshalber solltest du direkt noch hinzufügen: »Im Vergleich zu allen Menschen, die ich je getroffen habe.«

Macht ist, wie bereits erwähnt, eine weitere wichtige Komponente. Das kann die Macht über sich selbst, über andere, über eine Situation, über eine Begegnung oder über die zu treffenden Entscheidungen sein. Man kann es auch *Kontrolle* nennen.

Anerkennung, oder besser gesagt, *Bewunderung*. Je mehr Menschen sich verbeugen oder applaudieren, desto besser.

Wir sollten aber auch *Sympathie* erwähnen. Viele Narzisst:innen sind sehr gut darin, das Opfer zu spielen, da dies ein sicherer Weg ist, eine Menge Sympathie zu erhaschen. Sympathie ist nämlich ein Synonym für Aufmerksamkeit. Wenn man genauer darüber nachdenkt, stellt man fest, dass viele Menschen sich selbst oder die Gruppe, der sie angehören, derzeit als Opfer definieren. Ich habe die Vermutung, dass auch hier Narzissmus die Ursache sein könnte. Aber dazu später mehr.

Mitleid ist für die meisten Menschen beunruhigend. Wenn andere Menschen Mitleid mit einem haben, beweist das nur, dass man sich in einem miserablen Zustand befinden muss. Für Narzisst:innen dagegen passt Mitleid perfekt in das Gesamtmuster.

Prestige und *Status*: Eine gehobene Position in der sozialen Hierarchie ist definitiv etwas, wonach sich die meisten Narzisst:innen sehnen. Sie wollen diese Position nicht nur wegen der damit einhergehenden Macht, sondern vielmehr wegen der Aufmerksamkeit, Bewunderung und vielleicht sogar der Angst, die sie mit sich bringt.

Einfluss kann mit Macht verbunden sein. Narzisst:innen möchten das Gefühl haben, dass sie einen gewissen Einfluss auf die Ereignisse und Menschen in ihrem Umfeld ausüben.

Service ist eine weitere wichtige Zutat für Narzisst:innen. Das kann alles bedeuten, vom besonders verwöhnten Gast in einem Restaurant bis hin zu einem/einer Partner:in, der/die alle langweiligen Aufgaben im Haushalt wegzaubert. Man könnte diese Kategorie auch als Knechtschaft bezeichnen. Wenn Narzisst:innen ihre Zeit nicht mit deprimierender Hausarbeit verbringen müssen, fühlen sie sich besonders wichtig.

Wertschätzung und *Lob*: Ja, natürlich. Man kann Narzisst:innen gar nicht genug loben. Sie saugen alles auf, auch offensichtliche Übertreibungen oder Lügen zu ihren Gunsten – und dann fordern sie ihr Gegenüber mit einer Geste auf, weiterzumachen. Gibt's noch mehr Lob? Ja? Okay, dann schieß mal los!

Unterwerfung: Andere müssen gehorchen und sich im Idealfall angesichts der Größe von Narzisst:innen völlig unterordnen. Das kommt Narzisst:innen sehr gelegen, denn es gibt ihnen die absolute Macht, mit uns zu spielen, als wären wir Figuren auf einem Schachbrett.

Absolute Loyalität ist das Endergebnis. Alle müssen einfach gehorchen. Niemand darf Widerworte geben. Unterwürfige Personen, die sich selbst als Mitläufer:innen sehen, werden mit größerer Wahrscheinlichkeit von Narzisst:innen in den Bann gezogen.

Allerdings ist nicht immer ganz klar zu erkennen, welches Interesse Narzisst:innen damit verfolgen. Da sie wissen, dass ihr Bedürfnis nach öffentlicher Bewunderung von der Öffentlichkeit nicht immer als sympathischer Charakterzug wahrgenommen wird, sind sie gut darin, ihr wahres Ich zu verbergen.

Wie können Narzisst:innen zufriedengestellt werden?

An dieser Stelle sollte man auch erwähnen, dass Narzisst:innen selbst dann nicht glücklich sein werden, wenn sie all die oben genannten Dinge bekommen. Narzisst:innen hegen immer den Verdacht, dass sie um etwas betrogen werden oder wurden, das ihnen eigentlich zusteht. Selbst wenn sie alles bekämen, was die Welt zu bieten hat, würden sie eher Unbehagen oder sogar Wut empfinden als Zufriedenheit über das, was sie haben.

Lernt man also Narzisst:innen erst einmal kennen, dann stellt man – sobald man das Verhaltensmuster erkennt – bald fest, dass es wirklich unmöglich ist, ihnen zu gefallen. Jede/r, der/die schon einmal einen Kloß im Hals hatte, weil er/sie seinem/seiner oder ihrem/ihrer Partner:in das beste, teuerste und durchdachteste Geschenk machen wollte, weiß vermutlich, woher dieser Kloß kommt. Das kann daran liegen, dass man sich bei früheren Geburtstagen bemüht hatte, ein gutes Geschenk zu finden, nur um am Ende unter die Nase gerieben zu bekommen, dass dieser oder jene ein viel besseres Geschenk bekommen habe, und wie unfair das Leben doch sei. Der Grund für diese unsympathische Reaktion liegt nicht nur darin, dass die betreffende Person kindisch ist, sondern auch darin, dass teure Geschenke nicht als die Erfüllung eines tiefen Wunsches angesehen werden – vielmehr als Wiedergutmachung für empfundene Ungerechtigkeiten. Ungefähr in die Richtung: Eigentlich sollte es schon immer so sein, und nun ist es an der Zeit, dass jemand die Dinge wieder in Ordnung bringt.

Wer ein Kind sieht, das gleichgültig schnaubt und die unglaublich teuren Geschenke, die es zu Weihnachten oder zum Geburtstag bekommt, zur Seite wirft, denkt sich bestimmt, dass dieses Kind unerträglich unhöflich ist. Es könnte sich aber auch um narzisstische Tendenzen handeln, die nicht gefördert werden sollten. Das gleiche Verhalten wäre bei einem/einer Erwachsenen absolut untragbar.

Das hat nichts mit den Geschenken an sich zu tun. Bescheiden oder teuer – das spielt keine Rolle. Man könnte einen Bentley oder einen Ring, der mit dem größten Diamanten der Welt besetzt ist, einem/einer Narzisst:in überreichen – er/sie würde sie einfach zu all den anderen Geschenken legen. Für echte Dankbarkeit würde es keinerlei Anzeichen geben.

Es gibt einfach keine Möglichkeit, Narzisst:innen zufriedenzustellen. Selbst König Midas könnte nie genug Gold produzieren, um echte Narzisst:innen zum Schweigen zu bringen. Sie fühlen sich in der Regel vom Leben ungerecht behandelt, weil ihre Wünsche nie in Erfüllung gehen. Diese Einstellung zieht oft eine Reihe unschöner Verhaltensweisen nach sich: Narzisst:innen kommandieren andere herum und treiben sie auch noch an, härter zu arbeiten, da diese sich vergeblich bemühen, die Narzisst:innen zufriedenzustellen.

7
Liebe ich mich selbst? It's complicated!

Narziss verliebte sich in sich selbst, und das wurde ihm schließlich zum Verhängnis. Aber das ist doch nur ein griechischer Mythos, oder? Sich in sich selbst zu verlieben, kann doch kein Problem sein – viel schlimmer muss es doch für all die Menschen sein, die sich selbst überhaupt nicht wertschätzen, oder? Ein erheblicher Teil der Bevölkerung hat tatsächlich ein schlechtes Selbstwertgefühl. Diese Menschen können ihre eigene Gesellschaft kaum ertragen, und wenn ihnen jemand ein Lob ausspricht, weisen sie es schnell zurück und betonen, dass sie eigentlich völlig nutzlos sind.

Eine Möglichkeit, so zu enden, ist, einem/einer Psychopath:in zum Opfer zu fallen. Psychopath:innen haben ein besonderes Händchen dafür, Menschen Stück für Stück zu zerstören. Die Überlebenden von Psychopath:innen machen häufig eine regelrechte Lebenskrise durch und haben oft mit zerstörten Illusionen und posttraumatischen Belastungsstörungen zu kämpfen. Diese Menschen müssen dringend einen Weg finden, sich selbst wieder zu akzeptieren. Es kann sich auch um die erwachsenen Kinder von Suchtkranken handeln, die oft mit den Erinnerungen an jahrzehntelangen physischen und psychischen Missbrauch leben müssen. Ihr ganzes Leben war auf die Bedürfnisse ihrer Junkie-Mutter oder ihres gewalttätigen Vaters ausgerichtet, sodass sie kaum noch wissen, wer sie selbst sind. Vielleicht haben sie ihre gesamte Kindheit damit verbracht, sich zu verkriechen, aus Angst vor der nächste Ohrfeige.

Abgesehen davon, dass es absolut lebenswichtig ist, Betroffenen den Wert von Selbstliebe beizubringen, ist es auch eine absolut sichere Sache. Sie kommen von einem Ort des abgrundtiefen Selbsthasses, und aus Erfahrung weiß ich, wie schwierig es für sie sein kann, auch nur ein Mindestmaß an Selbstakzeptanz aufzubringen. In solchen Fällen ist *Selbstliebe* eine wichtige Botschaft. Viele Menschen in der Selbsthilfebranche leisten diese Arbeit, oft mit beeindruckendem Erfolg.

Sich selbst lieben

Was ist aber mit den Menschen, die sich bereits von Anfang an selbst lieben? Was passiert, wenn wir ihnen immer wieder sagen, dass sie sich voll und ganz der eigenen Selbstbewunderung hingeben sollen? Ein heikles Thema, das gebe ich gerne zu. Wahrscheinlich ist es unmöglich, eine klare Grenze zwischen gesunder Selbstachtung und Selbstwertgefühl und unsympathischem, selbstdarstellerischem Egoismus oder Selbstbezogenheit zu ziehen. Oder Narzissmus eben. Aber irgendwo muss diese Linie verlaufen.

Viele Medien machen sich wie immer einen Spaß daraus, allen Angst zu machen. Manchmal scheint es, als ginge es jungen Menschen schlechter als je zuvor. Es ist sicher richtig, dass viele junge Menschen Schwierigkeiten haben, die Erfahrungen zu verarbeiten, die sie in den sozialen Medien erleben. Früher waren die einzigen Menschen, über die man sich Gedanken machen musste, die eigenen Klassenkamerad:innen in der Schule. Jetzt ist es die ganze Welt. Es ist nicht leicht, sich ständig mit den Besten der Besten zu vergleichen. Es gibt auch alarmierende Berichte über eine Zunahme von Suizidversuchen unter jungen Menschen aufgrund von Cybermobbing. Diese Mobber tauchen nicht aus dem Nichts auf – aber woher kommen sie?

Vielleicht ist es gut zu wissen, dass junge Menschen heute insgesamt zufriedener mit sich selbst sind, als ihre Großeltern es in diesem Alter waren. Es gibt einen deutlichen Unterschied zwischen diesen Generationen. Umfangreiche psychologische Studien haben gezeigt, dass es einen deutlichen Zusammenhang zwischen dem Alter und dem Selbstwertgefühl gibt. Auch hier zeigt sich ein signifikanter Unterschied. In einer amerikanischen Studie, die vor ein paar Jahren durchgeführt wurde, wurde festgestellt, dass das Selbstwertgefühl von Studierenden zwischen den 1960er- und den 2010er-Jahren um mehr als 80 Prozent gestiegen ist. Bei Grundschulkindern beträgt der Anstieg in den letzten 50 Jahren um die 93 Prozent.

Das sind beeindruckende Zahlen. Und wer könnte daran etwas bemängeln? In einer Studie mit Müttern von Dreijährigen wurden die Mütter gefragt, ob sie es für wichtig hielten, dass ihre Kinder ein starkes Selbstwertgefühl haben. Natürlich wollten alle Mütter, dass ihre Kinder ein gutes Selbstwertgefühl haben. Diese Frage wurde auch den Großmüttern gestellt. Auch sie waren der Meinung, dass ein starkes Selbstwertgefühl einem schwachen Selbstwertgefühl vorzuziehen ist. Als die Mütter gefragt wurden, ob ein Kind zu viel Selbstwertgefühl haben könne, stimmten alle zu, dass das nicht möglich sei. Interessant war, was passierte, als den Großmüttern dieselbe Frage gestellt wurde. Auch sie stimmten grundsätzlich zu – nur behaupteten sie, dass man durchaus zu viel des Guten haben könne. Ihrer Meinung nach kann ein übermäßiges Selbstwertgefühl leicht mit Arroganz, Egozentrik, Selbstbezogenheit und Anspruchsdenken verwechselt werden.

Bei dieser Studie handelt es sich um eine amerikanische Studie. Wenn du also nicht in den USA lebst, trifft das vielleicht nicht auf deinen Wohnort zu. Natürlich gibt es kulturelle Unterschiede zwischen den USA und, sagen wir, meinem Heimatland Schweden. Ich weiß aber auch, dass alles, was sich in Amerika durchsetzt, in den nächsten fünf oder zehn Jahren auch hier Einzug hält. Die Studie, die ich gerade erwähnt habe, stammt übrigens aus dem Jahr 2010.

An dieser Stelle möchte ich erwähnen, dass einige Leute der Meinung sind, dass wir in Wirklichkeit die gegenteilige Entwicklung erleben. Junge Menschen haben zunehmend Probleme mit ihrer psychischen Gesundheit, behaupten sie. Die Wahrheit ist wahrscheinlich, dass das Wohlbefinden zwischen verschiedenen Gruppen variiert. Großen Teilen der Gesellschaft geht es besser als je zuvor, während eine Gruppe junger Menschen eine schwierige Zeit durchmacht. Wahrscheinlich war das schon immer so.

Googles Einstellung zur Selbstliebe

Vielleicht könnte man jetzt denken, dass die notwendige Anpassung bereits erfolgt ist. Vielleicht wurden die Dinge, aus welchem Grund auch immer, gerade weit genug angeschubst, und zwar in die richtige Richtung. Vielleicht erfreut sich die Jugend der Welt endlich an einem komfortablen Zustand gesunder Selbstachtung und eines gesunden Selbstwertgefühls, und alles ist richtig kalibriert und eingestellt? Vielleicht laufen wir ja gar nicht Gefahr, einen Ausbruch von narzisstischem Verhalten zu verursachen? Na ja.

Vor ein paar Monaten las ich in einem Buch zu einem anderen Thema, dass eine Google-Suche mit dem Begriff »Wie man sich selbst liebt« 191 000 Treffer erzielen würde. Das ist beeindruckend. Die Autoren waren auch ganz überrascht, wie viele Treffer es dafür gab. Ich habe deshalb einen Blick ins Impressum geworfen; das Buch wurde 2013 veröffentlicht. Okay. Nur zum Spaß habe ich selbst nach »Wie man sich selbst liebt« gesucht, während ich im Winter 2020/2021 an diesem Buch arbeitete (ich habe dabei auf Englisch nach »how to love yourself« gesucht).

Sitzt du? Die Anzahl der Treffer lag bei: 2 450 000 000. Fast *zweieinhalb Milliarden* Zugriffe auf die Frage, wie man lernt, sich selbst zu lieben. Das ist allerdings nur logisch. Heutzutage gibt es etliche Bücher, die behaupten, dass alle Probleme sich praktisch in Luft auflösen würden, wenn man nur sich selbst liebt. Es wird behauptet, wenn man an dieser einen Sache ansetze, stehe einem danach alles offen, und dass es keine Grenzen mehr für das gebe, was man erreichen kann.

Wenn du dich selbst mehr magst als du solltest

Selbstbewunderung ist bei einem starken Selbstwertgefühl keine unerwartete Nebenwirkung. Sie sind eng miteinander verbunden, auch wenn Letztere positiv ist, während Erstere es nicht ist. Sicherlich sollten wir uns selbst mögen, aber Selbstbewunderung hat häufig negative Auswirkungen: Die Gefahr, als Narzisst:in angesehen zu werden, und all die schädlichen damit einhergehenden Verhaltensweisen sind nur eine davon.

Narzissmus ist ein psychologischer Begriff, was aber nicht bedeutet, dass man ein Psychologiestudium absolviert haben muss, um die Anzeichen dafür zu erkennen: Arroganz, Hedonismus, Eitelkeit, Selbstdarstellung, Grandiosität und Selbstbezogenheit. Narzisst:innen sind völlig mit sich selbst beschäftigt, denken hauptsächlich an sich selbst und lieben den Klang ihrer eigenen Stimme. Viele egoistische Idiot:innen sind Narzisst:innen, es gibt aber auch vordergründig charmante und charismatische Menschen, die eindeutig narzisstische Züge aufweisen. Die Grenze ist hier nicht klar definiert. Ihnen gemeinsam ist ihr übermäßig positives Selbstbild. Diese Menschen sind nicht nur selbstbewusst, sondern auch selbstverliebt und selbstgefällig. Sie sind fest davon überzeugt, dass sie nicht nur einzigartig, sondern auch ganz, ganz besonders sind. Es gibt niemanden auf der Welt, der so ist wie sie.

All dies ist jedoch mit einer besonderen Herausforderung verbunden. Narzisst:innen sehen sich mit einem dramatischen psychologischen Paradoxon konfrontiert: Wie kann man das Gefühl aufrechterhalten, etwas Besonderes und Wichtiges zu sein, wenn man sich *nicht allzu sehr von anderen unterscheidet?* Eine Möglichkeit besteht natürlich darin, sich Partner:innen zu suchen, mit denen man sein gefährlich überdimensioniertes Ego weiter aufblasen kann. Denn wenn man sich selbst und alle anderen davon überzeugen kann, dass man wirklich so großartig ist, wie man selbst glaubt, ist man doch ein echter Gewinner oder eine echte Gewinnerin. Allerdings ist das Einzige, was man dabei gewinnt, Selbstbeweihräucherung.

Heißt das also, dass ein starkes Selbstwertgefühl dasselbe ist wie Narzissmus?

Nein, natürlich nicht – ich hoffe, ich habe mich bisher klar ausgedrückt. Narzissmus und Selbstwertgefühl unterscheiden sich in einer Reihe von wichtigen Punkten: Menschen mit einem starken Selbstwertgefühl haben definitiv ein positives Selbstbild – darum geht es schließlich –, aber sie sind auch in der Lage, an das große Ganze zu denken. Sie denken nicht nur an ihren eigenen Vorteil, und weil sie sich ihrer selbst so sicher sind, haben sie nichts dagegen, anderen zu helfen. Sie sehen sich selbst als moralische Akteur:innen und streben danach, ethische Entscheidungen zu treffen.

Narzisst:innen halten viel von sich selbst, prahlen aber die meiste Zeit mit ihren Fähigkeiten. Dabei werben sie nicht für sich, weil sie rücksichtsvoll, freundlich oder bescheiden sind. Nein, sie halten sich für Gewinner:innen und verkünden dies allen, die bereitwillig zuhören. Sie versuchen nicht einmal, die Tatsache zu verbergen, dass sie sich für die Besten halten. Warum sollten sie auch?

Manchmal hört man von schlechten Verlierer:innen – Menschen, die sich streiten, weil sie so ungern verlieren. Wusstest du, dass es auch wütende Gewinner:innen gibt? Ich kannte mal so einen Typen. Jedes Mal, wenn er irgendetwas gewonnen hatte – sei es eine

Partie Tischtennis, eine Runde Trivial Pursuit oder einfach nur, weil er in der örtlichen Bar ganz vorne in der Toilettenschlange stand –, verspottete er seine Gegner:innen mit einem Siegestanz und war generell unhöflich zu ihnen. Ihm war das ganze Ethos des Sportsgeistes völlig fremd. Und wie nicht anders zu erwarten, wurde er bald zur Zielscheibe ernsthafter Kritik. Die Leute hassten diesen Kerl wirklich.

Aha! Es sind also Menschen mit *geringem* Selbstwertgefühl, die zu Narzisst:innen werden?

Na ja … Die Vorstellung, dass Narzisst:innen sich selbst hassen und dass der Blick in den Spiegel sie mit Angst erfüllt, ist ziemlich verbreitet. Ihr Verhalten ist eigentlich nur eine List, um diese Tatsache zu verbergen. Unter der Oberfläche, tief im Inneren, sind sie furchtbar unsicher. Wir alle haben das schon öfter gehört, als wir zählen können. Schon zu meiner Schulzeit wurde uns suggeriert, dass die großen, bösen Tyrann:innen und Mobber:innen auf dem Schulhof, die gerne jemanden traten oder schlugen, wenn die Lehrer:innen gerade nicht hinsahen, eigentlich »tief im Inneren sehr unsicher« waren. Das hat mich damals geärgert, und es ärgert mich auch heute noch. Warum belästigt mich dieser Typ dann, wenn er so unsicher ist? Ich war genauso unsicher wie alle anderen, aber ich habe nie auf anderen Kindern herumgehackt. Wir waren doch alle unsicher, wenn ich so darüber nachdenke – wieso funktioniert es also, dass sich diese Vorstellung so hartnäckig hält?

Einige Psycholog:innen bezeichnen das Verhalten als Maskierung. Wir sollen glauben, dass Narzisst:innen, während sie selbstversessen kichernd und voller Selbstgefälligkeit vor uns stehen, in Wirklichkeit einen Hilfeschrei absetzen. Armes Ding. Wie gesagt, alles versteckt. Diese Einschätzung ist wahrscheinlich zu großzügig und eine zu starke Vereinfachung. Die große Mehrheit derer, die eine schwierige Kindheit hatten und ein schwerwiegendes Lebenstrauma haben, verbringen ihre Zeit nicht damit, anderen das Leben schwer zu machen. Sicherlich haben einige mit ihrer Vergangenheit zu kämpfen. Es gibt zweifelsohne Menschen, die sich wirklich unsicher fühlen. Aber das sind nicht diejenigen, von denen ich spreche. Die Menschen, von denen ich spreche, sind diejenigen, die narzisstische Züge aufweisen.

Vor Jahren habe ich für eine große Organisation gearbeitet. In meiner Abteilung gab es einen Mann, der ziemlich seltsame Dinge anstellte. Um es ganz offen zu sagen: Er war ein offensichtlicher Tyrann. Anstatt ihn zu versetzen oder gar ganz zu entlassen, beschloss die Personalabteilung, ihm eine Therapie anzubieten. Seine Opfer wurden im Gegenzug gebeten, über seine Beleidigungen hinwegzusehen. Konnten sie das nicht, wurde ihnen vorgeschlagen, sich einen anderen Arbeitsplatz zu suchen. Schließlich machte jener Tyrann vielleicht gerade eine schwere Zeit durch.

Eine aufschlussreiche Studie über Narzisst:innen in der realen Welt

Narzisst:innen werden gemeinhin in zwei Unterkategorien eingeteilt: Grandiose Narzisst:innen sind die extrovertierten Typen, die wir alle kennen. Es gibt aber auch eine kleinere Gruppe, die als vulnerable Narzisst:innen bezeichnet werden. Das sind diejenigen, die ein geringes Selbstwertgefühl haben und nicht so stark auffallen. Es gibt keinen Beweis dafür, dass grandiose Narzisst:innen – um die es in diesem Buch hauptsächlich geht – unter der Oberfläche tatsächlich unsicher sind. Im Gegenteil, es gibt viele Studien, die zeigen, dass Erwachsene, die in Bezug auf Narzissmus hohe Werte aufweisen, auch in Bezug auf ihr Selbstwertgefühl zu hohen Werten neigen. In der Tat sind diese Menschen in der Regel zufriedener mit sich selbst als die Allgemeinbevölkerung. Das Gleiche gilt für Soziopath:innen und Psychopath:innen, die oft eine sehr hohe Meinung von sich selbst haben.

Die Aussagen in den verwendeten Fragebogen lauten in der Regel wie folgt: »Ich habe das Gefühl, dass ich einen gewissen Wert besitze, mindestens so viel wie andere Menschen« und »Ich habe das Gefühl, dass ich eine Reihe von guten Eigenschaften besitze«.

Wenn man glaubt, man habe ein Anrecht auf das Beste, was das Leben zu bieten hat, dann hat man wenig daran auszusetzen. Echten Narzisst:innen würden diese Aussagen eigentlich zu vage erscheinen. »Sie können darauf wetten, dass ich einige Werte besitze – mehr als die meisten Menschen, um genau zu sein! Und ich habe nicht nur eine Reihe guter Eigenschaften – alle meine Eigenschaften sind großartig!« Forscher:innen haben ziemlich genaue Instrumente entwickelt, um dies zu messen. Ein System, der IAT (Impliziter Assoziationstest), basiert auf der Vorstellung, dass man auf eine Folge von positiven und negativen Wörtern mit »… bin ich/bin ich nicht« antwortet. Das Instrument betrachtet unter anderem, wie schnell man auf bestimmte Fragen reagiert, als Indikator dafür, wie überzeugt man von der eigenen Antwort ist.

Menschen, die ein gutes Selbstwertgefühl haben, assoziieren sich eher mit Worten wie »gut« oder »wunderbar«. Sie assoziieren sich jedoch weniger mit Wörtern wie »schrecklich« oder »falsch«. Forscher:innen haben diese Methode verwendet, um herauszufinden, wie sich Narzisst:innen wirklich fühlen – tief im Inneren.

Die Ergebnisse sprechen Bände. Es stellte sich heraus, dass die Mehrheit aller Narzisst:innen sich tief im Inneren alles andere als unglücklich fühlt. Im Gegenteil: Sie empfinden sich selbst als etwas ganz *Besonderes*. Narzisst:innen fällt es viel leichter – leichter als Nicht-Narzisst:innen –, Wörter wie »gut«, »wunderbar«, »großartig«, »brillant« und »richtig« als Beschreibung für sich selbst zu wählen. Ebenso leicht fällt es ihnen, sich von Wörtern wie »schlecht«, »schrecklich«, »furchtbar« und »falsch« zu distanzieren. Etwas vereinfacht könnte man dies als explizites Selbstwertgefühl bezeichnen. Aber auch das implizite Selbstwertgefühl kann gemessen werden.

Narzisst:innen schneiden sogar bei Wörtern wie »durchsetzungsfähig«, »aktiv«, »energisch«, »offen«, »dominant« und »enthusiastisch« besser ab (im Gegensatz zu »ruhig«, »zurückhaltend«, »zurückgezogen«, »unterwürfig« oder »gehemmt«). Wenn es jedoch um Ausdrücke wie »gütig«, »freundlich«, »großzügig«, »kooperativ«, »angenehm« und »liebevoll« geht (im Gegensatz zu »gemein«, »unhöflich«, »geizig«, »streitsüchtig«, »mürrisch« und »grausam«), versagen sie. Narzisst:innen schneiden hier nicht annähernd so gut ab.

Wie können wir diese Ergebnisse interpretieren? Narzisst:innen haben ein sehr kohärentes Selbstbild, sowohl an der Oberfläche als auch in *allen* Bereichen, die wir betrachten. Dabei können wir so tief gehen, wie wir wollen. Sie sind durch und durch gleich. Narzisst:innen halten sich selbst für natürliche Gewinner:innen, aber sich um andere zu kümmern, steht nicht auf ihrer Prioritätenliste. Der Unterschied zeigt sich hier ganz klar. Nicht-Narzisst:innen mit einem starken Selbstwertgefühl helfen anderen gerne. Narzisst:innen tun das nicht.

Wenn du also das nächste Mal hörst, wie jemand Mitleid mit einem Mobber auf dem Schulhof oder einer Tyrannin am Arbeitsplatz hat, dann lass nicht zu, dass ihnen geholfen werden soll, ihr Selbstvertrauen weiter zu stärken. Sollte der Mobber oder die Tyrannin nicht bereits Narzisst:in sein, so könnte er oder sie sehr wohl narzisstische Züge entwickeln, wenn jemand beschließt, ihnen zum Beispiel ein Training in Selbstachtung zu verpassen. Das Problem liegt definitiv nicht in einem Mangel an Selbstachtung, sondern in einem Mangel an Respekt vor anderen.

Nur nicht so negativ! Was schadet schon so ein bisschen Narzissmus?

Na ja, vielleicht mag ein bisschen Narzissmus wirklich nicht so schlimm sein. Die Welt kann ein gnadenloser, kalter Ort sein, das ist gar nicht zu leugnen. Die Anforderungen sind hoch, und der Wettbewerb ist tödlich. Vielleicht ist es besser, sich ein wenig abzuhärten, damit wir uns besser durchsetzen können. Wäre dann nicht ein Hauch von Narzissmus eigentlich gesund?

Die Frage, die sich hier stellt, ist ganz klar: gesund für *wen*? Wenn man egoistischer ist, profitiert exakt eine Person davon: die Person selbst. Sich ein übergroßes Stück Kuchen für sich selbst zu ergattern und zu gönnen, mag im Moment von Vorteil sein, aber vielleicht wird man dann nicht mehr eingeladen.

Mir ist bewusst, dass diese Fragen schwierig sind; wir laufen ständig Gefahr, in komplexe philosophische Diskussionen über Darwins Theorien darüber zu geraten, wer in der Natur überlebt. Die Antwort lautet leider nicht, »wer am schönsten ist«, sondern: »wer sich am besten anpassen kann«. Diejenigen, die erkennen können, wohin sich die Dinge entwickeln, und sich entsprechend positionieren. Und diese Menschen sind nicht unbedingt die freundlichsten unter uns.

Wer steigt zuerst in die Rettungsboote, wenn das Schiff zu sinken beginnt? Du kannst dein Leben darauf verwetten, dass es die Narzisst:innen sind. Das nenne ich Anpassungsfähigkeit. Aber wäre es wirklich in Ordnung, wenn sie dabei einem Kind den Platz wegnehmen? Meiner Meinung nach ist es falsch, anderen zu schaden. Es würde mich überraschen, wenn du anders darüber denkst. Narzisstische Züge schaden vor allem anderen. Aus diesem Grund halte ich Narzissmus in keinem denkbaren Zusammenhang für vorteilhaft.

Das ist aber nur ein kleiner Teil der Wahrheit. Wenn du Narzisst:in wärst, würdest du in den obigen Beschreibungen nichts Falsches sehen. Du würdest es für völlig logisch halten, dass du einen Platz im Rettungsboot bekommst. Aber denk kurz noch mal nach. Auf lange Sicht schadet der Narzissmus auch dem Narzissten oder der Narzisstin selbst. Eine Prüfung nicht zu bestehen, weil man zu selbstsicher war, ist für niemanden von Vorteil. Sich so stark durchzusetzen, dass sich die andere Person aktiv von einem distanziert – was ist gut daran? Insgeheim gehasst zu werden, weil die Menschen um dich herum deine Lügen durchschaut haben – ist es das, was man wollte?

Wenn man sich gut fühlt, mit sich selbst zufrieden ist und überglücklich ist, dann ist das in Ordnung. Solange es dem Auftreten hilft, *ohne dass es sich negativ auf andere auszuwirkt*, ist alles gut! Problematisch daran ist, dass es selten dabei bleibt.

8
Emotionen und Narzisst:innen – wie Öl und Wasser?

Vielleicht mag es natürlich erscheinen, dass Hass das Gegenteil von Liebe ist. Mich überzeugt diese Behauptung nicht. Liebe und Hass sind beides starke Gefühle, und Hass ist wahrscheinlich das stärkere. Das Gegenteil von Liebe ist wohl eher Gleichgültigkeit.

Unerwünschte Reaktion

Unabhängig davon, ob Narzisst:innen in der Lage sind, für irgendjemanden außer sich selbst wahre Liebe zu empfinden, scheinen sie auf jeden Fall Zugang zum Gefühl des Hasses zu haben. Ein Social-Media-Forscher, mit dem ich gesprochen habe, behauptet, der Grund, warum Streitigkeiten online so hitzig geführt werden, liege zweifellos in der Tatsache, dass viele die Personen, die sie angreifen, wirklich hassen. Es geht ihnen nicht um bloße Aufmerksamkeit, sondern sie wollen bestimmte Personen ernsthaft vernichten. Die Gründe dafür können unterschiedlich sein, aber die zugrunde liegende Verachtung ist sehr real.

Narzisst:innen zu ignorieren, ist der beste Weg, selbst zum Objekt der ungezügelten Wut zu werden. Denn sie hassen es, nicht gesehen zu werden, nicht am Geschehen teilzunehmen oder nicht als wichtig angesehen zu werden. Ausgegrenzt zu werden, kann natürlich auch für andere frustrierend sein, aber Narzisst:innen verachten das Gefühl, unsichtbar zu sein, regelrecht. Bedenkt man, für wie wichtig sich Narzisst:innen halten und dass sie doch unendlich viel Gutes für jede noch so winzige Gruppe auf diesem Planeten tun könnten, so erscheint es ihnen absolut rätselhaft, wie man überhaupt auf die Idee kommen kann, sie zu ignorieren. Die Vergeltung für diese Missachtung kommt oft schnell, und zwar in Form eines bösartigen Angriffs auf denjenigen/diejenige, der/die so frech war.

Das Gleiche passiert, wenn sie infrage gestellt werden. Sie hassen es, direkt herausgefordert zu werden. Wenn man bedenkt, dass viele Narzisst:innen nicht wirklich viel Angst empfinden, mag das seltsam klingen. Doch viele von ihnen werden sogar ausgesprochen aggressiv. Warum sollten sie sich nicht auf einen verbalen Schlagabtausch freuen, vorausgesetzt, das Thema ist es wert, diskutiert zu werden? Um diese Reaktion zu verstehen, muss man sich mit der narzisstischen Psyche befassen. Meinungsverschiedenheiten sind eine Sache. Sie können sogar eine Gelegenheit sein, die eigenen Argumente zu schärfen und beim nächsten Treffen um eine Revanche zu bitten. Narzisst:innen werden jedoch allein durch die Tatsache, dass sie infrage gestellt werden, wütend. Wie kann jemand die Frechheit besitzen, *mir* zu widersprechen? Hält diese empfundene Beleidigung an, schlagen Wut und Frustration schneller in verbale Angriffe um, als man *antisoziale Persönlichkeitsstörung* sagen kann.

Das Gleiche gilt auch für Ungehorsam. Es gibt schließlich einige Menschen, die es nicht besonders schätzen, wenn man ihnen zu viele Anweisungen gibt, wenn man ihnen sagt, was sie tun oder lassen sollen. Narzisst:innen stellen gelegentlich lange Listen mit mehr oder weniger lächerlichen Forderungen an ihre Mitmenschen auf, und wie üblich betrachten sie es als ihr Geburtsrecht, dass man ihnen gehorcht. Erkennt man dies nicht an, wird ihre Wut erneut entfacht. Der Rest von uns sollte im Grunde genommen tun, was man uns sagt.

Narzisstisch veranlagte Chefs oder Chefinnen neigen dazu, sich in dieser Hinsicht recht schnell zu verraten. Sie zögern nicht, Fakten über die Angemessenheit verschiedener Vorgehensweisen zu ignorieren: Wenn ihre Mitarbeiter:innen nicht tun, was man ihnen sagt, ist oft die Hölle los.

Schauen wir uns die umgekehrte Situation an, sehen wir klar, dass Narzisst:innen es ebenfalls hassen, kritisiert zu werden. Jede/r Abteilungsleiter:in, der/die schon einmal ein Team mit einem/einer Narzisst:in führen musste, weiß, wie schwer sie zu erreichen sind. Sie weigern sich einfach, zuzuhören. Da alles, was sie je getan haben, großartig war, wahrscheinlich sogar die beste Arbeit, die je geleistet wurde, reagieren sie aggressiv, wenn jemand sie auf ihre Fehler hinweist oder sich sogar in der Öffentlichkeit schlecht über die Leistungen äußert. Wenn man davon überzeugt ist, dass man in allem der oder die Beste ist, schockiert Kritik regelrecht.

Sofortige Gegenangriffe sind sehr häufig. Sie geben einem animalischen Instinkt nach, der darauf abzielt, den Feind zu vernichten – in diesem Fall also die Quelle der ungerechtfertigten Kritik. Wie üblich hat ihre tatsächliche Leistung nichts mit der Sache zu tun. Narzisst:innen sind nicht selten der Meinung, dass sie persönlich als Abteilungsleiter:in an ihrem Arbeitsplatz einen besseren Job machen würden. Schließlich würden sie viel besser kritisieren, denn an Gründen, andere zu kritisieren, mangelt es ihnen ja nie.

Während nichts davon überraschend ist, gibt es andere, subtilere Dinge, die schwieriger zu begreifen sind, wie zum Beispiel die Notwendigkeit, die Grenzen anderer Menschen zu respektieren.

Narzisst:innen sind im Grunde hemmungslos, aber sie verlangen, dass andere sich an ihre Regeln halten. Wie immer erweist sich dies als Einbahnstraße. Gelegentlich überschreiten Narzisst:innen, genau wie Psychopath:innen, absichtlich die Grenzen anderer und lehnen sich dann gemächlich zurück, um ihre Reaktion abzuwarten. Alles, was sie wirklich wollen, ist, uns zu zeigen, dass sie sich so verhalten können. Dabei kann es sich um Pünktlichkeit handeln, um die Ausführung einer Aufgabe auf eine bestimmte Art und Weise oder Abstand davon zu nehmen, persönliche Sachen zu beanspruchen.

Ein Beispiel für solch merkwürdiges Verhalten

Vor nicht allzu langer Zeit hörte ich von einem Vermieter, der die Angewohnheit hatte, mit seinem Generalschlüssel in die Wohnungen seiner Mieter:innen einzudringen, während diese abwesend waren. Er stahl nichts und trieb auch sonst keinen Unfug. Es geschah nicht viel. Als jedoch eine der Mieter:innen Verdacht schöpfte, versteckte sie eine Kamera in ihrer Wohnung. Die ganze Angelegenheit wurde bald aufgedeckt. Der Vermieter betrat die Wohnungen, um sich umzuschauen. Dabei sah er auch die Kamera. Woher wir das wissen? Nun, in den Aufnahmen war zu sehen, wie er der Mieterin zuwinkte. Dann verließ er den Raum. Als er mit diesem Beweis für seine Grenzüberschreitung konfrontiert wurde, war alles, was er als Erklärung anbieten konnte, dass er es getan hatte, weil er es konnte. Ihm gefiel der Gedanke nicht, dass ihm etwas verboten war. Er musste der Welt zeigen, dass er tun konnte, was er wollte.

Das ist eine weitere Sache, die Narzisst:innen nicht ausstehen können: etwas nicht tun zu dürfen. Selbst wenn es sich dabei nur um eine Arbeitsanordnung handelt, die für alle gilt und an die sich alle halten, ist das für Narzisst:innen nicht okay. Schließlich sollten sie wirklich etwas mehr Freiheiten haben als alle anderen, weil sie ja, na ja, einfach besser sind. Daraus können ernsthafte Konflikte entstehen, etwa wenn der/die Chef:in des Narzissten oder der Narzisstin eine starke Führungspersönlichkeit ist und die Situation unter Kontrolle hält – damit liefert er dem/der Narzisst:in nur einen weiteren Grund, ihn zu hassen.

Was noch? Natürlich ist es schlimm, wenn einem besondere Privilegien verweigert werden. Es ist sehr kränkend, seinen Willen nicht zu bekommen. Wird man im Lokal nicht gut genug bedient, ist das Anzeichen für mangelnden Respekt, den ein/e Narzisst:in doch aufgrund seiner/ihrer bloßen Existenz verdient. Schließlich bedeutet das für ihn/sie, dass man ihm/ihr weniger Aufmerksamkeit schenkt, als ihm/ihr zusteht. Ein äußerst schwerwiegender Verstoß. Nach all dem mag es kaum überraschen, dass Narzisst:innen es auch hassen, wenn sie sich von anderen nicht ausreichend gewürdigt fühlen.

Ich bin mir sicher, dass dir das Widersprüchliche dabei nicht entgangen ist – die widersprüchliche Natur von Narzisst:innen zu verstehen, kann eine wahre Herausforderung darstellen. Wenn man sich wie ein unreifes, weinerliches Kind verhält, gewinnt man im Grunde genommen keine Freund:innen. Niemand mag Menschen, die ständig schlecht gelaunt sind, weil sie meinen, sie hätten eine Sonderbehandlung verdient.

Sind Narzisst:innen fähig, zu lieben?

Das ist eigentlich eine Fangfrage: Hauptsächlich lieben sie sich selbst. Die Frage ist kompliziert, um es mal vorsichtig auszudrücken, denn diese besondere Liebe ist eher eine Art Hassliebe. Einerseits lieben sie sich selbst, andererseits hassen sie es, dass sie nicht noch besser, attraktiver, wohlhabender, beliebter oder was auch immer sind.

Eine Definition von Liebe zu finden, der alle zustimmen, ist schier unmöglich. Aber eine, die mir persönlich gefällt, ist, gut zu sein und gute Taten zu vollbringen. Nicht *gut* im Sinne von *angenehm* oder *nett* – das ist zu einfach –, sondern *gut* im Sinne von *ethisch gut*. Was bedeutet es, gut zu sein? Zum Beispiel, etwas für einen anderen Menschen zu tun, ohne eine Gegenleistung zu erwarten? Die philosophische Frage, ob wirklich uneigennützige Handlungen überhaupt rational möglich sind, ist noch nicht geklärt. Trotzdem ist es logisch, dass das Verhalten, das man gegenüber einer anderen Person zeigt, die nichts im Gegenzug für einen tun kann, etwas über die Werte aussagt, die man vertritt.

Exakt in diesem Zusammenhang haben Narzisst:innen niemals Erfolg. Das Konzept des Gutseins oder der Güte gibt ihnen nichts, es sei denn, sie richten es auf sich selbst. Einem/einer Obdachlosen etwas Kleingeld zu geben, macht ihnen nur dann nichts aus, wenn jemand anwesend ist, der/die sie dafür belohnt. In den sozialen Medien zu verkünden, dass man Bettler:innen Geld gibt, wann immer man kann, ist nicht unbedingt uneigennützig. Es könnte auch als subtile Andeutung für andere gedacht sein, dass der/die Gebende auf persönlicher Ebene gut und großzügig ist. Ist der/die Gebende beliebt und hat eine große Fangemeinde, wird der/die Gebende mit überwältigendem Lob überschüttet. Viele, die einen solchen Post sehen, wissen jedoch, was hier los ist. Und es ist eher unwahrscheinlich, dass sie sich davon beeindrucken lassen.

Wie steht es also um die berechtigte Frage nach der Liebe: Sind Narzisst:innen wirklich in der Lage, einen anderen Menschen zu lieben? Da Narzissmus, wie viele andere Persönlichkeitsstörungen auch, ein ziemlich breites Spektrum umfasst, kann es hier keine pauschale Antwort geben. Im Allgemeinen hängt es jedoch davon ab, was wir unter Liebe verstehen.

Sind Narzisst:innen also in der Lage, einen anderen Menschen in dem Sinne zu lieben, dass sie sich nach dieser bestimmten Person sehnen, nicht aufhören können, an sie zu denken, und jedes Mal, wenn sie die betreffende Person sehen, eine Temperaturveränderung in ihrem Körper verspüren? Sind Narzisst:innen in der Lage, den Schmerz zu erleben, wenn sie nicht mit der Person zusammen sein können, mit der sie alt werden wollen? Haben Narzisst:innen das Gefühl, dass ihre ganze Welt heller wird, wenn die Person, auf die sie warten, durch die Tür kommt? Sind Narzisst:innen in der Lage, das Bedürfnis zu verspüren, sich um eine andere Person, einen Partner, eine Lebensgefährtin, ein Kind, einen Elternteil oder eine/n Freund:in zu kümmern, wie viele andere es verspüren? Wie üblich gibt es dazu in der Literatur keinen Konsens, aber ich würde trotzdem vermuten, dass keiner der oben genannten Punkte zu den Dingen gehört, über die sich Narzisst:innen viele Gedanken machen.

Was bedeutet es eigentlich, jemanden zu lieben? Für die meisten Menschen kann es alles bedeuten, von »Ich verbringe gerne Zeit mit dir« bis zu »Ich bin bereit, mein Leben für dich zu geben«. Übrigens ist das nichts, worüber man mit Narzisst:innen in aller Ruhe eine Diskussion führen kann. Sie werden einfach der Definition zustimmen, wie auch immer sie aussehen mag. Wenn man sagt, dass es einem wichtig ist, etwas für andere tun zu können, werden Narzisst:innen mitteilen, dass sie genauso fühlen. Wenn man behauptet, dass Liebe etwas ist, das einem zum Lächeln bringt, wenn man an die andere Person denkt, werden sie wissend nicken. Narzisst:innen werden unter keinen Umständen die Wahrheit sagen, denn sie wissen, dass diese nicht gut ankäme.

Das Buch der Phrasen in Sachen Liebe

Liebe bedeutet für Narzisst:innen: *Du machst mein Leben angenehmer*. Es könnte auch heißen: *Danke, dass du mir gibst, was ich brauche*. Oder: *Ich liebe dich, weil du mich toll aussehen lässt*. Narzisst:innen ist es wichtig, wie sie auf andere wirken. Wenn man jünger oder attraktiver ist oder etwas Geld für schlechte Zeiten beiseitegelegt hat, punktet man damit bei ihnen. Also sei vorsichtig! Das ist exakt die Art von Person, mit der sie gesehen werden wollen.

»Ich liebe dich« könnte auch bedeuten: »Ich bin froh, dass du mich anerkennst und meine Großartigkeit erkennst.« Oder: »Ich danke dir, dass du hierbleibst, obwohl du nicht viel davon hast.«

»Ich liebe dich« bedeutet tatsächlich: »Ich liebe, dass du mich liebst.« – »Ich liebe dich dafür, dass du mein Leben fantastisch machst, dass du meine kleinen Beleidigungen tolerierst und dass du mich nie auf die Probe stellst.« – »Ich liebe dich dafür, dass du mir

Tag für Tag den ganzen Mist abkaufst.« – »Ich liebe dich dafür, dass du die ganze Verantwortung für unsere Beziehung übernimmst und sie am Laufen hältst – ich muss nicht viel tun, während du dich verausgabst, um mich dazu zu bringen, deine Liebe zu erwidern.« Im schlimmsten Fall bedeutet »Ich liebe dich«: »Du bist ein/e noch größere/r Idiot:in, als ich dachte; du kannst dich glücklich schätzen, überhaupt Zeit mit mir verbringen zu dürfen.«

Die Liebe zu Narzisst:innen ist kein Zuckerschlecken. Es gibt jedoch genug Menschen, die im Leben Probleme haben, sodass es immer einen ständigen Nachschub an Menschen geben wird, die alles in Kauf nehmen, um nicht allein zu sein. Auch Narzisst:innen wissen das. Sie wissen ganz genau, dass sie ihre/n Partner:in ziemlich schlecht behandeln können, ohne Konsequenzen befürchten zu müssen.

Es gibt eine Fülle von Berichten aus der ganzen Welt darüber, wie das Leben mit Narzisst:innen aussehen kann, und die Realität, die sie alle beschreiben, fällt sehr unterschiedlich aus. Dazu findet sich mehr in Kapitel 15: »Die Nähe zu Narzisst:innen als Herausforderung«. Offenbar fällt es Narzisst:innen nicht nur schwer zu lieben, sondern sie geben ihren Partner:innen auch häufig das Gefühl, unglücklich und vernachlässigt zu sein. Manche beschreiben, dass sie sich benutzt, ausgenutzt, ignoriert, verraten und verlassen fühlen. Und zu allem Überfluss fühlen sie sich auch noch extrem gehasst.

Wenn ich mir einige dieser Aussagen anhöre, wird die Leugnung der Opfer manchmal wirklich offensichtlich. Er/sie hat mir doch gesagt, dass er/sie mich liebt, also kann das gar nicht passieren. Leider passiert es aber doch. Meiner Meinung nach ist diese Art von psychischem Missbrauch sogar schlimmer als körperliche Gewalt. Sie kann Menschen für ihr Leben schädigen – vor allem gute Menschen.

9 Die Geheimsprache der Narzisst:innen

Es ist gar nicht so einfach, zu erkennen, ob jemand ein/e Narzisst:in ist, wenn man ihm/ihr nur zuhört. Narzisst:innen haben ein Händchen dafür, vieles von dem, was sie sagen, ansprechend oder sogar verlockend klingen zu lassen. Geschickte Manipulator:innen sind oft gute Redner:innen. Zu den ersten Warnzeichen gehört natürlich, dass sie viel von sich selbst sprechen. Aber das ist bei Weitem nicht genug. Wie wir gesehen haben, gibt es viele Menschen, die das tun, ohne Narzisst:innen zu sein.

Ein weiteres Warnzeichen, das in romantischen Beziehungen häufiger vorkommt, ist, wenn jemand, den du erst seit drei Wochen kennst, schon von Seelenverwandtschaft spricht. Das mag schön klingen, vor allem, wenn man sich nach menschlichem Kontakt sehnt. Aber wenn du dein Hirn wieder einschaltest und darüber nachdenkst, dämmert dir vielleicht, dass es mehr als ein paar Dates braucht, um eine Seelenverwandtschaft zu erkennen. Die Aussage ist nur ein Trick, mit dem du manipuliert werden sollst.

Insgesamt sind es genau solche Dinge, die man von Narzisst:innen erwarten kann. Das heißt, immer vorausgesetzt, sie sind gut gelaunt. Denn erleiden Narzisst:innen einen Rückschlag, kommt es oft zu heftigen Wutausbrüchen.

Eine Möglichkeit, um festzustellen, ob jemand ein Narzisst oder eine Narzisstin ist, besteht darin, die Worte mit ihren Taten abzugleichen. Wir alle machen von Zeit zu Zeit Versprechungen, die wir nicht halten können, aber wenn es zu einem pathologischen Muster wird, könnte es an der Zeit sein, sich nach anderer Gesellschaft umzuschauen.

Falls man jedoch bereits einen Narzissten oder eine Narzisstin in seiner Umgebung hat, sollte man sich die verschiedenen Auswirkungen seiner oder ihrer Aussagen vor Augen führen. Dafür habe ich Zitate aus Foren von »Überlebenden« gesammelt (ja, es gibt mehrere Online-Communitys, in denen sich ehemalige Opfer von Narzisst:innen und Psychopath:innen zusammengeschlossen haben). Jedes dieser Beispiele kommt so häufig vor, dass man definitiv von einem Muster sprechen kann.

Die Wahrheit hinter den Worten von Narzisst:innen

Warum nicht gleich mit dem Thema Seelenverwandtschaft beginnen? Was bedeutet es, wenn ein/e Narzisst:in jemanden so nennt – seine/n oder ihre/n *Seelenverwandte:n?*

Übersetzung: Nun, alle verfügbaren Daten deuten darauf hin, dass dies einfach bedeutet: »Du bist mein/e neueste/r Lieferant:in für alles, was ich brauche. Danke, dass du für mich da bist.«

Er/sie ist nur ein/e Freund:in.

Übersetzung: »Du bist mein/e Hauptlieferant:in für Sex, Geld, Gesellschaft, Bewunderung oder was auch immer ich gerade brauche. Ich finde es amüsant, dass du dir so viel Missbrauch gefallen lässt.«

Mein/e Ex hat nie so reagiert.

Übersetzung: »Mein/e Ex hat *genau so* reagiert, und deshalb ist er/sie jetzt mein/e Ex. Du reagierst eigentlich genauso wie alle meine anderen Opfer. Deine Reaktionen ermutigen mich in meinem Verhalten; ich mache dir weiter ein schlechtes Gewissen und bereite dir Kummer.«

Du bist so dramatisch und überempfindlich. Du reagierst immer überzogen.

Übersetzung: »Ich möchte dir weismachen, dass du und deine völlig normalen Reaktionen das Problem sind und nicht mein eigenes unverschämtes Verhalten. Wenn wir ehrlich sind, bin ich derjenige/diejenige, der/die das Drama verursacht, und tief im Inneren liebe ich es, in jeder Situation Chaos zu stiften. Außerdem bin ich sehr empfindlich, wenn es um Kritik geht, und ich reagiere über, wenn meine vermeintliche Größe in Gefahr ist. Außerdem beherrsche ich die Kunst, meine Gefühle auf andere zu projizieren. Hast du das schon bemerkt?«

Du bist so viel besser als mein/e Ex. Er/sie war völlig verrückt.

Übersetzung: »Wenn jemand in meiner letzten Beziehung verrückt war, dann wahrscheinlich ich. Allerdings werde ich auf keinen Fall zugeben, dass ich an der Trennung schuld bin.«

Lass uns mal eine Auszeit voneinander nehmen.

Übersetzung: »Ich brauche etwas Zeit, um neue Verbündete und Gönner zu finden oder neue sexuelle Beziehungen einzugehen. In der Zwischenzeit kannst du mich ruhig vermissen und dich nicht begehrenswert fühlen. Außerdem ist es ziemlich anstrengend für mich, ständig Mitgefühl vortäuschen zu müssen. Ich brauche eine Auszeit, um meine Batterien wieder aufzuladen.«

Wir sind einfach zu verschieden.

Übersetzung: »Mir fehlt jegliches Einfühlungsvermögen, aber dir nicht. Tatsächlich passt jemand wie ich nicht wirklich gut zu einem normalen Menschen. Um ganz ehrlich zu sein, ich glaube nicht, dass ich zu irgendjemandem gut passe. Ich bin im wahrsten Sinne des Wortes von Idioten umgeben.«

Wo ist dein Sinn für Humor? Oder: *Du nimmst meine Witze viel zu ernst.* Oder: *Ich habe doch nur Spaß gemacht!*

Übersetzung: »Ich benutze Witze oft als subtile Art, dich niederzumachen. Wenn du *einen Witz nicht verstehst*, liegt das wahrscheinlich daran, dass du ihn als das siehst, was er wirklich ist: eine Möglichkeit für mich, mich wie ein/e totale/r Idiot:in aufzuführen.«

Ich will Sex. Jetzt.

Übersetzung: »Ich habe gerade etwas wirklich Schlimmes getan. Also lass uns Sex haben, um unsere Bindung zu stärken. Auf diese

Weise wird meine Anziehungskraft auf dich durch einen seltsamen biochemischen Cocktail aufrechterhalten, durch den ich Lust mit Schmerz verbinde. So kommst du immer wieder zurück und willst mehr.«

Ich will keinen Sex. Ich interessiere mich nicht für Sex.

Übersetzung: »Indem ich mich sexuell von dir zurückziehe und andere Leute benutze, um dich eifersüchtig zu machen, kann ich dir vorgaukeln, dass du völlig unerwünscht bist. Ich mag das Gefühl der Macht über dich, das ich habe, wenn du unsicher bist. Dadurch fühle ich mich noch überlegener.«

Wir haben nicht genug Sex. Oder: *Du stimmst nicht zu* (fülle die Lücke mit irgendeiner undenkbaren Handlung, von der du immer wieder gesagt hast, dass du sie unter keinen Umständen auszuführen wirst) *A, B oder C zu tun, wie es alle meine früheren Partner:innen getan haben.*

Übersetzung: »In Wirklichkeit hat keine/r meiner früheren Partner:innen jemals zugestimmt, eines dieser schrecklichen Dinge für mich zu tun, obwohl ich ihnen erzählt habe, was meine Lieblingspornostars ständig tun. Keine/r von ihnen hat sich dazu bereit erklärt, weil sie es inakzeptabel fanden, und sie waren alle genauso schockiert wie du, dass ich es überhaupt gewagt habe zu fragen. Indem ich jedoch behaupte, dass sie es getan haben, hoffe ich, dich rumzukriegen, sodass du Dingen zustimmst, die du absolut abscheulich findest.«

Es tut mir leid, dass du das so empfindest.

Übersetzung: »Es ist mir eigentlich völlig egal, was du denkst. Ich tue nur so, als ob es mich interessiert, um dich zum Schweigen zu bringen. Problematisch ist nicht mein wiederkehrender psychischer Missbrauch, sondern dass du wie ein normaler Mensch mit Gefühlen reagierst, wenn ich nur das verlange, was mir zusteht. Wie kannst du es wagen?«

Ich werde das nie wieder tun.

Übersetzung: »Wenn du mir das jetzt durchgehen lässt, kannst du dich darauf verlassen, dass ich es wieder tun werde. Und weil ich gerade mehr über deine Reaktionen gelernt habe, werde ich meine nächste Grenzüberschreitung ein wenig verfeinern, um den maximalen Effekt zu erzielen.«

Ich bin ein wirklich netter Typ/ein nettes Mädel.

Übersetzung: »Wenn ich wirklich ein so netter Mensch wäre, müsste ich das dann immer wieder betonen? Würden meine Taten nicht für sich selbst sprechen? Genau!«

Lass uns Freunde bleiben.

Übersetzung: »Bitte schraube deine Erwartungen zurück, damit ich dich weiter einfach benutzen kann, bis jemand Besseres auftaucht.«

Ich habe genug!

Übersetzung: »Igitt, du bist ein normaler Mensch mit normalen Gefühlen und Empathie und so – damit kann ich null umgehen!«

Du scheinst zu glauben, dass du etwas Besonderes bist.

Übersetzung: »Du *bist* etwas Besonderes, aber die Tatsache, dass du dir deiner Sache so sicher bist, verunsichert mich, und damit kann ich nicht umgehen. Deshalb habe ich beschlossen, dir zu erklären, dass du nicht so attraktiv oder beliebt bist, wie du glaubst. Gib mir ein paar Monate, und ich werde jedes bisschen deines Selbstbewusstseins zerbröselt haben.«

Niemand interessiert sich für dich oder deine Leistungen.

Übersetzung: »Viel zu vielen Menschen ist es nicht egal, was du tust. Deshalb isoliere ich dich von denen, die dich unterstützen, und hol dich vom hohen Ross runter. In dieser Beziehung ist nur Platz für einen Gewinner.«

Du bist verrückt! Du bist so ein/e Narzisst:in!

Übersetzung: »Ich weiß sehr wohl, wer hier der/die Narzisst:in ist, aber ich möchte, dass du dich genauso schlecht fühlst, wie ich es tue.«

Das ist natürlich mit Vorsicht zu genießen. Aber der Bewusstseinsstrom von Narzisst:innen könnte tatsächlich so verworren aussehen. Falls du also glaubst, es eventuell mit Narzisst:innen zu tun zu haben, musst du dich darin üben, all diese Arten von Schwachsinn als das zu erkennen, was sie sind. Und zwar je früher, desto besser.

10
Hat ein wenig Narzissmus jemals geschadet?

An diesem Punkt müssen wir uns einige Fragen stellen. Zum Beispiel diese: Ist es für uns wirklich von Bedeutung, dass da draußen ein paar Narzisst:innen herumlaufen? Welchen Schaden richtet es an, wenn einige Menschen ein bisschen zu viel an sich selbst denken? Das sind relevante Fragen, denn die Welt steht vor einer ganzen Reihe von Herausforderungen unterschiedlicher Art und unterschiedlichen Ausmaßes, sodass wir irgendwann damit beginnen müssen, Prioritäten zu setzen. Welches Problem nehmen wir zuerst in Angriff?

Um festzustellen, ob es sich überhaupt *lohnt,* ein Problem zu lösen, könnte man darüber nachdenken, ob es überhaupt lösbar ist. Viele Probleme sind leicht lösbar, während andere gigantische Anstrengungen erfordern. Der Klimawandel fällt in die zweite Kategorie. Wer dafür ist, alles in unserer Macht Stehende zu tun, akzeptiert auch die dadurch entstehenden Kosten. Diese Menschen stehen jedoch denjenigen gegenüber, die der Meinung sind, dass das Problem gar nicht gelöst werden muss beziehungsweise nicht gelöst werden kann. Andere wiederum behaupten, es gäbe gar kein Problem! Das ist ein wesentlicher Grund dafür, warum sich die Vertreter:innen konkurrierender Theorien anscheinend nie einigen können: Sie gehen von keiner gemeinsamen Definition des Problems aus. Deshalb ergibt es wenig Sinn, über Lösungen zu diskutieren.

Vielleicht ist die Schwiegermutter von einem Kumpel eine totale Schreckschraube. Vielleicht betrinkt sich der Onkel einer Freundin an Wochenenden sinnlos. Das ist sehr unangenehm. Aber diese Dinge sind vielleicht lösbar (je nachdem, wen man fragt, vielleicht aber auch nicht). Auf jeden Fall erfordert die Lösung dieser Probleme nicht die gleichen Anstrengungen wie die Bekämpfung des Klimawandels und seiner Folgen.

Die Stärken von Narzisst:innen

Was können Narzisst:innen also gut? Sie lügen, täuschen und betrügen dich nicht nur, sondern sind auch sehr geschickt darin, deine Schwächen zu erkennen. Sie gehen dabei wie Psychopath:innen vor. In der Anfangsphase ihrer Beziehungen verbringen sie viel Zeit damit herauszufinden, wer du bist. Im Grunde genommen studieren sie dich.

Vor allem in der ersten Phase der Verliebtheit werden sie dich mit falschen Versprechungen, Blumen und Schokolade nur so überschütten. Sie erzählen dir erfundene Geheimnisse über sich selbst, um dich dazu zu bringen, dich zu öffnen und ihnen Dinge zu erzählen, die du ihnen vielleicht nicht erzählen wolltest. Ziel dieser Vorgehensweise: Sie wollen alles über dich erfahren, was sie können, um es in Zukunft gegen dich zu verwenden.

Ein Narzisst oder eine Narzisstin vertraut dir an, dass er/sie Angst davor hat, obdachlos zu werden. Du erzählst ihm im Gegenzug, dass du bei dem Gedanken, den Job zu verlieren und deine Rechnungen nicht bezahlen zu können, manchmal die Nerven verlierst. Gut, dass er/sie das jetzt weiß. Das könnte irgendwann einmal nützlich sein. Ob er/sie wirklich Angst davor hat, obdachlos zu werden? Wer kann das schon sagen? Wahrscheinlich nicht. Aber jetzt weiß er/sie etwas über dich, das ihm/ihr später nützlich sein könnte.

Vielleicht hast du ja Angst vor zu hoher Geschwindigkeit. Besonders bösartig veranlagte Narzisst:innen könnte das dazu bringen, zu rasen, nur um dich aus dem Konzept zu bringen. Vielleicht hast du ihm/ihr verraten, wie unwohl du dich in der Nähe von Menschen mit aggressiven Ausbrüchen und lauten Stimmen fühlst. Dann wird der/die Narzisst:in auf den perfekten Moment warten, um dich anzuschreien und dich damit kleinzumachen. So wie er/sie dich auf ein Podest stellt, indem er/sie all die Dinge tut, die du magst, holt er/sie dich jederzeit auch von dort herunter, indem er/sie all die Dinge tut, die du *nicht* magst – manchmal auf sehr grausame Weise. Je nachdem, wonach dem/der Narzisst:in in der jeweiligen Situation ist.

Narzisst:innen wissen genau, was deine Unsicherheiten, deine Traumata und deine Ängste triggert. Und sie haben keine Hemmungen. Sie tun einfach, was ihnen gerade in den Sinn kommt. Da es ihnen an Empathie fehlt, hält sie nichts davon ab, dich aus irgendeinem fadenscheinigen Grund zu verletzen. Sie sind auch sehr gut darin, eine charmante Fassade aufrechtzuerhalten. Jede/r, der/die schon einmal versucht hat, mit einem Narzissten oder einer Narzisstin Schluss zu machen, hat dies oder etwas Ähnliches gehört: »Was? Du trennst dich von ihm/ihr? Warum? Er/sie ist doch so nett!«

Narzisst:innen verbringen viel Zeit damit, dieses oberflächlich perfekte Bild von sich zu kultivieren. Da die meisten Menschen, die ihnen zuhören, mehr oder weniger wie du sind, fallen sie auf dieses Bild herein. Da deine Freund:innen nicht mit Narzisst:innen zusammenleben, fällt es ihnen schwer zu glauben, was dein Partner oder deine Partnerin tatsächlich getan hat. Warum sollten sie auch? Schließlich hat man ihnen bereits gesagt, dass du dich bis zur Unkenntlichkeit verändert hast. Viele empfinden es als etwas widersprüchlich, dass die meisten Narzisst:innen eigentlich ein sehr gutes Verständnis dafür haben, wie Menschen ticken. Obwohl ihr eigenes Gefühlsleben anders ist und es ihnen an Empathie mangelt, *verstehen* sie uns doch. Sie haben uns aus nächster Nähe studiert, ohne dabei emotional beteiligt zu sein. Das verschafft ihnen einen Vorsprung, wenn es darum geht, zu analysieren, was tatsächlich vor sich geht. Warum sie das überhaupt tun? Sie müssen lernen, menschliche Emotionen zu imitieren. Und dass sie das lernen, steht außer Frage!

Aber Narzisst:innen müssen doch auch Schwächen haben?

Ja, und zwar jede Menge. Natürlich weigern sie sich, über die meisten von ihnen zu sprechen. Sie hassen Gleichgültigkeit. Übersehen zu werden, ist das Kryptonit von Narzisst:innen. Sie können es nicht ertragen, wenn man ihnen keine Aufmerksamkeit schenkt. Selbst Wut oder Hass ziehen sie der Gleichgültigkeit vor. Denn jede Art von Reaktion kann als Beweis dafür gewertet werden, dass sie einem oder einer anderen tatsächlich etwas bedeuten. Wenn sich jemand allerdings weigert, auf die Eskapaden von Narzisst:innen zu reagieren, dann ist das eine Provokation. Denn das zeigt, dass sie keine Macht über die betreffende Person haben. Wie provoziert man Verzweiflung und Elend bei jemandem, den das nicht zu interessieren scheint?

In der Anfangsphase einer Beziehung geliebt zu werden, ist wichtig. Das ist eine offensichtliche Quelle der Anerkennung. Aber Gleichgültigkeit zeigen? Keine Reaktion bedeutet gleichzeitig, dass man keinerlei Möglichkeit hat, den anderen zu sabotieren. Denn man kann jemandem schlecht den Tag verderben, wenn der einem nicht einmal zuhört. Sobald das auserwählte Opfer einfach weitergehen kann, ohne auch nur einen Blick in die Richtung des/der Narzisst:in zu werfen, kann dies einen totalen Zusammenbruch auslösen.

Zu der Welt, in der du und ich leben, gehören sie niemals wirklich. Ihre oberflächlichen Emotionen machen sie einfach blind für das wahre Potenzial des Lebens. Sobald sie dies erkennen – es handelt sich hier nicht um Psychopath:innen, die sich einfach dazu beglückwünschen würden, dass sie frei von den Problemen sind, die Emotionen scheinbar mit sich bringen –, kann das tiefe Depressionen auslösen. Narzisst:innen wissen, dass es Lebensbereiche gibt, die für sie unerreichbar sind. Diese Einsicht kommt wahrscheinlich erst, wenn sie älter werden und lernen, über eigene Taten und das eigene Leben nachzudenken. Einige Narzisst:innen verstehen das, definitiv. Dabei gibt es eine Bandbreite, wobei die vulnerablen, sich selbst hassenden Narzisst:innen am anderen Ende der Skala stehen. Sie wissen, dass sie jeder hasst und dass sie nichts tun können, um das zu ändern. Dadurch entsteht eine komplexe Mischung – man genießt zum einen die Privilegien, dass man nicht in chaotische Emotionen verwickelt wird, zum anderen weiß man aus genau diesem Grund, dass man von den Leuten gehasst wird.

Falls du also irgendwann einmal kurz in Erwägung gezogen haben solltest, ob es nicht vielleicht schöner und besser wäre, narzisstischer zu sein – denk lieber noch mal darüber nach! Innerlich sind sie alle apathisch. Wahre Liebe erfahren sie nie; sie wissen zwar, dass es sie gibt, und sie begreifen das Konzept, aber sie sind dennoch für immer von ihr ausgeschlossen. Das ist einfach nichts für sie. Und da Narzisst:innen es hassen, wenn ihnen etwas verwehrt wird, kann sie diese Situation ganz schön verwirren.

Können Narzisst:innen gefährlich sein?

Damit sind wir wieder bei der Frage, die ich zu Beginn dieses Kapitels gestellt habe: Ist es für den Rest von uns wirklich von Bedeutung, dass da draußen ein paar Narzisst:innen herumlaufen? Relevant in diesem Zusammenhang ist, welchen Schaden Narzisst:innen ihren Mitmenschen zufügen können. Stellen sie eine echte Gefahr für sich selbst oder zum Beispiel für ihre Familien dar? Und wie genau definieren wir »Gefahr« in diesem Zusammenhang? Wir können das Thema aus verschiedenen Perspektiven betrachten. Wir könnten die Gefahr im Hinblick auf die Bedrohung von Personen diskutieren, was das einfachste Beispiel wäre. Diese Bedrohung kann man wiederum in physische und psychische Bedrohung unterteilen.

Viele, die weder Narzisst:innen noch Psychopath:innen sind, sind zu gewalttätigem Verhalten fähig. Ehemänner, die ihre Frauen schlagen, sind in der Regel nur Feiglinge, die es nie wagen würden, einen anderen Mann zu schlagen. Sie würden niemanden angreifen, der sich wehren könnte. Leider gab es solche Tyrannen schon immer. Aber wir wissen einfach nicht, ob Narzissmus als solcher mit gewalttätigem Verhalten einhergeht. Das scheint davon abzuhängen, welche besondere Last Narzisst:innen mit sich herumtragen.

Untersuchungen haben ergeben, dass Eltern, die ihre Kinder missbrauchen, nicht selten als Kinder ähnliche Misshandlungen erlitten haben. Allerdings begibt man sich auf ganz dünnes Eis, wenn man daraus eine kausale Schlussfolgerung zieht, da viele andere mit ähnlichen Schicksalen sich ganz anders verhalten. Sie schaffen es, die Kette des elterlichen Missbrauchs zu durchbrechen, und geben ihn nicht an ihre eigenen Kinder weiter.

Wir haben tatsächlich immer noch keine überzeugenden Beweise dafür, dass Narzisst:innen eher zu Gewalt neigen als andere. Ich denke, dass man Vorsicht walten lassen sollte, wenn man sich bei einem Partner oder einer Partnerin, mit dem/der man zusammenlebt, ernsthaft Gedanken macht, ob er/sie gefährlich sein könnte. Wenn ich in dieser Situation wäre, würde ich schnellstmöglich meine Koffer packen. Denn es macht gar keinen Sinn, erst abzuwarten, was passiert.

Stellt man jedoch die Frage, ob Narzisst:innen eine psychische Gefahr darstellen könnten, dann lautet die Antwort eindeutig *Ja*. Genau wie Psychopath:innen verursachen sie durch ihr Verhalten psychischen Schaden bei anderen. Sie manipulieren, lügen, betrügen, benutzen, spielen *Psychospielchen* und sie können wirklich so übel zu ihren Partner:innen sein, dass diese sich diesem Einfluss kaum entziehen können.

Wir wissen, dass ein großer Teil der Menschen, die an einer posttraumatischen Belastungsstörung leiden, einer besonders toxischen

Art von Beziehung ausgesetzt waren. Diese emotionalen Misshandlungen dauern oft jahrzehntelang an. Narzisst:innen sind clever und berechnend, und auch wenn ihre Methoden weniger brutal sind als die von Psychopath:innen, nutzen sie doch die Gefühle anderer auf eine Art und Weise aus, die zwangsläufig weitreichende, wenn nicht sogar dauerhafte negative Auswirkungen auf das Vertrauen der Betroffenen hat. Zusammenfassend lässt sich sagen, dass Narzisst:innen schlecht für die psychische Gesundheit anderer sind.

Narzisst:innen können aber auch eine Gefahr für Gruppen von Menschen darstellen. Zum Beispiel in einem Unternehmen: Verhält sich eine Person so, dass sie die Funktionen der Unternehmensstruktur beeinträchtigt, kann sie damit großen Schaden anrichten. Das schlimmste Szenario dabei ist, wenn der/die Chef:in ein/e Narzisst:in ist. Er/sie kann seine/ihre Position ausnutzen, um Mitarbeiter:innen gegeneinander auszuspielen – das alte Prinzip von »Spalte und herrsche«. Narzisst:innen können aber auch auf anderen Ebenen großen Schaden anrichten.

Man kann den Narzissmus als das psychologische Gegenstück zum Passivrauchen betrachten. Ihr Verhalten schadet in der Regel den Narzisst:innen selbst, aber es schadet den Menschen in ihrer Umgebung genauso, wenn nicht sogar mehr. Die Auswirkungen sind jedoch unmittelbarer als beim Passivrauchen. In der Tat können Narzisst:innen ziemlich manipulativ sein und ihren Opfern eine Menge Ärger bereiten, genau wie Psychopath:innen und Machiavellist:innen. Besonders gefährlich wird es, wenn man es nicht kommen sieht.

Um es auf den Punkt zu bringen: Narzisst:innen verursachen Probleme. Und je näher man Narzisst:innen steht, desto größer ist die Gefahr, dass man etwas erlebt, was man lieber nicht erleben möchte.

11
Manipulation

Narzisst:innen wollen deine Beziehungen stören, um dich gefügiger zu machen und dich so leichter zu kontrollieren. Dafür gibt es unzählige Manipulationstechniken. Stell dir vor, Narzisst:inen würden zwei, drei oder warum nicht gleich alle diese Techniken gleichzeitig bei dir anwenden – was für verheerende Folgen das für dich haben könnte! Seltsamerweise richten viele Narzisst:innen und andere manipulative Typen genau solches Unheil an. Deshalb beschleicht mich manchmal das Gefühl, dass es irgendwo da draußen ein geheimes Handbuch geben muss.

Willkürlich positives Feedback geben

Hier geht es darum, einer Person zeitweise starke persönliche Anerkennung zukommen zu lassen – und sie zeitweise zurückzuhalten! Man macht quasi jemand von einer bestimmten Art von Anerkennung, nach der man sich sehnt und mit der man sich gut fühlt, abhängig. Und wir alle wollen ja in irgendeiner Form Anerkennung. Vielleicht gehörst du zu den Menschen, die sich gut fühlen, wenn man ihnen sagt, dass sie eine ordentliche Arbeit geleistet haben. Es fühlt sich gut an, von seinem/seiner Chef:in gelobt zu werden. Stell dir vor, du hast gerade einen Arbeitsplatz hinter dir gelassen, wo Lob und positives Feedback Mangelware waren. Der häufigste Grund, warum jemand mit dir sprechen wollte, war, um dir zu sagen, was du alles falsch gemacht hattest. Wie bereits erwähnt, haben wir alle Fehler und Schwächen.

Vielen Führungskräften fällt es schwer, die Leistungen ihrer Teammitglieder anzuerkennen. Daher kritisieren sie eher, als dass sie loben. Nun hast du also eine neue Stelle gefunden, und deine neue Chefin heißt dich in der Firma herzlich willkommen. Sie erkennt sofort deine Qualitäten an und lobt dich dafür, dass du effizient, organisiert, hilfsbereit und kompetent bist, und noch für eine Reihe anderer Dinge, auf die du stolz bist. Wie könnte sich dieses Szenario auf dich auswirken? Du würdest dadurch noch härter arbeiten, um weiteres positives Feedback zu erhalten. In nur zwei Wochen hat deine Chefin dafür gesorgt, dass du mehr Freude an deiner Arbeit hast als bisher in deinem Berufsleben. So geht es ein paar Monate weiter. Doch dann wird deine neue Chefin plötzlich still. Das positive Feedback und die Anerkennung bleiben aus. Nachdem du endlich die Anerkennung erhalten hast, die du dir durch harte Arbeit verdient hast, stehst du plötzlich vor einer Wand aus erdrückendem Schweigen. Wann immer du deiner Chefin auf dem Flur begegnest, blickt sie einfach durch dich hindurch. Sie antwortet nicht auf deine Fragen und würdigt dich nicht einmal mit einem kurzen Blick. Ein langer, endloser Monat vergeht auf diese Weise, in Schweigen.

Wie würdest du darauf reagieren? Du würdest dich noch mehr anstrengen, um wieder an deine tägliche Dosis Anerkennung heranzukommen. Doch dann ruft dich deine Chefin plötzlich wieder in ihr Büro. Sie lobt dich überschwänglich für irgendetwas, das du getan hast. Vor lauter Dankbarkeit stolperst du aus ihrem Büro und freust dich, dass du plötzlich wieder ihre Aufmerksamkeit hast. Vielleicht machst du dir sogar Vorwürfe, dass du übermäßig sensibel reagiert hast. Vielleicht ist es nicht in Ordnung, so verzweifelt nach Aufmerksamkeit zu verlangen. Aber Lob motiviert. Anerkennung hält dich in Schwung. Wird sie einem vorenthalten, fühlt man sich zwangsläufig ein bisschen leer. Sobald deine Chefin dich wieder um Hilfe bittet und du dir davon eine persönliche Anerkennung versprichst, wirst du also alles tun, worum man dich bittet. Selbst wenn es sich um eine Aufgabe handelt, die dir nicht wirklich Spaß macht. Du wirst sie erledigen, und wieder wirst du dafür gelobt, dass du so unglaublich gute Arbeit leistest. Dadurch fühlst du dich besser, und alles scheint zunächst gut zu gehen. Und so wird deine Chefin dich nach und nach dazu bringen, Aufgaben zu übernehmen, die du vorher nie in Betracht gezogen hättest. Dann wird sie wieder still. Sie verzieht in einer Besprechung das Gesicht, wenn du das Wort hast. Oder sie ignoriert dich vollständig. Mit dieser Taktik kann deine Chefin dich auf eine emotionale Achterbahnfahrt schicken.

Vielleicht hat sie vor, dich später um etwas wirklich Unangemessenes zu bitten oder dich einfach dazu zu bringen, ohne Gegenleistung noch härter zu arbeiten. Nach und nach wird sich dein Verhalten ändern, und du wirst feststellen, dass du Grenzen überschreitest, wie du es vorher nie in Erwägung gezogen hättest.

Wie reagierst du darauf?

Nun, das hängt davon ab, wer du bist. Schau ruhig noch mal die vier Farben nach dem DiSG®-Modell in Kapitel 4 an. Wenn Rot deine Persönlichkeit dominiert, macht dich das Verhalten dieser Chefin vielleicht wütend. Im Großen und Ganzen brauchst du nämlich nicht so viel Anerkennung wie der Durchschnitt. Du kennst deine Fähigkeiten und deine Grenzen. Natürlich kochen auch Gefühle hoch, und wahrscheinlich bist du mutig genug, deine Chefin zur Rede zu stellen und zu fragen, was sie vorhat. In diesem Fall wird sie mit Sicherheit alles abstreiten, und du kannst entscheiden, was du als Nächstes machen willst.

Wenn du vorwiegend blau bist, sieht es ähnlich aus. Du bist in der Lage, deine eigene Leistung am Arbeitsplatz zu beurteilen. Und du weißt bereits, was gute Arbeit ausmacht. Außerdem bist du Lob gegenüber von Natur aus misstrauisch. Insgesamt sind die Blauen dadurch zwar nicht immun, aber die Art von Unsicherheit wie im obigen Beispiel lässt sich viel schwerer kultivieren. Da sowohl Rote als auch Blaue faktenorientiert sind, wird ihnen die Beziehung zu ihrem/ihrer Chef:in weniger wichtig sein als anderen.

Wenn dein Profil von Gelb dominiert wird (Gelb/Grün, Gelb/Rot oder Gelb/Blau), bist du für diese unfaire Taktik anfällig. Du bist zunächst auf Anerkennung angewiesen, im Idealfall ist das öffentliche Anerkennung – und sobald du sie erhältst, fühlst du dich unglaublich gut. Gelbe bestreiten dies zwar oft, da sie meinen, es klinge zu egozentrisch. Aber das macht es natürlich nicht weniger wahr. Sei ehrlich zu dir selbst. Du weißt genau, dass Lob bei dir wirkt. Und du weißt auch, wie es sich anfühlt, plötzlich in die Kälte verbannt zu werden. Wenn du von den Menschen, die du schätzt, keine Anerkennung mehr bekommst, fühlst du dich schwach und verletzlich. Es ist, als wäre man unsichtbar.

Lob – Schweigen – Lob – Schweigen. Gelbe sprechen vielleicht sogar mit ihren Kolleg:innen darüber, auch wenn es sie belastet, dass der/die Chef:in sie offenkundig nicht lobt. Einige von ihnen beschließen dagegen, alles für sich zu behalten. Gelbe werden nicht den Mut aufbringen, den/die Chef:in auf sein/ihr Verhalten anzusprechen. Das gilt besonders für Gelb/Grüne. Für sie ist die Gefahr einer Eskalation zu groß, und sie fühlen sich in der Situation sehr unwohl. Nach und nach wird sich der Gelbe den Launen des Chefs oder der Chefin beugen.

Grüne sind auch in Bezug auf Beziehungsfragen sehr sensibel, aber sie neigen dazu, im Stillen zu leiden. Sie werden den/die Chef:in nie damit konfrontieren. Es kommt auch darauf an, wie die positive Anerkennung ursprünglich ausgesprochen wurde. Vielleicht hat der/die Chef:in die Bemühungen des/der grünen Mitarbeiter:in in der Vergangenheit vor der ganzen Gruppe gefeiert. Grüne hassen aber diese Art von Aufmerksamkeit. Der Aufmerksamkeit nicht ausgesetzt zu sein, wird hier als positiv wahrgenommen. Hat der/die Chef:in jedoch verstanden, dass er/sie dem/der Grünen fürs Loben eigentlich einen intimeren Rahmen, zum Beispiel sein/ihr

Büro bieten muss, dann wird ihm/ihr genau dieser Rahmen vorenthalten. In dieser Hinsicht haben Grüne eine eklatante Schwäche.

In Anbetracht all dessen scheint willkürliches positives Feedback eine wirksame Waffe zu sein. Der Trick besteht darin, das Opfer zunächst daran zu gewöhnen, positive Rückmeldungen, Lob und Anerkennung zu erhalten. Die Wirkung tritt erst richtig ein, wenn man diese dann zurückhält.

Willkürliches negatives Feedback

Setzen Manipulator:innen negatives Feedback ein, dann hören sie auf, etwas zu tun, was *dir* nicht gefällt, wenn du etwas tust, was ihnen gefällt. Im Ergebnis tust du am Ende, was sie wollen.

In Beziehungen ist das gleich zu Beginn kompliziert. Du willst vielleicht am Freitagabend mit den Jungs ausgehen, aber deine Freundin ist schlecht gelaunt und macht so lange Szenen, bis du anrufst und deinen Freunden absagst. Danach ist sie plötzlich wieder gut gelaunt. Oder umgekehrt: Sie möchte auf einen Mädelsabend, und du hast das Gefühl, dass das in letzter Zeit etwas zu oft vorkommt. Warum kann sie nicht einmal einen Freitagabend mit dir verbringen? Wenn du sie nun darum bittest, wird sie wütend und beschwert sich über alles, was du jemals getan oder nicht getan hast. Bald gibst du nach und sagst: »Schon gut, geh ruhig mit deinen Freundinnen weg.« Und schon ist wieder alles eitel Sonnenschein. Ihre Stimmung scheint davon abzuhängen, was du sagst.

Diese Taktik ist ebenso einfach wie effektiv. Du erhältst ständig negative Rückmeldungen, bis du schließlich nachgibst und dich geschlagen gibst. Dann wird alles wieder normal. Die Methode ist supereinfach und bringt dich zum Einlenken. Scheinbar ist da nichts dabei. Doch du musst dir das Muster dahinter anschauen. Deine Manipulator:innen wissen, dass du in der Hoffnung nachgeben wirst, dass du dem negativen Verhalten entgehen kannst. Problematisch daran ist, dass sie nach einem Rückzieher sehr wahrscheinlich weitermachen werden. Und damit wird dein Verhalten von jemand anderem beeinflusst.

Stell dir als Nächstes geschickte Manipulator:inen vor, die gelernt haben, den Einsatz von positiver *und* negativer willkürlicher Rückmeldung zu kombinieren und damit zu optimieren. Dadurch kannst du ihr Verhalten nicht länger vorhersagen, geschweige denn nachvollziehen. Denn nichts davon hat eine wirkliche Verbindung zu dem, was du tatsächlich getan hast. Was auch immer du tust oder nicht tust, könnte eine x-beliebige Reaktion herausfordern. Damit bist du den Launen der Manipulator:innen völlig ausgeliefert. Und den damit verbundenen Stress kannst du dir sicher vorstellen!

Gegenmaßnahmen

Dein Verhalten bleibt genau dasselbe wie im Beispiel mit dem willkürlichen positiven Feedback. Du musst lernen, die Vorgehensweise zu durchschauen. Manchmal reicht es aus, wenn du signalisierst, dass du erkannt hast, was vor sich geht. Hast du es mit einer gesunden Person zu tun, die keine bösen Absichten hegt, werdet ihr wahrscheinlich eine heftige Diskussion führen, in der ihr das Problem löst und dann beschließt, weiterzumachen und nach vorne zu schauen.

Hier ist es hilfreich zu wissen, dass Manipulation oft unbewusst geschieht. Funktioniert etwas gut, macht man so weiter. Viele Menschen denken gar nicht darüber nach, welchen Schaden sie ihren Opfern zufügen, doch wenn man sie darauf hinweist, kann sich tatsächlich etwas ändern. Denn, wie schon gesagt: Die meisten von uns denken schließlich nur an sich selbst. Doch an dieser Stelle kann man erkennen, ob man es mit Narzisst:innen oder unterbewussten Manipulator:innen zu tun hat.

Vertrau auf dein Bauchgefühl. Denn wenn sich etwas falsch anfühlt, ist es wahrscheinlich auch falsch. Es gibt keinen Grund, sich in einer solchen Situation für seine Gefühle zu entschuldigen. Du hast jedes Recht der Welt, alles zu tun, was dich schützt. Steig aus diesem Zug aus. Nimm einen anderen.

Love Bombing

Sicher hast du von dieser Technik schon einmal gehört. (Anmerkung: Viele Männer neigen in der Anfangsphase einer Beziehung zu Variationen dieses Verhaltens, bevor die Realität des Alltags sie einholt. Das macht sie nicht zu Narzissten oder Psychopathen, nur zu weniger charmanten und einnehmenden Vertretern ihres Geschlechts. Hassen sollte man sie dafür aber nicht. Vielleicht wissen sie es einfach nicht besser.) Auf jeden Fall wird der Begriff »Love Bombing« seit vielen Jahren für diese miese Taktik verwendet.

Narzisst:innen beginnen damit, dass sie bedingungslose Liebe verkünden. Sie entblößen sich dir gegenüber völlig und erzählen dir vielleicht bei einem Abendessen (für das du natürlich bezahlst), dass sie noch nie jemanden wie dich getroffen haben. Wie großartig! In ihrem ganzen Leben haben sie noch nie einen solch außergewöhnlichen Menschen wie dich getroffen, sie wollen mit dir alt werden. Dieses Ego-Pampering wird so lange aufrechterhalten, bis du dich im Grunde genommen ergeben hast. Das kann innerhalb von drei Wochen nach dem Kennenlernen geschehen.

Gehörst du zu den Roten, dann hast du schon öfter gehört, dass du manchmal unsensibel sein kannst. Und jetzt kommt da jemand, der damit kein Problem zu haben scheint. Er ermutigt dich sogar in deinem dominanten Alpha-Verhalten. Er scheint es sogar zu schätzen, wenn jemand den Mut hat, das Kommando zu übernehmen.

Gehörst du zu den Gelben, dann weißt du von dir selbst, dass du gerne das letzte bisschen Sauerstoff im Raum für dich beanspruchst. Und dein/e neue/r Seelenverwandte:r wünscht sich nichts sehnlicher, als weitere unterhaltsame und amüsante Anekdoten aus deinem interessanten Leben zu hören. Endlich jemand, der erkennt, wie großartig du bist, und das auch noch zu schätzen weiß!

Narzisst:innen erzählen Grünen, dass sie den starken und stillen Typ schon immer bewundert haben, weil er Stabilität und Sicherheit ausstrahlt. Endlich mal jemand, der schweigen und seinem/seiner oder ihrem/ihrer Partner:in Raum lassen kann! Stell dir vor, alle anderen könnten das genauso natürlich und unprätentiös tun wie du?

Blaue, die schon immer den Verdacht hegen, dass sie ein bisschen zu spießig und langweilig sind, wird gesagt, dass ihr enormer Intellekt unglaublich sexy ist. Ganze 12,36 Prozent sexyer als der Mittelwert aller Stichproben, die nach diesem oder jenem Prinzip erhoben wurden, und so weiter.

Hinzu kommen: Geschenke, Blumen, freundliche Gesten, Wärme, Küsse, 24 bis 27 Textnachrichten mit süßen Liebesbotschaften von deinem/deiner Verehrer:in. Schon klar: Von außen betrachtet sieht das alles lächerlich einfach aus. Was würde es für dich bedeuten, wenn dir jemand, für den du starke Gefühle hegst, sagt, dass du die Krone der Schöpfung bist? Kannst du ehrlich schwören, dass du dagegen immun wärst?

Die Wahrheit ist leider hart, denn Narzisst:innen bringen dich lediglich für ihren unvermeidlichen Hinterhalt in Stellung. Vielleicht kommt dieser in sechs Monaten oder in einem Jahr, das hängt ganz davon ab, wie weitreichend ihre Pläne sind, was wiederum von finanziellen Mitteln abhängt – dann hört das »Love Bombing« plötzlich wie von Zauberhand auf. Puff. Weg!

Eines schönen Tages bleiben deine SMS unbeantwortet. Die Hand, die deine beim Einkaufen normalerweise hält, bleibt in der Manteltasche. Vielleicht lächelt dein/e Verlobte:r plötzlich andere

Menschen auf eine Weise an, die viel zu einladend wirkt. Früher oder später fangen sie an, dir von ihren früheren Beziehungen zu erzählen. Dinge, die du gar nicht wissen wolltest, die jetzt aber ausgepackt werden. Vielleicht seid ihr bereits verheiratet oder erwartet ein Kind. Du hast dich also gemeinsam auf die Reise gewagt. Und dann – bum! – wirst du urplötzlich für die Charaktereigenschaften kritisiert, für die du früher gelobt wurdest.

Gehörst du zu den Roten, wird dir plötzlich vorgeworfen, dass du viel zu dominant bist und dass dein Bedürfnis, alles zu bestimmen, andere erdrückt. Gelben wird vorgeworfen, sie seien zu flatterhaft und unreif und würden nie zuhören. Grünen wird vorgeworfen, dass sie sich stur gegen jede Art von Veränderung wehren und nie das Haus verlassen wollen, und Blauen wird wahrscheinlich vorgeworfen, dass sie unglaublich spießig sind. So furchtbar unflexibel, richtig hoffnungslos.

Vielleicht stehst du dann vor einer Mauer des Schweigens. Eine ganze Woche lang weigert sich dein/e Partner:in, zu antworten, wenn du ihn/sie ansprichst. Er/sie steht vor dir auf. Geht nach dir ins Bett. Schließt sich ein. Verlässt das Haus, ohne zu erklären, wohin er/sie geht. Die Kombination ist extrem anstrengend. Kannst du dir vorstellen, was dir in dieser Zeit alles durch den Kopf gehen könnte?

Langsam, ganz allmählich, wird es immer schlimmer. Viel schlimmer. Und doch gibt es Momente, in denen du die Aufmerksamkeit bekommst, nach der du dich sehnst. Plötzlich erlebst du einen romantischen Wochenendausflug mit vielen schönen Momenten, die ihr miteinander teilen könnt. Du atmest erleichtert auf. Uff! Dein/e Partner:in ist wieder der liebevolle Mensch, den du einst zu lieben gelernt hast. Es gibt noch Hoffnung! Du bedeutest ihm/ihr immer noch etwas! Das heißt: So lange, bis sie sich wieder zurückziehen, und du unwissentlich wieder auf die emotionale Achterbahn der Hölle geschickt wirst. Was auch immer sie verlangen: Du wirst versuchen, es zu erfüllen. Du willst ja schließlich glücklich sein.

Was kann man tun, wenn man Love Bombing ausgesetzt ist?

Wie geht man richtig mit dem Love Bombing von Narzisst:innen um? Bewahre einen kühlen Kopf und denke an Folgendes: »Wenn es zu schön klingt, um wahr zu sein, ist es das wahrscheinlich auch.« Lies diesen Satz mindestens dreimal durch. Schreib ihn dir auf und sieh ihn dir an, wann immer du etwas Zeit hast.

Es ist eigentlich ganz einfach. Wenn es um romantische Beziehungen geht, sollte man versuchen, die eigenen Gefühle beiseitezuschieben. Ja, ich weiß, dass das wie ein Widerspruch klingt. Aber denk mal darüber nach: Wenn du allen, die du kennst, erzählen würdest, dass du endlich deine/n Seelenverwandte:n getroffen hast und dass ihr zusammenziehen werdet, nachdem ihr euch gerade mal sieben Tage kennt – was würden deine wohlmeinenden Freund:innen zu dir sagen? Garantiert zweifeln sie an deinem Geisteszustand. Nach sieben Tagen? Hast du den Verstand verloren?

Andererseits, wenn man sieben Jahre lang mit jemandem zusammen ist, ohne zusammenzuziehen … Wer macht hier wem etwas vor? Sagen wir einfach, dass es mehr als sieben Tage, aber weniger als sieben Jahre dauert, bis eine stabile Beziehung entsteht. Wie lange es genau dauert? Ich weiß es nicht. Und du weißt es auch nicht. Wir können das statistisch angehen. Wie viele Beziehungen kennst du, bei denen sich das Paar innerhalb weniger Wochen kennengelernt hat, zusammengezogen ist und möglicherweise geheiratet hat? Oder sogar innerhalb von ein paar Monaten? Wie lange haben diese Beziehungen gehalten? Wenn du beim Zählen mehr als deinen linken Daumen benötigst, schulde ich dir ein Mittagessen!

Ziel von Love Bombing ist es, dass der/die Manipulator:in sich dir mit so viel Energie aufdrängt, dass keine Zeit bleibt, sich damit zu befassen, wie er/sie wirklich ist. Fall also bloß nicht darauf herein! Sollte es echt sein, wird derjenige oder diejenige das Love Bombing mindestens ein Jahr lang aufrechterhalten. Und falls er/sie die Mittel und das Engagement dafür hat, dann ist er/sie vielleicht doch der/die Richtige für dich. Und falls nicht, solltest du dich zu Beginn der Beziehung vor emotionalem Schaden schützen. Das ist traurig, aber wahr.

Einen Vorwand auspacken

Diese Manipulationstechnik zielt darauf ab, dich zu verwirren, nicht mehr und nicht weniger. »Du reagierst schon wieder über!« – »Du bist so sprunghaft!« – »Siehst du nicht, wie viel Ärger du verursachst?«

Geschickte Manipulator:innen sagen mehr oder weniger alles, um dich aus dem Konzept zu bringen. Damit soll der Fokus von einem echten Problem auf eine Diskussion über einen schwerwiegenden Fehler von dir gelenkt werden. Und um das zu erreichen, werden einige deiner emotionalen Knöpfe gedrückt.

Du hast zum Beispiel den ernsthaften Verdacht, dass dein/e Partner:in dich betrügt, und möchtest darüber reden. Vielleicht bist du ganz ruhig und willst einfach nur reden. Alles, was du suchst, ist die Bestätigung, dass dein Verdacht unbegründet ist. Aber anstatt das eigentliche Thema – das mögliche Fremdgehen – zu besprechen, streitet dein/e Partner:in alles ab und verlagert den Schwerpunkt des Gesprächs auf dich. Deine eigenen Fehler und Schwächen sind plötzlich viel wichtiger. Zum Beispiel die Sache mit deiner unbändigen Eifersucht. Wie kannst du nur so unverschämte Anschuldigungen erheben? Damit willst du doch nur Zweifel an eurer Beziehung wecken.

Vielleicht war tatsächlich Untreue im Spiel, vielleicht aber auch nicht. Vielleicht findest du sogar echte Beweise dafür. Wenn man bedenkt, wie promiskuitiv Narzisst:innen sein können, wäre das auch nicht allzu überraschend. Was also tun? Nun, du konfrontierst ihn/sie natürlich mit deinen Entdeckungen. Und auch hier wird der Fokus sofort auf etwas anderes gelenkt: in diesem Fall auf die Tatsache, dass du zum Beispiel in seinem/ihrem Auto herumgeschnüffelt hast. Das ist in der Tat ein schwerwiegendes Vergehen. Ironischerweise bist du hier der/die Beschuldigte, weil du so wenig Vertrauen zeigst. Es sollte dich nicht wundern, wenn man dich betrügt, so, wie du dich verhältst. Nicht, dass sie dich betrogen hätten, logo.

Manipulator:innen mit starken narzisstischen Tendenzen sind zu den unverständlichsten Verhaltensweisen fähig, solange damit deine Aufmerksamkeit abgelenkt wird. Und bist du erst einmal in diese verwirrende Welt hineingezogen worden, muss dir klar sein, dass die üblichen Regeln nicht mehr gelten.

Wie kann man sich davor schützen?

Alle von uns sind dafür anfällig, ganz unabhängig, welcher Farbe man zugeordnet ist. Möglicherweise ist es für Rote und Blaue etwas weniger schwierig, sich zu wehren, aber *niemand* ist völlig immun gegen Manipulation. Es gilt also, gelassen und rational zu bleiben. Achte auf Abweichungen im Verhalten deines Gegenübers und konfrontiere ihn/sie mit deinen Beobachtungen. Du kannst zum Beispiel Folgendes sagen: »Ich glaube, du hast das Thema gewechselt, stimmt's? Können wir das Gespräch, das wir gerade geführt haben, zuerst beenden?« Oder: »Natürlich können wir über meine Unzulänglichkeiten reden. Aber im Moment interessiert mich mehr, warum du Lippenstift am Kragen hast.« Oder: »Mein Gehör ist in Ordnung, es gibt keinen Grund zu schreien. Das ist nicht in Ordnung. Bitte hör sofort auf.« Oder – die einfachste Antwort von allen: Verlasse den Raum, das Haus oder den Bezirk. Sprich das Thema an, wenn andere Menschen dabei sind. Zum Beispiel in einem Restaurant oder in der Gesellschaft von jemandem, dem du vertraust. Ein/e gemeinsame/r Bekannte:r, Verwandte oder eine andere Person, durch deren Anwesenheit diese Technik der Ablenkung offensichtlich wird, sodass Narzisst:innen sie nicht anwenden könnten, ohne sich völlig zu entblößen. Wenn andere erkennen, was an Schlechtem zum Vorschein kommt, ändert sich die Situation in der Regel. Wie bereits gesagt, neigen Narzisst:innen dazu, sich Gedanken darüber zu machen, was andere von ihnen denken.

Problematisch daran ist, dass Narzisst:innen diese Technik mit einer ganzen Reihe anderer Dinge kombiniert haben, sodass du höchstwahrscheinlich instinktiv einen Rückzieher machen wirst, sobald sie dich auf die Persönlichkeitseigenschaft ansprechen, für die du dich am meisten schämst. Denn wie die meisten Menschen wirst du die ganze Situation als unerträglich empfinden. Aber manchmal ist es besser, die Dinge eine Weile auszuhalten und das Problem wirklich anzugehen.

Wenn deine eigenen Emotionen gegen dich verwendet werden

Eine weitere Form der Manipulation besteht darin, deine eigenen Gefühle gegen dich ins Feld zu führen. Diese Taktik zielt darauf ab, deine Aufmerksamkeit vom eigentlichen Problem abzulenken. Dafür wird Druck auf empfindliche Punkte in deiner Persönlichkeit ausgeübt – Aspekte an dir, die dir nur zu bewusst sind und die du nicht sonderlich magst. Mit Gefühlen umzugehen, ist nicht immer einfach. Bei heftigen Gefühlen ist das noch schwieriger.

Stell dir eine rote Person mit einer typisch konfrontativen Denkweise vor. Auf den ersten Blick mag es wie eine harte Nuss erscheinen, diese zu knacken. Oder doch nicht? Rote Menschen können sich streitlustig verhalten, manchmal sogar aggressiv. Wenn sie sich selbst gut im Griff haben, sind sie sich dessen bewusst. Trotzdem können die Dinge manchmal aus dem Ruder laufen. Für Manipulator:innen ist es ein Leichtes, in ihren Opfern Wut auszulösen. Sobald aus dem Sicherungskasten Rauch aufsteigt, können sie ganz einfach rufen: »Geht das schon wieder los! Du schreist mich an! Du bist immer wütend, das ist nicht gesund!« Die Folgen sind leicht vorhersehbar: Von nun an wird über das aggressive Verhalten der Roten gesprochen und nicht mehr über das, was die Manipulator:innen ursprünglich getan haben.

Das funktioniert aber auch andersherum. Wenn die Manipulator:innen wissen, dass sich ihr rotes Opfer mit den Ausbrüchen und den endlosen Diskussionen unwohl fühlt, die nichts mit der Sache an sich zu tun haben, und es dann die Beherrschung verliert, werden Manipulator:innen zum Beispiel folgende Dinge sagen: »Kommt jetzt wieder einer deiner Wutanfälle? Schätze, du wirst mir gleich wieder ins Gesicht schreien wie immer … Wusst ich doch, dass das passieren würde! Bitte hör auf zu schreien!« Rote unterdrücken ihre Wut, um nicht auf diese Masche hereinzufallen. Das stellt eine ziemliche Herausforderung für jemanden mit einem feurigen Temperament dar. Hat der/die Rote beschlossen, nicht die Fassung zu verlieren, wird er/sie einen Preis dafür zahlen müssen, einen inneren Schmerz oder etwas anderes, mit dem er/sie zu kämpfen hat.

Wenn das Opfer der Manipulator:innen gelb ist, sieht die Situation anders aus. In diesem Zusammenhang würde die anfängliche Taktik, ein bestimmtes Verhalten hervorzurufen, etwa so aussehen: »Ich befürchte, gleich plapperst du wieder über Gott weiß was, ohne Sinn und Verstand. Warum musst du immer über dich selbst reden? Du hörst mir nie zu!« Ihre Abneigung, sich selbst in den Vordergrund zu stellen, ist definitiv die Schwäche der Gelben: Als Reaktion darauf wird der/die Gelbe laut, schnell und gestresst sprechen – und wenn wir ehrlich sind, wird das alles nicht viel Sinn ergeben. Die Vorarbeit ist geleistet, und die Manipulator:innen können sich zurücklehnen und sagen: »Hab ich's dir nicht gesagt? Du redest nur von dir selbst! Andere Menschen sind dir völlig egal!«

Die zweite Version ist ähnlich wie beim roten Beispiel: »Kannst du nicht einmal still sein und mich sprechen lassen? Hallo?« Sollten dann noch ein paar Tränen fließen, ist ein/e Gelbe:r ratlos. Sie beißen dann die Zähne zusammen und kämpfen hart darum, ihren Instinkten zu widerstehen. Alles bleibt gedeckelt, und am Ende fühlen sie sich furchtbar. Die Manipulator:innen haben sie effektiv zum Schweigen gebracht.

Grüne sind sensibel, und sie reagieren auf ganz unterschiedliche Weise. Wenn der/die Manipulator:in mit einem grünen Opfer zusammenlebt, wird er/sie es von Anfang an ziemlich leicht haben. Ich würde nicht so weit gehen zu sagen, dass Grüne am anfälligsten für Manipulationen sind, aber sie sind von Natur aus umgänglich und wollen immer gefallen. Leider macht sie das zu willigen Opfern für ruchlose Gestalten. Aber wie kann man in Anbetracht dessen absichtlich gemein zu einem/einer Grünen sein?

Hallo?! Für einen kurzen Moment habe ich logisch gedacht. Das geht natürlich nicht. Den Narzisst:innen ist es egal, wie sich andere fühlen. Die Grünen sind hier nur ein Mittel, um sich den einen oder anderen Vorteil zu verschaffen. Manipulator:innen könnten die Aufmerksamkeit der Grünen ablenken, indem sie ihnen sagen: »Nie sagst du etwas, du bist ein Feigling, und du machst immer einen Rückzieher. Du hast zu viel Angst, um über irgendetwas je zu diskutieren! Ich habe die Schnauze voll von dir!« Das ist oft näher an der Wahrheit, als dem/der Grünen lieb ist, und genau deshalb verursacht diese Aussage emotionalen Aufruhr. Manipulator:innen versuchen, genau dieses Verhalten zu provozieren. Der/die Grüne zieht sich mit einem

Kloß im Hals zurück. Unter der Oberfläche wütet Frustration. Es gibt so viel, was er/sie gerne gesagt hätte. Aber wie? Er/sie hasst Streit.

Man kann eine/n Grüne:n sogar dazu bringen, in einer Weise zu handeln, die seinen/ihren eigenen Instinkten direkt widerspricht. Wirklich geschickte Manipulator:innen sind in der Lage, eine/n Grüne:n so aus dem Gleichgewicht zu bringen, dass er/sie wütend wird. Alles entlädt sich, und es kommt eine Menge harscher Worte und Negativität zum Vorschein. Der/die Grüne wird es auf die Spitze treiben und jede einzelne Verletzung erwähnen, die er/sie in den letzten Jahren erlitten zu haben glaubt. Auch die Wut wird nicht abebben. Diese Menschen sind sehr nachtragend, da gibt es also jede Menge, was man ausnutzen kann.

Der Vorteil für Manipulator:innen besteht darin, dass der/die Grüne sich hinterher furchtbar schämt. Am Boden zerstört, werden sie sich aufrichtig für ihre Taten entschuldigen. Narzisst:innen spielen gekonnt das Opfer und verhandeln schnell über weitere Vorteile als Entschädigung für die erlittenen Misshandlungen. »Wie konntest du nur so gemein zu mir sein? Ich Ärmste:r!« Das wird am Ende teuer, darauf kannst du dich verlassen.

Wie können Manipulator:innen das Verhalten von Blauen ausnutzen? Das geht einfacher, als man denkt. Man kann zum Beispiel die Knöpfe eines/einer Blauen drücken, indem man ihn/sie Situationen aussetzt, in denen er/sie sich nicht wohlfühlt. Zum Beispiel zwingt man ihn/sie dazu, sich für ein Projekt einem Team aus lauter Gelben anzuschließen. Das wird sehr anstrengend für ihn/sie und es würde ihm/ihr schwerfallen, einen einzigen zusammenhängenden Gedanken zu formulieren. Jedoch könnte ein/e Blaue:r damit wahrscheinlich umgehen. Denn Beziehungen zu Mitarbeiter:innen und Vorgesetzten sind ihm/ihr nicht so wichtig wie anderen. Allerdings ist er/sie in engen Beziehungen genauso empfänglich wie alle anderen auch.

Nehmen wir an, die Frau eines Blauen möchte, dass er etwas tut, was er nicht tun möchte. Sie möchte einen Wochenendausflug nach

Dubrovnik machen. Sie hat das beste Hotel ausgesucht und erwartet, dass er für alles bezahlt. Teuer ist eine Untertreibung. Außerdem will sie hemmungslos shoppen gehen – schließlich ist das ein besonderes Wochenende. Alles hängt von ihm ab. Wieder einmal.

Schon der erste Vorstoß bereitet ihm Sorgen. Seine Frau hat seine Reaktion vorausgesehen und fordert ihn unverblümt auf, den Taschenrechner stecken zu lassen. Sie möchte, dass er ausnahmsweise auf sie hört. Da er seine Frau liebt, willigt er ein (außerdem ist er gut im Kopfrechnen). Schließlich stellt er fest, dass alles zu teuer wird und außerhalb seiner Möglichkeiten liegt – und dann macht die Frau den Zug, den sie die ganze Zeit geplant hat: Sie wirft ihm vor, gefühllos zu sein. Wie kann er nur so kalt zu ihr sein? Wenn er sie wirklich lieben würde, würde er es für sie tun, nur dieses eine Mal. Wehrt er sich nun hartnäckig, packt sie eine Waffe aus, der nicht einmal männliche Blaue widerstehen können: Tränen. Die Emotionen kochen hoch. Der Ausbruch lässt erst nach, als er laut darüber nachdenkt, ob er vielleicht Überstunden machen könnte, um jene Reise zu finanzieren, an der er kein Interesse hat.

Welche Gegenmaßnahmen helfen?

Emotionen sind ein sehr heikles Thema, und es gibt keine Patentrezepte. Wie immer ist hier oberste Priorität, ruhig zu bleiben. Das kann sich jedoch als echte Herausforderung erweisen, besonders für extrovertierte Menschen. Sowohl Rote als auch Gelbe neigen dazu, instinktiv zu reagieren, und sie brauchen vielleicht etwas Zeit, um die Dinge zu durchdenken. Mein bester Rat ist daher, das Gegenüber zur Rede zu stellen. Sag offen, dass du das Gefühl hast, manipuliert zu werden, und frag nach, wie sie sich dabei fühlen! In einem späteren Abschnitt dieses Buches stelle ich eine Reihe praktischer Methoden vor, mit denen du dich aus den Fängen von

Narzisst:innen befreien kannst, und gehe dabei ausführlich ins Detail.

Handle rot. Halte deine wahren Gefühle zurück und reagiere energisch und schnell. Rette dich selbst davor, nur noch ein Schatten deines früheren Selbst zu werden. Denn wenn du das nicht tust, wird dein/e Partner:in dich in genau das verwandeln. Er/sie wird dich weichkochen, bis du nur noch ein blasses Abbild dessen bist, was du einmal warst. Mach dir jedes Mal, wenn du dich chronisch unglücklich, ängstlich oder verletzt fühlst und in ein neues Drama verwickelt wirst, bewusst, dass du das große Ganze erkennen und die Details zu den weitreichenden Plänen der Narzisst:innen durchschauen solltest. Erinnere dich daran, was ich in diesem Buch bereits erwähnt habe: Narzisst:innen empfinden ihre Gefühle nicht so wie du und ich; sie täuschen sie oft vor, und wenn sie dann den Schein fallen lassen, hast du alle Informationen, die du für deine Entscheidung brauchst. Vergiss nie, dass derjenige, der am meisten darauf bedacht ist, die Beziehung aufrechtzuerhalten, am schwächsten ist. Warum solltest du dieser Person noch eine einzige Minute deiner Zeit schenken? Du hast etwas viel Besseres verdient.

Gaslighting

Bei dieser Methode geht es vor allem darum, das Opfer zu verwirren und es aus dem Gleichgewicht zu bringen. Nehmen wir an, du lebst mit einem Narzissten oder einer Narzisstin zusammen. Stell dir vor, er/sie sagt dir, dass er/sie an einer großen Überraschung für dich arbeitet und du deinen Koffer für das nächste Wochenende packen solltest. Voller Vorfreude fragst du dich, worum es wohl geht. Natürlich packst du einen Koffer, gehst zum/zur Friseur:in, rufst deine Freund:innen an und erzählst ihnen von der Neuigkeit: Was glaubt ihr, was das wohl für eine Überraschung sein könnte?

Alles ist so aufregend!

Du bereitest alles fürs große Wochenende vor, und am Freitag bist du etwas überrascht, als dein/e Partner:in nichts sagt. Es ist fast so, als hätte er/sie vergessen, was er/sie am Dienstag gesagt hat. Am Samstagmorgen, als du das Thema vorsichtig ansprichst, wirkt er/sie sichtlich verblüfft. »Wovon sprichst du? Ich geh heute mit Freund:innen zum Golfen.« Und schwups, ist er/sie weg. Du bleibst mit deiner Verwirrung allein zurück. Und du vermutest, dass es sich um ein Missverständnis handelt. Darauf so zu reagieren, als wäre es nicht in Ordnung, beweist, dass du völlig normal bist.

Oder wie wäre es damit: Deine Freundin will ausgehen. Sie sagt dir, dass sie sich mit Susan trifft. Susan ist mit einem Freund von dir zusammen. Als es spät wird und deine Freundin weder nach Hause gekommen ist noch auf deine SMS antwortet, fragst du bei deinem Freund nach, ob *Susan* gut heimgekommen ist. Er sagt dir, dass Susan den ganzen Abend zu Hause war.

Was ist da los? Was läuft da? Es könnte zwar alles Mögliche bedeuten, aber ich glaube, ich weiß, was die meisten Leute denken würden. Als deine Freundin also schließlich mitten in der Nacht nach Hause kommt, bist du verärgert und beschuldigst sie der Lüge. Sie war gar nicht mit Susan aus! Da deine Freundin eine Narzisstin ist, wird sie dir einfach sagen, dass sie Sandy und nicht *Susan* gesagt hat. Du bist dir aber hundertprozentig sicher, dass sie *Susan* gesagt hat. Es kann auf keinen Fall *Sandy* gewesen sein – und wer *ist* überhaupt diese *Sandy*?

An diesem Punkt wird deine Freundin zu einigen Kniffen greifen. Wenn du zu Rot tendierst, wird sie dir sagen, was für ein unsensibler Clown und schlechter Zuhörer du bist; tendierst du zu Gelb, wird sie andeuten, dass du immer nur an dich selbst denkst und dir mehr Mühe mit den Namen ihrer Freundinnen geben solltest; tendierst du zu Grün, wird sie einfach ihre Stimme heben, bis du nachgibst; und wenn du zu Blau tendierst, wird sie vielleicht deine geistigen Fähigkeiten infrage stellen – vielleicht solltest du dich mal auf Alzheimer testen lassen!

Beim Gaslighting geht es darum, Verwirrung zu stiften. Narzisst:innen sagen am Montag das eine, am Dienstag das andere und streiten am Mittwoch ab, jemals etwas davon gesagt zu haben. Sie können das eine Zeit lang durchhalten, aber geschickte Narzisst:innen wenden diese Methode Schritt für Schritt an. Sie fangen klein an und drehen dann allmählich die Lautstärke hoch. Am Ende hast du dann keine Ahnung mehr, was vor sich geht.

Gaslighting ist besonders effektiv, weil es Narzisst:innen so leichtfällt, zu lügen. So als ob sie nur ein Taxi rufen würden, stellen sie, ohne nachzudenken, alle möglichen falschen Behauptungen auf, die ihnen gerade in den Kram passt. Falls du also bemerkst, dass jemand in deiner Umgebung so etwas versucht, dann sei froh, dass du die Anzeichen rechtzeitig erkannt hast – und lauf weg, so schnell es geht! Deutlicher kann ich meinen Rat nicht formulieren.

Eine allgemeine Haltung gegenüber manipulativen Machenschaften

Vertrauen. Vertrauen könnte der Schlüssel in dieser Situation sein. Wir müssen verstehen, *warum* wir einer bestimmten Person vertrauen oder nicht vertrauen sollten.

Bei neuen Bekanntschaften dauert es nicht lange, bis wir uns entschieden haben. Ob dafür oder dagegen. Entweder wirkt die Person zuverlässig oder nicht. Überlege dir genau, was dich dazu bringt, einer bestimmten Person zu vertrauen. Wenn du Vertrauen zu jemandem aufgebaut hast, wirst du bereit sein, ihm zuzuhören. Achte deshalb auf die Faktoren, die dafür sorgen, dass eine bestimmte Person dein Vertrauen gewinnt. Hast du dir ein Bild von dieser Person gemacht und sie als zuverlässig und vertrauenswürdig eingestuft, sodass sie dein Vertrauen vermeintlich verdient, dann hat sie bereits die besseren Karten in der Hand. Alles, was die Person sagen wird, wird von dir als Wahrheit angesehen. Der Überbringer wird dabei wichtiger als die eigentliche Botschaft.

Hat jemand dein Vertrauen gewonnen, bedeutet das jedoch nicht, dass man von nun an alles, was er oder sie sagt und tut, für bare Münze nehmen sollte. Du musst *jede einzelne Handlung* für sich betrachten und auf jeden Fall alles infrage stellen, was dir nicht passt – auch wenn du es mit jemandem zu tun hast, dem du grundsätzlich vertraust. Die Vertrauenswürdigkeit einer Person sollte regelmäßig infrage gestellt werden, wenn sie auf eine Weise handelt, mit der du nicht einverstanden bist.

Der Rat, den ich Menschen gebe, die sich fragen, wie sie herausfinden können, ob sie jemandem vertrauen können, ist, die Worte dieser Person mit ihren Taten zu vergleichen. Wenn sie ausreichend übereinstimmen, ist das ausgezeichnet. Dann habt ihr vielleicht eine gemeinsame Zukunft! Stimmen die Worte selten oder nie mit den tatsächlichen Taten überein, fehlt im Grunde die Basis für Vertrauen. Du kannst dich auf diese Person nicht wirklich verlassen.

Die Grundbedingungen für Vertrauen

Vertrauen hängt von drei Dingen ab: *Berechenbarkeit, Verlässlichkeit* und *Überzeugung.*

Berechenbarkeit ist eine Folge des Verhaltens des anderen. Sie steht im Gegensatz zu unvorhersehbarem Verhalten, zum Beispiel wenn positives Feedback scheinbar willkürlich angeboten oder zurückgehalten wird oder wenn liebevolle und zärtliche Worte plötzlich durch Schweigen und Kritik an Dingen ersetzt werden, die früher als positiv angesehen wurden. Wenn das Verhalten einer Person stark schwankt, kann dies andere Ursachen haben als die

Absicht zu manipulieren, aber es ist dennoch ein Hinweis dafür, vorsichtig zu sein. Eine psychologische Diagnose wie bipolare Störung ist etwas ganz anderes als Narzissmus. Ersteres kann behandelt werden, Letzteres nicht.

Die *Verlässlichkeit* entscheidet darüber, ob du davon ausgehen kannst, dass jemand ehrlich ist und dein Vertrauen langfristig verdient. Kannst du dich auf diese Person verlassen? Hast du sie schon einmal dabei erwischt, wie sie dich belogen oder dir Informationen vorenthalten hat? Wie viele Beweise hast du für die langfristige Vertrauenswürdigkeit gesehen? Waren die Flitterwochen rasch vorbei, bevor die Wahrheit ans Licht sickerte? Dann ist es nicht sinnvoll, an einer Beziehung festzuhalten. Geht diese Person jedoch mit dir durch dick und dünn und ist auch da, um dich vor den Übeln der Welt zu schützen, kannst du dich sicher fühlen.

Bei der *Überzeugung* schließlich geht es darum, wie sehr du davon überzeugt bist, dass diese Person auf deine Bedürfnisse eingehen und sich wie ein/e liebevolle/r, unterstützende/r Partner:in verhalten wird – und zwar über den ersten Monat hinaus. Narzisst:innen sind ziemlich ungeduldig; sie sind auf schnelle Belohnung gepolt. Sie können den Schein nicht ewig aufrechterhalten. Daher kann es sich als großer Fehler erweisen, die Vertrauenswürdigkeit einer Person anhand ihres Verhaltens in der Vergangenheit zu beurteilen.

Schätze die Berechenbarkeit, die Verlässlichkeit und die Überzeugung einer Person ein und beurteile sie im aktuellen Moment. Nicht das Verhalten im letzten Jahr, nicht das vor eurer Hochzeit und auch nicht damals im Haus deiner Eltern. Befasse dich besser mit dem, was gestern passiert ist, mit dem, was gerade passiert, oder mit einem Gespräch, in dem die gesagten Worte dich fast körperlich krank machten. Ist es die Beziehung wert, so etwas zu ertragen? Ist das, was du gerade erlebst, ein akzeptables Verhalten? Ist das, was du gerade gehört hast, etwas, auf das man stolz sein sollte? Geschickte Manipulator:innen sind Expert:innen darin, dein Vertrauen zu gewinnen, aber sie sind oft schlecht darin, es zu behalten – es sei denn, du selbst lässt ihn/sie vom Haken. Handle, sobald du die Tricks der Manipulator:innen durchschaut hast! Und zwar sofort. Reagiere wie bei häuslicher Gewalt. Ein Schlag, und du bist raus. Denn sonst werden sie dich nur wieder verletzen. Alle vorliegenden Studien bestätigen das. Ihr schlechtes Verhalten ist nur die Spitze des Eisbergs. Darunter verbirgt sich noch viel mehr und es wird nicht besser.

Genauso verhält es sich mit psychologischer Manipulation. Wenn dein/e Partner:in diese Art von Verhalten an den Tag legt, kannst du zu 100 Prozent sicher sein, dass er/sie es wieder tun wird. Narzisst:innen und Menschen mit narzisstischen Zügen setzen auf bewährte Methoden. Wenn er/sie also davon ausgeht, dass er/sie dich zu Fall bringen kann, indem er/sie dich weiter manipuliert – dann wird er/sie es auch tun. Warum auch nicht?

Um es noch simpler auszudrücken: Wenn ein Dieb einen 100-Euro-Schein auf dem Boden findet, ihn in seine Tasche steckt und dann eine tolle Nacht von dem Geld eines anderen genießt – warum sollte er den nächsten 100-Euro-Schein, den er findet, liegen lassen?

Weitere Methoden der Manipulation

Leider gibt es noch viel mehr solcher Tricks:

- *Vorgetäuschte Intimität*: Zu Beginn der Beziehung geben Narzisst:innen intime Details (die sich oft als erfunden herausstellen) über sich selbst preis, was dich dazu verleitet, Dinge über dich selbst zu erzählen – und exakt diese Eingeständnisse werden später als Waffe eingesetzt und gegen dich verwendet.

- *Schuldzuweisungen*: Narzisst:innen finden Wege, alles, was in eurer Beziehung nicht reibungslos läuft, auf dich zu schieben.

- *Direkte Beleidigungen*: Das sind mehr oder weniger subtile Beleidigungen, die sich unter einer Schicht vorgetäuschten Wohlwollens verbergen: »Ich mag es, wenn du dieses Kleid trägst – es lässt dich so schlank aussehen!«

- *Andeutungen*: Es werden Aussagen verwendet, die so zweideutig sind, dass es schwierig ist, zu bestimmen, was eigentlich gesagt wird. Zum Beispiel: »Du weißt schon, dass du jede Menge Geld mit Wirtschaftskriminalität verdienen könntest!«

- *Leere Aussagen*: Narzisst:innen legen keinen Wert auf das, was sie sagen. Sie können alles sagen, was ihnen in diesem Moment angemessen erscheint. Zum Beispiel: »Ich liebe dich.« Das mag dir einen Moment der Erleichterung verschaffen, hat aber keine wirkliche Bedeutung – Narzisst:innen sind nicht fähig zu lieben!

- *Verharmlosung*: Narzisst:innen reden dir ein, dass das, was sie getan haben, gar nicht so schlimm war. »Was, macht das nicht jeder? Es ist doch gar nichts passiert! Du regst dich wieder über Kleinigkeiten auf.«

- *Lügen*: Wie erkennt man eine Lüge inmitten all dieses Unsinns? Wenn du dir die anderen Verhaltensweisen hier genau anschaust, kannst du aber hundertprozentig davon ausgehen, dass Narzisst:innen auch dich anlügen. Und zwar bei allem. Und ständig. Bewegen sich ihre Lippen? Dann drück lieber mal die Aufnahmetaste!

- *Herablassung*: Dies ist ein klassischer Schachzug, bei dem jede Meinung, jedes Gefühl oder jede Erfahrung, die geäußert wird, heruntergespielt wird. Zum Beispiel: »Du fühlst dich doch nicht wirklich so? Das ist doch ein Scherz, oder? Das war doch keine große Sache.«

- *Charme*: Narzisst:innen werden oft versuchen, dich zuerst mit Charme zu gewinnen. Mit Beleidigungen fangen sie eher selten an, da diese Methode in der Vergangenheit nicht allzu erfolgreich war. Vielmehr sagen sie Dinge, die dir noch nie jemand gesagt hat. Und mal ehrlich, wer genießt es schließlich nicht, von einer Ladung schöner Komplimente umgehauen zu werden?

- *Vorsätzliche Vergesslichkeit*: Sie »vergessen«, vor dem Abendessen einkaufen zu gehen, obwohl sie es versprochen haben. Oder sie vergessen euren Jahrestag. Oder sie vergessen, dich von ihrem Hotelzimmer aus anzurufen …

- *Wut*: Sie brüllen und schreien, um dich zum Einlenken zu bewegen, wenn du das bizarre Verhalten der Narzisst:innen irgendwie beanstandest.

- *Ziehen der Opferkarte*: Dieses Vorgehen gehört zu ihren Hauptstrategien. Narzisst:innen sind zu einem gewissen Maß an Selbstmitleid fähig. Und sie sind einfach umwerfend gut darin, sich als Opfer zu inszenieren: »Ich wusste, dass mich niemand in seinem Team haben wollte. Natürlich – warum sollte ein/e Langweiler:in wie ich etwas anderes erwarten? Dann, schätze ich mal, muss ich wohl allein gehen.«

- *Rationalisierung*: Dies ist ein üblicher Verteidigungsmechanismus, der nur in diesem Zusammenhang absichtlich eingesetzt wird. Es geht darum, logische Gründe für unlogische Handlungen anzuführen. Zum Beispiel: »Es tut mir leid, dass ich dich geschlagen habe – ich wurde einfach so wütend, als du mich provoziert hast.« Oder: »Ich weiß, dass ich nicht Auto fahren sollte, wenn ich getrunken habe, aber ich wollte so gerne schnell zu dir nach Hause kommen.«

- *Schmeichelei*: Braucht es dazu eine Erklärung? Wir alle wissen, wie es sich anfühlt, wenn jemand seine Wertschätzung für unser Aussehen, unsere Intelligenz oder unseren Geschmack zum Ausdruck bringt. Das ist auch den Narzisst:innen nicht entgangen.

12
Wer ist gefährdet, Opfer von Narzisst:innen zu werden?

Menschen, die sich über den Zustand der Welt beklagen oder darüber, dass sie Opfer unglücklicher Umstände sind, weshalb sie einen Job nicht bekamen, den sie haben wollten, oder über ihren langen Arbeitsweg oder die Tatsache, dass das örtliche Café nicht ihre Lieblingshafermilch anbietet, haben eines gemeinsam: Sie wurden wahrscheinlich noch nie Opfer von Narzisst:innen, Psychopath:innen oder Soziopath:innen. Sie wissen nicht, wovon sie reden.

Narzisst:innen sind in der Lage, alle ins Visier zu nehmen, die über eine bestimmte menschliche Fähigkeit verfügen: Einfühlungsvermögen. Es spielt keine Rolle, ob du schön, reich, kompetent, erfolgreich, beliebt, witzig oder mental stark bist – Narzisst:innen können dich trotzdem vollständig täuschen. Sie verwenden dieselben Methoden wie Psychopath:innen, um Menschen zu umgarnen. Love Bombing ist nur eine davon, und sie funktioniert sogar bei Arbeitskolleg:innen, obwohl die Umsetzung natürlich unterschiedlich ausfällt. Solche Menschen wenden Manipulationstechniken an, auf die man in hundert Jahren nicht kommt.

Unzählige Mentaltrainer:innen, Psychiater:innen, Psycholog:innen und Therapeut:innen, die sich nicht auf dieses Gebiet spezialisiert haben, werden jede Woche von Narzisst:innen und Psychopath:innen hinters Licht geführt. Menschen mit starkem Einfühlungsvermögen gehören zu ihren bevorzugten Zielen, denn diese Menschen sind immer bereit dafür, scheinbar Hilfsbedürftige mit offenen Armen zu empfangen. Narzisst:innen sind sehr geschickt darin, das Opfer zu spielen, selbst wenn sie in Wirklichkeit die Aggressor:innen sind. Es ist ein bisschen wie ein Wolf, der um Hilfe ruft, nachdem er ein Schaf entdeckt hat.

Ich habe die verfügbare Literatur nach einem Zusammenhang zum Intelligenzniveau der Opfer durchforstet. Das Ergebnis ist eindeutig: Es gibt keinen offensichtlichen Zusammenhang – Intelligenz scheint keinen Schutz gegen Manipulation zu bieten. Instinktiv würde meine Theorie sogar lauten, dass man angreifbarer wird, je intelligenter man ist. Das ist kein sonderlich beruhigender Gedanke. Aber warum genau sollte das so sein?

Je höher die Intelligenz ist, desto mehr ist man in der Lage, rational zu denken. Das haben psychologische Studien gezeigt. Es geht nicht darum, dass man sich von den eigenen Gefühlen abkoppelt, sondern darum, dass man sich stärker auf die Logik verlassen kann, wenn man das Verhalten anderer Menschen beobachtet. Man sieht sich also an, was sie tun, und denkt, dass es eine logische Erklärung für ihr seltsames Verhalten geben muss. Die eigenen Interpretationen werden dabei auf eigene Erfahrungen und Beobachtungen gestützt. Ich glaube, das tun wir alle. Im Umgang mit Narzisst:innen ist das jedoch keine sehr nützliche Strategie.

Ob man für die Manipulationen von Narzisst:innen anfällig ist oder nicht, hängt vielmehr vom eigenen Grad der Anfälligkeit ab, der überhaupt nichts mit Intelligenz zu tun hat. Die Ursache dafür könnten vergangene Traumata sein, die man erlitten und vielleicht sogar vergessen hat!

Leider gibt es viele Klischees über Opfer. Ein weitverbreiteter Irrglaube ist zum Beispiel, dass weibliche Opfer häuslicher Gewalt auf eine Art alle gleich sind. Es wird oft angenommen, dass sie ein geringes Selbstwertgefühl haben und möglicherweise arbeitslos sind. Dies ist jedoch nicht der Fall. Tatsächlich ist es so, dass Frauen mit einem guten Selbstwertgefühl und einem Arbeitsplatz *eher* Opfer eines häuslichen Gewalttäters werden. Sie können so klug, erfolgreich und talentiert sein, wie sie wollen. Nichts davon schützt sie vor Idioten. Oder Gewalttätern. Oder vor Narzissten. Im Gegenteil, es kann sogar gewalttätige Reaktionen bei Narzissten auslösen, die es nicht ertragen, wenn sie infrage gestellt werden. In einer Beziehung wie dieser kann es nur einen Gewinner geben – und das wird immer der Narzisst sein.

Der gefährlichste Gedanke, den du daher haben kannst, ist folgender: »Niemand kann mich jemals manipulieren. Niemand kann mich in ein Netz aus Lügen und seltsamen Verhaltensweisen verwickeln. Ich würde das schon kommen sehen.« Nein, nein, nein. Vergiss das ganz schnell. Früher habe ich auch so gedacht, und ich musste schmerzhaft lernen, dass ich mich geirrt habe. Du kannst dir keine Vorstellung davon machen, was mich das letzten Endes gekostet hat.

Narzisst:innen suchen uns nicht, weil wir so sind wie sie, sondern weil wir das Gegenteil von ihnen sind. Wir sind empathisch, und wir wollen das Beste für andere. Unser Herz ist, wenn man so will, zu groß. Wir haben Mitgefühl für die Schwachen, wir verfügen über emotionale Intelligenz und echtes Vertrauen, das Narzisst:innen nicht nachahmen können. Eines meiner Lieblingsbeispiele ist das des weltberühmten Psychologen und Psychopathieexperten Robert D. Hare, dem es gelang, sich im Gefängnis von einem Psychopathen, den er persönlich diagnostiziert hatte, hinters Licht führen zu lassen. Was der Kerl sagte, klang allerdings auch gut … Ein anderer Forscher lieh seinen Mercedes einem Narzissten, der gerade aus dem Gefängnis entlassen worden war – und sah sein Auto nie wieder. Man fragt sich wirklich, wie so etwas möglich ist! Na ja, es ist ganz einfach … Das ist genau das, was Narzisst:innen tun.

Kann dein Verhaltensprofil dir verraten, ob du zum Opfer werden könntest?

Alles wäre einfacher, wenn wir uns nur mit dem Unheil beschäftigen müssten, das Narzisst:innen anrichten. Aber das Problem ist viel komplizierter, wie du schon weißt. Narzisst:innen sind in der Lage, eine Vielzahl von Menschen zu manipulieren und zu täuschen, und es gibt keinen bestimmten Typus, der immer vor ihnen sicher wäre. Schon gar nicht im Rahmen einer Beziehung. Wenn Emotionen ins Spiel kommen, die in vielerlei Hinsicht der Logik widersprechen, können die Dinge im Handumdrehen aus dem Ruder laufen.

Auch wenn niemand vor Manipulation gefeit ist, haben wir wahrscheinlich alle etwas anders gelagerte Schwächen, die angesprochen werden. Daher werfen wir jetzt einen Blick auf die Dinge, die Narzisst:innen bei der Auswahl eines Opfers berücksichtigen könnten.

Eigene Schwachstellen

Genau wie Psychopath:innen sind Narzisst:innen auf der Suche nach deinen Schwächen. Sie sind im Grunde Feiglinge und bevorzugen daher Opfer, die schwächer sind als der Durchschnitt. Stärke ist aber kein wasserdichter Schutz – es gibt viele hoch motivierte Psychopath:innen, die die stärksten Menschen, die man sich vorstellen kann, in Stücke gerissen haben. Aber auf jeden Fall ist es wahrscheinlicher, dass du mit jemandem in Konflikt gerätst, der dich manipulieren will, wenn du offensichtlich emotional etwas angeschlagen bist.

Es gibt einen Unterschied zwischen Narzisst:innen und Psychopath:innen, der schwer genau zu definieren ist. Obwohl beide gewohnheitsmäßige Manipulator:innen sind, sind Psychopath:innen zweifellos gefährlicher. Sie sehen das Leben als ein Spiel und sich selbst als dessen Meister:innen an. Sie können anderen eine Menge Ärger bereiten, nur um sich die Zeit zu vertreiben. Alle anderen Menschen sind in diesen Überlegungen bloß Spielfiguren. Vermutlich sind sich Narzisst:innen eher bewusst, dass das, was sie tun, wahrscheinlich falsch ist, aber da sie sich berechtigt fühlen, das Beste von allem zu bekommen, tun sie es trotzdem. Ich würde nicht so weit gehen zu sagen, dass Narzisst:innen besonders von Gewissensbissen geplagt werden, aber sie sind zumindest menschlicher als Psychopath:innen.

Psychopath:innen sind viel gerissener. Sie sind immer auf der Suche nach einem Schachzug, um die Oberhand zu gewinnen. Die Welt ist für sie nur ein einziges Buffet, und sie fühlen sich berechtigt, sich daran zu bedienen und zu nehmen, was sie wollen. Im Vergleich dazu wirken Narzisst:innen eher wie übergroße Kleinkinder, die am Boden herumtoben, wenn sie ihren Willen nicht bekommen, während Psychopath:innen aus jeder Situation lernen und ihre Techniken immer weiter verfeinern. Psychopath:innen scheinen auch – auch wenn das schwer zu beweisen ist – viel rücksichtsloser zu sein. Setzen sie es sich erst einmal in den Kopf, die eine oder andere Kränkung zu rächen, dann tun sie alles in ihrer Macht Stehende, um eine andere Person völlig zu vernichten.

Was andere denken, ist für Psychopath:innen weniger wichtig, während Narzisst:innen sich ständig damit beschäftigen, welches Bild andere von ihnen haben. Das ist alles etwas kompliziert, und wie ich bereits aufgezeigt habe, gibt es keine scharfe Grenze zwischen diesen beiden Störungen. Da sich der Narzissmus sehr stark mit den Gefühlen einer Person beschäftigt, bietet es sich an, einen kurzen Blick auf die verschiedenen Farben zu werfen, wie sie in verschiedenen Situationen reagieren.

Das Klischee besagt, dass Gelbe ihre Emotionen auf der Zunge tragen und ihre Gefühle nicht verbergen können, während Grüne das genaue Gegenteil davon sind: Sie versuchen aktiv, ihre Emotionen zu verbergen, und zwar zu jeder Zeit. Blauen wird nachgesagt, dass sie kaum Emotionen haben und meist mit versteinerter Miene auftreten, und Rote neigen dazu, nur eine einzige Emotion zu empfinden: Wut. Diese allgemeinen Beobachtungen bergen auch ein Fünkchen Wahrheit. Im Folgenden liefere ich ein paar Beispiele, wie dies konkret bei den vier Grundtypen aussehen kann.

Zorn

Dominanz – **ROT**

Je höher der Dominanz-Faktor ist, desto mehr neigt die Person zu Ungeduld und Reizbarkeit.

Das bedeutet, dass die Person zu häufigen Wutausbrüchen neigt.

Die Wut selbst kann oft kontrolliert werden, aber die Menschen in ihrer Umgebung nehmen ihre Ungeduld und Reizbarkeit wahr.

Je niedriger der Dominanz-Faktor ist, desto geduldiger ist die Person.

Geduld

Optimismus

Initiative – **GELB**

Je höher der Initiative-Faktor ist, desto positiver sieht die Person die Dinge.

Das bedeutet, dass die Person weitgehend auf andere Menschen vertrauen wird.

Für sie ist nichts unmöglich, außerdem gibt sie anderen in ihrer Umgebung Energie.

Je niedriger der Initiative-Faktor ist, desto pessimistischer ist die Person und desto weniger Vertrauen hat sie in andere.

Pessimismus

Zeigt keine Gefühle

Stetigkeit – **GRÜN**

Je höher der Stetigkeits-Faktor ist, desto geringer ist die Wahrscheinlichkeit, dass die Person ihre Gefühle ausdrückt.

Um ihre Mitmenschen nicht mit ihren Problemen zu belasten, verdrängt sie die meisten ihrer Gefühle.

Diese Person behauptet oft, dass alles in Ordnung ist, auch wenn es nicht stimmt.

Je niedriger der Stetigkeits-Faktor ist, desto mehr sieht und hört man von den Emotionen der Person.

Zeigt Gefühle

Ängstlichkeit

Gewissenhaftigkeit – **BLAU**

Je höher der Gewissenhaftigkeits-Faktor ist, desto wahrscheinlicher ist es, dass die Person Regeln befolgt, weil sie Angst davor hat, enttarnt oder bestraft zu werden oder sich mit Autoritätspersonen auseinandersetzen zu müssen.

Je blauer jemand ist, desto stärker wird er sich an Regeln halten.

Andere bekommen oft von dieser unterschwelligen Angst nichts mit.

Je niedriger der Gewissenhaftigkeits-Faktor ist, desto weniger Angst empfinden sie. Regeln gelten als bloße Empfehlungen, die gebrochen werden können.

Furchtlosigkeit

Hier folgen einige Beispiele dafür, worauf man je nach Farbe achten sollte, wenn man nicht mit Narzisst:innen in Konflikt geraten will.

Wie wahrscheinlich ist es, dass Rote Narzisst:innen zum Opfer fallen?

Rote sind stark und durchsetzungsfähig und lassen sich von niemandem etwas gefallen. Sie glauben an sofortige Rache. Harte, raue, ehrgeizige Typen, die sich gerne prügeln – wie könnte man ihnen jemals zu nahe kommen?

Nun streiten sich Rote nicht ständig mit allen, die um sie herum sind, aber wenn man eine/n Rote:n zu etwas bewegen möchte, was er/sie nicht will, ist der Konflikt vorprogrammiert. Wie reagieren Narzisst:innen darauf? Ihnen ist es im Gegensatz zu anderen eigentlich egal. Sie sehen zwar das wütend verzerrte Gesicht, hören die wütenden Worte, und die aggressiven Beleidigungen gehen auch nicht komplett an ihnen vorbei. Ihr Fokus liegt jedoch immer noch auf dem, was sie wollen. Zahllose Beispiele dafür, dass Narzisst:innen die Wut eines anderen erfolgreich in eine Richtung lenken, die ihnen persönlich zugutekommt, sprechen hier für sich.

Die lästigen Schwächen von Roten

Sie sind rüpelhaft, arrogant, aggressiv, übermütig, schlechte Zuhörer:innen, getrieben, dominant, kontrollierend, intolerant und egoistisch. Die beste Vorgehensweise für Narzisst:innen ist es, das Unerwartete zu wagen. In der Nähe von Roten halten sich die meisten oft ein wenig zurück. Was passiert also, wenn sie auf jemand treffen, der das nicht tut?

Nur jemand, der bereit ist, ein ernsthaftes Risiko einzugehen, würde das tun. Psychopath:innen sind Meister:innen darin, aber auch Narzisst:innen sind dazu in der Lage. Eigentlich wirkt es fast selbstmörderisch, wenn man das Büro eines Chefs betritt, der dafür bekannt ist, dass er Speichellecker verabscheut, und ihn dann sofort in den Himmel lobt. Doch für Narzisst:innen ist das alles nur ein Spiel. Das ist der Teil, den Rote nur schwer nachvollziehen können. Deshalb kann sie jemand, der die Gefahr scheinbar nicht erkennt, völlig täuschen. Narzisst:innen strahlen Selbstbewusstsein aus. Rote sind gut darin, Selbstvertrauen zu erkennen, und neigen dazu, das auch zu respektieren. Manchmal empfinden sie sogar eine gewisse Bewunderung dafür.

Was bei Roten funktioniert, ist Lob für etwas, wofür sie häufiger kritisiert werden – allerdings nur subtil, logischerweise. Zum Beispiel wird vielen Roten ständig gesagt, wie unsensibel sie sind. Einige Rote mag es amüsieren, dass andere Angst vor ihnen haben, aber in Wirklichkeit sind sie genau wie alle Menschen – sie wollen unbedingt gemocht und respektiert werden, und zwar so, wie sie sind. Der Unterschied liegt allein in der Art, wie sie es zeigen. Wenn sich also jemand traut, *diese besonderen Eigenschaften* zu würdigen, ist das ein Volltreffer.

Schlussfolgerungen

Die Sache bei Roten ist, dass man sie nicht in der Öffentlichkeit angehen kann. Deshalb bevorzugen geschickte Manipulator:innen eine eher indirekte Vorgehensweise. Die Methode der Narzisst:innen, um das Vertrauen eines Roten zu gewinnen, besteht einfach darin, Nerven zu zeigen. Wie ich bereits erwähnt habe, bringt es Narzisst:innen nicht wirklich aus der Ruhe, wenn sie den Chef ihres Chefs nach Strich und Faden anlügen müssen, jedenfalls nicht so wie dich und mich.

Rote neigen auch dazu, nicht um Hilfe zu bitten. Sie versuchen zunächst, das Problem selbst zu lösen. Das ist eine gute Nachricht für ehrgeizige Manipulator:innen, denn das bedeutet, dass sie ihre Opfer über einen längeren Zeitraum immer stärker manipulieren können, bevor der/die Rote überhaupt erst um Hilfe bittet.

Wie wahrscheinlich ist es, dass Gelbe Narzisst:innen zum Opfer fallen?

Die Schwäche von Gelben besteht zu einem großen Teil in ihrer Abneigung, über Schwächen zu sprechen. Das ist wirklich nicht sonderlich inspirierend, und viele reagieren auf dieses Thema richtig allergisch. Gelbe sind typische beziehungsorientierte Menschen. Sie wollen so oft wie möglich von Menschen umgeben sein. Die Kehrseite der Medaille ist die damit einhergehende Abhängigkeit von anderen. Ohne andere langweilen sie sich oder ihnen gehen die Ideen aus. Ihnen fehlt es, mit anderen zu sprechen, zu scherzen oder zu lachen – ihnen fehlt der Bezug zu den anderen.

Darin liegt der Schlüssel zu den Schwachstellen der Gelben. Soziale Isolation: vielleicht das schlimmste Schicksal für einen Menschen überhaupt. Narzisst:innen, die eine/n Gelbe:n manipulieren wollen, werden sich zunächst bemühen, ihn/sie von der Außenwelt zu isolieren. Sie legen großen Wert darauf, den/die Gelbe:n von seinen/ihren Freund:innen, seiner/ihrer Familie oder von arbeitsbezogenen sozialen Ereignissen abzuschneiden. Treffen am Arbeitsplatz nach Feierabend kommen nicht infrage. Nach und nach werden die Kontakte des Opfers eliminiert, und das Opfer nähert sich so Schritt für Schritt dem Narzissten oder der Narzisstin an. Wenn das Opfer niemanden mehr hat, mit dem es reden kann, wird der/die Narzisst:in zur einzigen Person, die zuhört. Jemand, der den/die Gelbe:n trotz all seiner/ihrer offensichtlichen Fehler und Schwächen wirklich schätzt. Er/sie wird sich selbst als die einzige Person darstellen, die sich überhaupt kümmert. Als Konsequenz daraus wird der/die Narzisst:in für das Opfer noch wichtiger. Aber wie gelingt ihm/ihr das? In seiner Einfachheit ist die Sache regelrecht verheerend. Er/sie nutzt die Schwächen des Gelben aus und wendet sie gegen ihn. Schauen wir uns deshalb einmal genauer diese Schwächen der Gelben an.

Die traurigen Unzulänglichkeiten der Gelben

Egoistisch, oberflächlich, egozentrisch, übermäßig selbstbewusst, nur reden und nichts tun, unkonzentriert, unordentlich, vergesslich, reizbar, sensibel, unorganisiert und chaotisch, kichernd und unbeschwert, redet zu viel und zu lange, ein schlechter Zuhörer. Da kommt einiges zusammen, und es spielt auch keine Rolle, wie sehr es einen Gelben schmerzt, an diese Eigenschaften erinnert zu werden. Narzisst:innen wollen ihren Willen durchsetzen.

Ein betrügerischer, manipulativer Narzisst könnte dem Opfer zum Beispiel im Vertrauen sagen, dass jemand, der ihm sehr wichtig ist, etwas sehr Unangenehmes über ihn gesagt hat. Vielleicht sogar der beste Freund. Ein Dolchstoß in den Rücken also! Denn Gelbe reagieren besonders empfindlich, wenn Beziehungen zerbrechen. Das stresst sie und stört ihr Gleichgewicht. Um sie danach ganz aus dem Gleichgewicht zu bringen, säen Narzisst:innen winzige, klitzekleine Zweifel an sich und ihren Fähigkeiten. Oder vielleicht auch an ihrer Beliebtheit. Kommentare wie »Warum redest du immer nur von dir selbst?« stiften Verwirrung. Denn wenn schon jemand über sich selbst redet, dann natürlich die Narzisst:innen. Sicher, ein gewisses Maß an Selbstbezogenheit gehört zum gelben Gesamtpaket. Aber Narzisst:innen bemühen sich, ihnen deswegen Schuldgefühle einzureden. Immer wieder weisen sie darauf hin, wie egoistisch der Gelbe ist. Schon bald wird der Gelbe aufhören zu träumen und Visionen zu entwickeln, und sich stattdessen auf dem besten Weg in die Katastrophe befinden.

Es gibt auch andere Möglichkeiten, einen Gelben zu brechen. Ständig wiederholen, dass man die Dinge ernster nehmen, nicht so viel lachen und nicht ständig Witze machen sollte. Einfach mal ernst sein. Narzisst:innen täuschen dann praktisch bei jedem Witz vor, persönlich beleidigt zu sein. Jeder Witz wird als unangemessen oder sogar unsensibel empfunden. »Wie kannst du nur?« Der für Gelbe so unerlässliche

Sinn für Humor bricht zusammen und verblasst. Die Menschen um sie herum erkennen sie nicht mehr wieder und distanzieren sich zunehmend von ihnen. Sie sind so in sich gekehrt und seltsam geworden.

Schlussfolgerungen

Isolation. »Hör mit dem kindischen Unsinn auf. Spielt nicht so viel herum. Schenke mir mehr Aufmerksamkeit – viel mehr! Wenn du das nicht tust, werde ich dich verlassen.« So sieht die Falle für den Gelben aus.

Natürlich gibt es viele Menschen, die mehr oder weniger subtil versuchen, ihren Lebensgefährten oder ihre Partnerin von alten Freund:innen zu trennen. Dabei spielt natürlich oft Eifersucht eine Rolle. Das ist nicht in Ordnung. Sobald jemand versucht, dich zu kontrollieren, solltest du einen Schritt zurücktreten und dich fragen, warum er oder sie sich so verhält. Denn diese Form der Beeinflussung muss sofort infrage gestellt werden. Was natürlich auch klar ist: Nicht jede/r, der/die diese Methode anwendet, ist Narzisst:in.

Wie wahrscheinlich ist es, dass Grüne Narzisst:innen zum Opfer fallen?

Die größte Schwäche der Grünen ist ihre Neigung, Konflikte zu scheuen. Konflikte sind bestenfalls unangenehm. Nur Störenfriede lassen sich auf so etwas ein, und unbequeme Wahrheiten sind für einen Grünen unangenehm.

Die Grünen sind veränderungsscheu, vor allem, wenn es um überstürzte, rasch herbeigeführte Veränderungen geht. Im Mittelpunkt zu stehen, ist ihnen ein Graus, ebenso wie öffentliche Kritik. Auch öffentliches Lob scheuen sie eigentlich. Sie sind introvertiert und eher ein Beobachtertyp. Von ihnen eine direkte Antwort zu erhalten, kann manchmal schwierig sein, selbst wenn die Fragen direkt gestellt wird. Häufig sagen Grüne sogar Ja, obwohl sie Nein meinen. Und welche dieser Schwächen sind den Grünen bekannt? Alle, würde ich sagen. Grüne neigen zur Selbstkritik.

Grüne und ihre Schwachstellen

Konfliktscheu, nicht pragmatisch, veränderungsunwillig, stur, mürrisch, zugeknöpft, feige, passiv, ausweichend, unverantwortlich, unehrlich, spricht nicht mit anderen, sondern über sie, reagiert übermäßig empfindlich auf Kritik und ist unentschlossen. Wenn Narzisst:innen versuchen, ihre Krallen in Grüne zu schlagen, zielen sie bewusst auf deren Empfindlichkeit gegenüber Kritik und ihre Konfliktscheu ab. Ein unsensibler Mensch kann hier viel Porzellan zerschlagen.

Werfen wir doch einen Blick auf eine persönliche Beziehung. Eine grüne Frau wird nicht selten wissen, dass sie etwas träge ist und es ihr an Initiative mangelt. In einer Beziehung mit einem ebenso grünen Mann würde sie dazu neigen, zu Hause zu bleiben und ihre Träume nicht weiterzuverfolgen. Das führt uns paradoxerweise zum roten Verhalten, also zu einer starken Persönlichkeit, die in jeder Situation mit Klarheit und Eindeutigkeit handelt. Ein Roter, der gut gelaunt ist, kann in kurzer Zeit unglaublich viel erreichen. Mit dem Bau eines Zauns oder dem Streichen einer Garage ist er im Nullkommanichts fertig. Natürlich ist dieses Beispiel heruntergebrochen, aber ich bin mir sicher, du erkennst das Prinzip dahinter. Der Weg zu einem Grünen kann darin bestehen, ein rotes Verhalten an den Tag zu legen. Da die Grünen sich gerne aus schwierigen Entscheidungen heraushalten, delegieren sie gerne alle Entscheidungen an andere. Sobald Narzisst:innen das Vertrauen einer grünen Person gewonnen haben und es ihnen gelungen ist, ihr nahezukommen, beginnen sie, ihr Opfer zu manipulieren.

Die Stärken der Menschen gegen sie verwenden

Grüne verfügen nicht gerade über ein sonderlich aufgeblasenes Ego. Sie neigen eher dazu, sich selbst herabzusetzen und sich und allen, die bereit sind zuzuhören, immer wieder vor Augen zu führen, wie schlecht sie sind. Genau das müssen Narzisst:innen nur verstärken.

Nehmen wir an, eine grüne Frau beklagt sich vor dem Spiegel darüber, dass sie zugenommen hat. Jeder Mann weiß, dass sich das als echte Todesfalle erweisen kann – aber wenn du tatsächlich deine Partnerin kleinhalten willst, gibst du ihr einfach recht: »*Ja, ich glaube, du hast ein bisschen zugenommen.*« Das ohnehin schon schwache Selbstwertgefühl des Opfers erhält einen weiteren Schlag.

Und dann beim Kochen: War die Sauce wirklich gut genug? Hätte sie nicht schärfer sein können, weniger dickflüssig, eine andere Farbe haben können, oder war sie zu heiß, zu kalt? Es braucht nicht viel, um einen Grünen dazu zu bringen, nachzudenken. Widersprechen sie dann doch irgendwann, muss man nur die Stimme ein bisschen erheben. Eine lautstarke Auseinandersetzung pro Woche sollte ausreichen, um Grüne auf unbestimmte Zeit gefügig zu halten.

Wie wahrscheinlich ist es, dass Blaue Narzisst:innen zum Opfer fallen?

Bei meinen früheren Recherchen rund um Psychopathie kam ich zu dem Schluss, dass Blaue die am schwersten zu manipulierenden Menschen sind. Blaue merken sich, was man in der Vergangenheit gesagt hat, und sie haben einen ausgeprägten Sinn für Details. Sie machen sich Notizen, speichern E-Mails und Textnachrichten und wissen, wie etwas läuft. Inzwischen wissen wir, dass Narzisst:innen oft nur um der Lüge willen lügen und immer neue Lügen parat haben, falls sie bei einer ertappt werden und die Sache verschleiern müssen. Natürlich können Narzisst:innen der Versuchung nicht widerstehen, Blaue zu täuschen. Doch das erweist sich schon bald als schwierig. Blaue Mitarbeiter:innen, Chef:innen, Freund:innen oder Partner:innen durchschauen eine Lüge immer am schnellsten. Das liegt daran, dass sie sich daran erinnern, was ihnen beim letzten Mal aufgetischt wurde.

Wenn Narzisst:innen einen Blauen manipulieren wollen, um sich Vorteile zu verschaffen, müssen sie sich schon etwas anstrengen. Lautstark zu verkünden, dass *irgendetwas tatsächlich so ist*, bringt sie nicht sonderlich weit. Blaue recherchieren. Sie agieren rational und hinterfragen Dinge, also marschieren sie auch schnurstracks zum/zur Büro-Narzisst:in zurück und weisen ihn/sie auf Fehler hin. Wie kommen Narzisst:innen aus dieser Nummer raus? In einer Beziehung kann man nicht einfach sagen: »Ich habe die Couch bezahlt, dein Anteil beläuft sich auf 800 Euro.« Ein/e blaue/r Partner:in oder Freund:in wird nach der Quittung fragen. Nicht unbedingt, weil er/sie einen Verdacht hegt – er/sie will einfach die Quittung sehen.

Man kann Blaue nicht einfach so behandeln und erwarten, dass man damit durchkommt. Viele Menschen arbeiten sich in bestimmte Themen zumindest so weit ein, dass sie den Anschein erwecken können, sie wüssten, wovon sie reden, damit ihnen andere zuhören. Blaue hingegen gehen aufs Ganze. Eine ihrer größten Schwächen besteht in der Unfähigkeit, Dinge auf sich beruhen zu lassen. Sie müssen überall herumwühlen und herausfinden, wie alles funktioniert. Manchmal ist das für andere lästig, aber in diesem speziellen Zusammenhang ist es definitiv zu ihrem eigenen Vorteil. Dabei gilt zu beachten, dass Blaue nicht unbedingt viel auf die Eskapaden von Narzisst:innen geben. Sie haben es nicht nötig, der Welt mitzuteilen, wie sie sich fühlen. Tief in ihrem Inneren haben sie sich eine Meinung gebildet: Der Person am Ende des Flurs ist nicht zu trauen, und genau das wird von nun an bei jeder Entscheidung in der Zukunft berücksichtigt.

Heißt das also, dass Blaue gegen Manipulationen immun sind? Leider ist es nicht ganz so einfach.

Die frustrierenden Schwächen der Blauen

Ausweichend, mürrisch und grimmig, misstrauisch, wählerisch, weinerlich, unzufrieden, pedantisch, unentschlossen, zugeknöpft, leidenschaftslos, sozial ungeschickt, träge und so weiter. Auch Blaue haben Schwächen. Wie üblich versuchen Narzisst:innen, diese Schwächen zu erkennen, um sie dann auszunutzen. Das braucht Zeit. Manipulator:innen wissen nur zu gut, dass sie vorsichtig vorgehen müssen. Eine Möglichkeit, Menschen dazu zu bringen, einem/einer Blauen zu misstrauen, besteht darin, die Glaubwürdigkeit des Blauen zu untergraben. Das erreicht man zum Beispiel, indem man alle anderen davon überzeugt, dass der/die Blaue unvorsichtig handelt.

Narzisst:innen wissen es jedoch besser. Sie lassen ihren Charme spielen und scharen eine Gruppe von Verbündeten um sich, die sich dem/der Narzisst:in unterwerfen. Diese Verbündeten werden umfassend manipuliert, sodass sie immer wieder behaupten, der/die Narzisst:in sei der tollste Mensch auf der Welt. Jedes Mal, wenn der/die Narzisst:in kritisiert wird, kommen ihm/ihr diese unwissenden Verbündeten zu Hilfe und lassen die Quelle der Kritik – in diesem Fall den Blauen – mürrisch und nicht sonderlich umgänglich erscheinen.

Nimmt man ihm/ihr nun noch die Gelegenheit, auf Fehler von Narzisst:innen hinzuweisen, könnten sie sogar am Ende an sich selbst zweifeln. Die Tatsache, dass die eigenen Kolleg:innen auf diese Weise ihre Loyalität bekunden, beunruhigt den/die Blaue:n noch nicht – aber wenn ihm/ihr die Möglichkeit genommen wird, Qualitätsarbeit zu leisten, leidet sein/ihr Selbstvertrauen.

Schlussfolgerungen

Man kann davon ausgehen, dass es für eine attraktive Narzisstin viel einfacher ist, einen Blauen mit schwächeren Beziehungsfähigkeiten zu täuschen. Das Beispiel ist zwar simpel, und ich weiß selbst, wie veraltet es heutzutage klingen mag. Aber ich denke, du weißt, worauf ich hinauswill. Stell dir einen Mann vor, der noch nicht die Richtige getroffen hat. Plötzlich schwört ihm eine wunderschöne Frau ihre Liebe. Sie schenkt ihm Aufmerksamkeit und hebt alle seine Stärken hervor. Er hat so etwas noch nie erlebt und ist daher unglaublich empfänglich für ihre Annäherungsversuche.

Blaue sind vielleicht weniger abhängig von persönlichen Beziehungen als die meisten anderen, aber sie neigen dennoch dazu, sehr enge private Bindungen zu den Menschen aufzubauen, mit denen sie zu tun haben.

13
Was macht jemanden zum/zur Narzisst:in?

Eine vernünftige Frage, die man sich an dieser Stelle stellen sollte, ist, wie jemand eigentlich zum Narzissten oder zur Narzisstin wird. Ist es ein angeborenes oder ein erlerntes Verhalten? Das ist eine interessante Frage, insbesondere wenn man sie im Zusammenhang mit Psychopathie betrachtet.

Psychopathie ist eine Persönlichkeitsstörung, die mehr oder weniger alles einschließt, was zum Narzissmus gehört, und die darüber hinaus eine Reihe weiterer, noch weniger ansprechender Eigenschaften umfasst. Die Frage, wie eine Person zum Psychopathen oder zur Psychopathin wird, scheint von der Wissenschaft inzwischen geklärt zu sein. Ich wähle hier bewusst »scheint geklärt«, da es, wie so oft in der Psychologie, noch keinen Konsens gibt. Einige Psycholog:innen behaupten nach wie vor, dass Psychopathie behandelbar sei, aber wir sollten dies eher als theoretische Annahme betrachten. Denn es ist bisher noch niemandem gelungen, zu erklären, wie dies funktionieren könnte. Allerdings sind nicht alle Menschen, die sich wie Psychopath:innen verhalten, tatsächlich Psychopath:innen. Einige von ihnen sind Soziopath:innen.

Betrachtet man das Verhalten von Soziopath:innen, sind sie mehr oder weniger mit Psychopath:innen vergleichbar. Sie sind ebenfalls manipulative, unempathische Lügner:innen, die, ohne zu zögern, alles tun würden, um zu bekommen, was sie wollen. Wie wir bereits festgestellt haben, ist es nicht angenehm, mit ihnen zusammen zu sein. Psychopath:innen werden jedoch mit ihrer Störung geboren, wie MRT-Scans ihrer Gehirne gezeigt haben. Die Amygdala – das emotionale Zentrum des Gehirns – ist nicht so stark ausgeprägt wie bei normalen Menschen.

Soziopath:innen hingegen sind durch ihr Umfeld geprägt. Daher auch der Begriff »Soziopath«, der sich ausdrücklich auf die Gesellschaft um das Individuum herum bezieht. Wenn Menschen eine lange, schwierige Kindheit durchleben müssen, in der sie von Bezugspersonen missbraucht werden, bringt das Kreaturen mit verkümmertem Einfühlungsvermögen und Gefühlen hervor. So werden zum Beispiel Kindersoldat:innen ausgebildet. Kinder wissen von Natur aus nichts über das Töten von Menschen, aber mit Anleitung und unter stetig steigendem Druck kann ihnen das natürliche Mitgefühl genommen werden. Das ist ein grauenhaftes Verfahren, dennoch wird es in verschiedenen Teilen der Welt angewendet. Diese Orte sind praktisch Psychopathie-Zuchtstätten. Kinder, die unter schrecklichen Bedingungen aufwachsen, können sich in emotional gefühllose Automaten verwandeln. Sie wieder zu den Menschen zu machen, die sie stattdessen hätten sein können, ist ein schwieriger Prozess, der nur selten erfolgreich verläuft.

In der Wissenschaft ist man sich darüber ziemlich einig: Etwa 50 Prozent der Eigenschaften eines Menschen hängen von seinen Genen, seiner Natur, ab. Dies wird seit über 100 Jahren in Studien mit Zwillingspaaren untersucht, die, soweit ich das überschauen kann, jede erdenkliche menschliche Eigenschaft erfasst haben. Statistisch gesehen hängt der Narzissmus demnach etwa zur Hälfte von den Genen ab. Der Rest ist das Ergebnis der Erziehung, mit der man aufwächst, und es gibt Tausende von verschiedenen Faktoren, die dazu beitragen. Für Studien ist das ein weites Feld, aber ich möchte mich hier auf den Teil der Gleichung konzentrieren, der mit der Erziehung zu tun hat.

Meine Frage für diesen Kapitel lautet: Können Narzisst:innen genauso wie Soziopath:innen erschaffen werden? Ich vermute, dass dies der Fall ist. Glücklicherweise kommt es nur selten vor, dass Eltern ein Kind, das zuvor wenig oder gar keine narzisstischen Tendenzen gezeigt hat, absichtlich zu einem echten Narzissten oder einer echten Narzisstin machen. Aber wie sie mit dem Kind umgehen, hat zwangsläufig Folgen.

Es gibt mehrere konkurrierende Theorien darüber, wie Narzissmus bei einer Person entsteht. Generell kann man sagen, dass es entweder an der Natur, der Veranlagung oder einer Kombination aus beidem liegt. Wir wissen jedoch nicht genau, wie dieses Phänomen entsteht. Allerdings gibt es einige Anhaltspunkte: Viele Forscher:innen auf dem Gebiet der antisozialen Persönlichkeitsstörungen sind sich einig, dass es einige spezifische Risikofaktoren gibt, die zur Entwicklung einer narzisstischen Persönlichkeitsstörung (NPS) bei einem Kind beitragen. Einige Studien deuten darauf hin, dass Kinder, die zu Narzisst:innen heranwachsen, oft auch Kinder von Narzisst:innen sind. Andere Studien haben dagegen keine starken Zusammenhänge ermittelt. Doch auch die Kinder sehr erfolgreicher Eltern sind stärker gefährdet, vor allem wenn ihnen die Talente fehlen, die ihre Eltern so erfolgreich gemacht haben. Und, nicht zu vergessen: verwöhnte Kinder aus wohlhabenden Familien. Ups.

Mir ist klar, dass das etwas unheimlich klingt, aber es ist nicht verkehrt, auf solche Tendenzen in deinem Umfeld zu achten. Ohne Zweifel beeinflussen Eltern ihre Kinder; die Frage ist nur, wie stark und in welche Richtung. Wenn ein Kind eine Reihe von Traumata erlebt, wie zum Beispiel eine nicht einvernehmliche Scheidung oder Eltern, die das Kind benutzen, um sich zu rächen, was durchaus üblich ist, dann kann das natürlich zu Problemen führen. Verschiedene Arten von Kindheitstraumata können dazu führen, dass ein Kind seine empathischen Fähigkeiten »abstellt«. Dies geschieht aus Gründen der Selbstverteidigung und geschieht wahrscheinlich nicht bewusst. Psycholog:innen bezeichnen dies als narzisstische Verletzung. Sicher ist es nicht überraschend, dass Kinder durch schlechte Lebensbedingungen traumatisiert werden können. Aber das ist eben nur die Hälfte der Gleichung.

Der zweite, kompliziertere und – wie ich annehme – schwerer verdauliche Teil davon hängt mit den neuesten Theorien darüber zusammen, was mit Kindern geschehen kann, die von ihren Eltern überbewertet und übermäßig geschätzt werden. Eltern etwa, die in bester Absicht ihren Kindern erlauben, Kinder zu bleiben, bis sie ein hohes Alter erreicht haben. Sie sind unter anderem der Meinung, dass ihr Kind ein Geschenk Gottes an die Schöpfung ist, auch wenn es keinerlei Anzeichen dafür gibt, dass ihr Kind im Vergleich zu anderen irgendwelche bemerkenswerten Fähigkeiten besitzt. Eine systematische *Überbewertung* im Gegensatz zu einer *Abwertung* kann sehr wohl dazu führen, dass ein verwöhntes Kind ein übermäßiges Anspruchsdenken auf alle guten Dinge im Leben entwickelt und keine Rücksicht auf die Gefühle anderer nimmt. Im Grunde wird ihnen beigebracht, sich für etwas Besseres zu halten als ihre Altersgenoss:innen.

Mehrere Studien zeigen, dass Eltern, die ihren Kindern immer wieder sagen, dass sie etwas Besonderes sind, also besser als andere Kinder, tatsächlich narzisstische Kinder hervorbringen. In einem Bericht wird das sogar ausdrücklich festgehalten: »Narzissmus wurde aufgrund von elterlicher Überbewertung vorhergesagt, nicht durch mangelnde elterliche Wärme. Kinder scheinen also Narzissmus zum Teil dadurch zu erwerben, dass sie die überhöhten Ansichten der Eltern über sich verinnerlichen (zum Beispiel: ›Ich bin anderen überlegen‹ und ›Ich habe Anspruch auf Privilegien‹).«

Dies bringt die »grandiose« Variante der Narzisst:innen hervor. In den Schulen sind diese Kinder als »Wichtigtuer« bekannt. In China nennt man sie »goldene Kinder«. Kinder, die nicht durch eine Tür treten können, ohne zu erwarten, dass sich die ganze Welt nach ihren Bedürfnissen richtet. Ich brauche wohl kaum darauf hinzuweisen, was wohl passiert, wenn man von ihnen erwartet, dass sie mit anderen zusammenarbeiten. Zumal sich die anderen vielleicht auch für die Nummer eins halten. Wenn das der Fall ist, wird's wahrscheinlich ziemlich schnell interessant.

Während der Arbeit an diesem Buch führte ich mehrere Gespräche mit Lehrer:innen, und ich fand es faszinierend, was gerade Lehrer:innen, die in relativ wohlhabenden Vierteln arbeiten, zu sagen hatten. Natürlich präsentieren sich viele Kinder und junge Erwachsene aus wohlhabenden Verhältnissen höflich und ausgeglichen. Sie sind oft gut darin, auf andere Rücksicht zu nehmen und ihnen Respekt zu erweisen. Eine beträchtliche Anzahl von ihnen scheint jedoch ein bemerkenswert überhöhtes Selbstbild zu besitzen. Sie glauben wirklich, dass sie zu einer besonders privilegierten Gruppe gehören. Und offenbar verhalten sie sich manchmal auch entsprechend.

Traumata und ihre Auswirkungen

Mehrere Studien haben auch gezeigt, dass dieses Gefühl, mehr zu dürfen als andere, häufig bei Kindern von Eltern auftritt, die schlechtes Benehmen duldeten und ihren Kindern erlaubten, andere über den Tisch zu ziehen, ohne sich hinterher zu entschuldigen. Diese Eltern, die ihren Kindern beigebracht haben, sich selbst als umwerfende und wunderbare Geschöpfe zu betrachten, schienen der Welt, die sie umgibt, gegenüber ziemlich apathisch zu sein. Sie verwöhnten ihre Kinder, auch wenn sie sich schrecklich benahmen. Nichts, was sie taten, hatte jemals Konsequenzen. Sie freuten sich einfach über die Bemühungen ihrer Kinder, ganz gleich, welche Katastrophe sie verursachten. Eltern, die Grenzen für akzeptables Verhalten setzen, erziehen jedoch ihre Kinder, und deren Einstellung zu Regeln und Vorschriften ist viel gesünder. Die Überschreitung von Grenzen ist eine sehr typische Eigenschaft von Narzisst:innen.

Das Phänomen, dass Eltern ihre Kinder wie Trophäen behandeln, scheint ebenfalls narzisstische Tendenzen auszulösen. Dadurch werden Kinder zu bloßen Objekten degradiert, mit denen man angeben kann, wie mit einer Handtasche oder einem Auto. Kinder lernen so, andere Menschen als Objekte zu betrachten und nicht als Individuen aus Fleisch und Blut. Das Kind davon zu überzeugen, dass es so, wie es ist, perfekt ist – sogar besser als die anderen –, und es gleichzeitig wie ein Objekt zu behandeln und ihm kein wertvolles Feedback zu geben, das ihm hilft, seine wahre Identität zu erforschen, erweist sich als ein komplexer Mix. Diese Kombination aus Überbewertung und Vernachlässigung kann dazu führen, dass Kinder narzisstische Verhaltensweisen an den Tag legen.

Wenn einem ständig gesagt wird, wie perfekt und liebenswert man ist, ganz gleich, was man angestellt hat, und man nie echtes Feedback zum tatsächlichen Verhalten bekommt, kann das zu Problemen führen. Es fehlt dann der notwendige Bezugsrahmen, um zu beurteilen, was tatsächlich in Ordnung ist und was nicht. Im Ergebnis wird sich ein Kind berechtigt fühlen, alles zu bekommen, was es will, unabhängig davon, ob es das tatsächlich verdient oder nicht. Jeder Bezug zur eigenen Leistung ist verloren gegangen. Diese Kinder konzentrieren sich häufig übermäßig auf eine bestimmte Sache. Das kann das Aussehen sein, materielle Obsessionen oder was andere Leute über sie denken.

Es liegt auf der Hand, dass nur sehr wenige Eltern absichtlich undankbare Kinder heranziehen, indem sie ihr Bedürfnis nach ausgewogenem Feedback bewusst vernachlässigen. Und wie bereits gesagt, sind sowohl die Erziehung durch die Eltern als auch spezifische genetische Variationen in der Regel entscheidende Faktoren. Haben Kinder keine genetische Veranlagung zum Narzissmus, spielt die Erziehung sicher keine so große Rolle und ihr aufgeblähtes Ego fällt nicht so ins Gewicht. Problematisch ist allerdings, dass man nicht im Voraus sagen kann, welche Kinder wie reagieren. Diese

Ungewissheit über die Auswirkungen hat einige Psycholog:innen dazu veranlasst, zur Vorsicht zu mahnen. Sind die Dinge bereits zu weit gegangen, können wir sie nicht mehr rückgängig machen.

Die Schädigung der Amygdala, die die Opfer von narzisstischen Täter:innen aufweisen, kann sie potenziell in einem permanenten Zustand der Angst und Furcht gefangen halten und dazu führen, dass sie schlecht auf jede Umgebung reagieren, die sie an ihr Leiden durch Narzisst:innen erinnert. Mit anderen Worten: Die Opfer narzisstischer Täter:innen befinden sich in einem Zustand ständiger Wachsamkeit gegenüber einer Gefahr, die es in ihrem Leben nicht mehr gibt. Diese hypervigilante Denkweise führt auch dazu, dass die Kinder von Narzisst:innen unter Panikattacken, Phobien und anderen Stimmungsstörungen leiden, die ihre Fähigkeit, ein erfülltes, produktives Leben zu führen, erheblich einschränken können.

Sollten wir Narzisst:innen bemitleiden?

Alles, was wir mit Sicherheit wissen, ist, dass jemand, der mit einem Narzissten oder einer Narzisstin zusammenlebt, als Folge dieser Beziehung psychischen Schaden erleidet. Der Mangel an Empathie und Moral des Partners oder der Partnerin kann definitiv Schaden anrichten. Denn alles, was Narzisst:innen tun, geschieht auf Kosten anderer. Wichtiger ist daher vielleicht die Frage: Ist der Grund für den Narzissmus meines Partners beziehungsweise meiner Partnerin überhaupt wichtig?

Nachdem ich über Psychopath:innen geschrieben hatte, erhielt ich Kommentare, dass es nicht die Schuld des/der Psychopath:in sei, dass derjenige/diejenige ein/e Psychopath:in ist. Da Psychopath:innen sich nicht selbst helfen können, sind sie eigentlich völlig unschuldig. Manche behaupten sogar, dass Psychopath:innen – oder in diesem Fall Narzisst:innen – die eigentlichen Opfer seien.

Warum mache ich mich also über Narzisst:innen lustig? Es ist ja nicht so, als ob sie so sein wollen.

Ich denke aber schon. Wenn dein Baby von einer Hyäne in Stücke gerissen wird, was wäre dann deine Hauptsorge? Das Wohl des Babys oder das der Hyäne? Eine Persönlichkeitsstörung entbindet einen nicht von jeglicher Verantwortung für das eigene Handeln. Vielmehr sollte sie eine betroffene Person dazu veranlassen, Hilfe bei der Regulierung des eigenen Verhaltens zu suchen, bevor sich diese Person völlig isoliert. Für Narzisst:innen läuft vieles meist ziemlich vorhersehbar ab. In vielen Fällen werden sie nach und nach ausgegrenzt, bis sie niemanden mehr haben, der sie bewundert. Am Ende durchschaut jeder die Fassade. Und das ist schließlich das Problem von Narzisst:innen: Niemand mag sie. Nicht wirklich.

14
Die Herausforderungen des Narzissmus

Für Narzisst:innen selbst wäre es wahrscheinlich besser, wenn ihr Zustand tatsächlich heilbar wäre. Und hier offenbart sich auch ein Denkfehler, der weitverbreitet ist. Der Gedanke, dass ein bisschen Narzissmus positiv ist, ist eigentlich recht verbreitet. Es gibt verschiedene, leicht unterschiedliche Beschreibungen dazu, die aber alle die gleichen Grundzüge aufweisen. In unserer Welt, die von Konkurrenz geprägt ist, ist es von Vorteil, wenn man zäh, hartnäckig und wettbewerbsfähig ist. Ein ausgeprägter Wunsch, die Spitze zu erreichen, erhöht definitiv deine Erfolgschancen. Dass man auf dem Weg dorthin auf anderen herumtrampeln muss, ist nur ein bedauerlicher, aber unvermeidlicher Nebeneffekt.

Sich selbst zu vermarkten, ist sowohl üblich als auch notwendig geworden, was vielen unangenehm ist. Und ja, man kann auf Selbstvermarktung eine ganze Karriere aufbauen, wenn man will. Über unsere Fernsehbildschirme flimmern andauernd Menschen, die eigentlich nichts anderes tun, als über sich selbst zu reden, ihre Häuser und Autos zu zeigen und, wenn wir ehrlich sind, ein aufschlussreiches Maß an Egozentrik an den Tag zu legen. Ist das unterhaltsam? Sicher! Aber vor 25 Jahren wäre niemand mit einem solchen Verhalten durchgekommen. Berühmt zu sein, weil man berühmt ist, das gab es damals noch nicht. Man musste erst etwas tun, was die Leute interessierte. Heutzutage kann man sich einen Namen machen, ohne etwas Besonderes getan zu haben. Dieser Wandel vollzieht sich allmählich und ist schon seit einiger Zeit im Gange. Heute würden manche im wahrsten Sinne des Wortes alles tun, um ins Fernsehen zu kommen. In den sozialen Medien gibt es eine Fülle von Beispielen dafür. Meine eigenen Erkundungen rund ums Thema – improvisiert und rein intuitiv – haben ergeben, dass etwa alle zwölf Sekunden ein neuer Influencer oder eine neue Influencerin geboren wird.

Der berüchtigtste Narzisst der Welt

Anstatt hier eine lange Liste an Beispielen für diese Art von Persönlichkeit vorzulegen, beschränke ich mich auf ein einziges, von dem niemand das Glück haben wird, es nicht zu kennen: Donald Trump.

Er ist Immobilienmagnat, Geschäftsmann, Reality-TV-Star, insgesamt eine Berühmtheit, die sich seit Langem mit allen möglichen Leuten anlegt, zum Beispiel mit Talkshow-Moderator:innen. Er hat seinen Namen auf alles gestempelt, was ihm in die Finger fiel. Der Trump Tower ist nur eines von unzähligen Beispielen. Wusstest du, dass sein Name auch für Wein, Wasser, Golfklubs, Flugzeuge, eine Universität, Restaurants, Kleidung, Uhren, Wodka, Parfüm (!) und noch einiges mehr verwendet wurde? Diese Liste ist zwar nicht endlos lang, aber dennoch beeindruckend. Seine gesamte Karriere krönte er mit einer vierjährigen Amtszeit als Präsident der Vereinigten Staaten. Trotz aller Kontroversen um seine Person wurde er schließlich gewählt. Heißt das im Umkehrschluss, dass Narzissmus einem tatsächlich helfen kann, an die Spitze zu gelangen? Immerhin gibt es viele Expert:innen, die behaupten, dass sein Verhalten ihn als Narzissten ausweist. Und ebenso erwähnenswert ist, dass er eine große Anzahl von Anhänger:innen hat. Du musst in dich selbst investieren, deine Stärken betonen und dir nehmen, was dir gehört! Auf dem Weg an die Spitze musst du vielleicht sogar ein paar Leute plattmachen. »Fressen oder gefressen werden« ist in manchen Kreisen schon ewig das Motto.

Andererseits kann man davon ausgehen, dass es mindestens genauso viele, wenn nicht sogar weitaus mehr Menschen gibt, die erfolgreicher sind als er, von denen wir aber nie etwas hören. Sie halten sich einfach bedeckt und machen sich keine Gedanken darüber, zum Beispiel im Fernsehen oder in den sozialen Medien anzugeben. Donald Trump war schon vor seinem Amtsantritt als US-Präsident kaum zu übersehen. Trotzdem ist er offensichtlich in gar nichts der Beste, abgesehen davon, dass er von praktisch allen Seiten angefeindet wird. Soweit ich das beurteilen kann, beweist er in dieser Hinsicht ein Weltklassetalent.

Wann bekomme ich meine 15 Minuten Fame?

Den Reiz darin zu erkennen, sein eigenes Spiegelbild zu betrachten und sich selbst zu sagen, dass man eigentlich ziemlich toll ist, ist nicht allzu schwer. Oder hübsch, heiß, cool oder knallhart – was auch immer man bevorzugt. Ich nehme an, das ist der Grund, warum so viele Menschen Fotos auf Instagram posten – um genau diese Dinge über sich selbst zu lesen. Wer würde sich nicht gerne von jemandem sagen lassen, dass er oder sie »der/die Allerschärfste« ist? Ich kenne niemanden, der dagegen völlig immun ist. Selbstbetrug ist eine tückische und doch glückselige Tätigkeit. So verhält es sich auch, wenn man mit einem erfolgreichen Menschen zusammen ist, vielleicht auf Kosten anderer Leute, die man aus dem Weg räumen musste, und man dann spürt, wie das Rampenlicht auf einen abfärbt.

All diese Dinge können dazu führen, dass sich manche Menschen weniger als Versager:in und erfolgreicher fühlen. Auch wenn sie dafür Augen und Ohren vor Kritik und früheren Misserfolgen verschließen müssen. Genau wie eine Alkoholikerin oder ein erlebnishungriger Mehrfach-Ehebrecher genießen sie es, keine persönliche Verantwortung übernehmen zu müssen. Anfangs sind die Auswirkungen durchweg positiv. Das Leben ist Spaß, und alles fühlt sich großartig an. Doch nach und nach zieht sich die Schlinge zu. Übertriebene Selbstbezogenheit und Egoismus sind eine Belastung für alle anderen, und viele steigen irgendwann aus. Sie distanzieren sich, wenn jemand auf Dauer zu viel narzisstisches Verhalten an den Tag legt. Irgendwann muss man den Tatsachen ins Auge sehen: Du bist nicht wirklich etwas Besonderes. Du bist eigentlich genauso wie alle anderen. Du bist weder Dwayne »The Rock« Johnson noch Kim Kardashian. Tut mir leid.

Versteh mich jetzt nicht falsch. An dem, was du bist, ist nichts falsch. Ich bin sogar fest davon überzeugt, dass du ein wirklich toller Mensch bist. Dennoch könnte dir ein böses Erwachen bevorstehen – es sei denn, du raffst dich auf und bewegst dich in die richtige Richtung. Dann sieht die Sache ganz anders aus. Denn wenn du davon träumst, erfolgreich zu sein, körperlich fit oder berühmt wegen einer großartigen Sache – dann arbeite daran, statt durchs Leben zu gehen und dir einzureden, dass du bereits angekommen bist. Menschen, die du bewunderst und denen du vielleicht nacheifern möchtest, sind nicht zufällig zu dem geworden, was sie sind. Sie haben dafür gearbeitet. Ich behaupte nicht, dass sie alle mit nichts angefangen haben. Einige von ihnen erhielten Hilfe von allen möglichen Seiten, einschließlich wohlmeinender Eltern, die vielleicht die finanziellen Mittel hatten, um in ihre Kinder zu investieren. Aber niemand kann sich allein an ein vorhandenes Vermögen klammern, ohne sich nicht auch in irgendeiner Form anzustrengen. Es braucht echtes Engagement, um selbst aus den besten Umständen etwas zu machen.

Die meisten erfolgreichen Menschen haben jedoch von fast ganz unten angefangen. Um ein etwas seltsames, aber dennoch interessantes Beispiel zu nennen: Die große Mehrheit aller Milliardär:innen der Welt hat ihr Vermögen selbst verdient. Sie haben keinen Pfennig davon geerbt. Es fällt mir nicht leicht, das zu sagen, aber auch du wirst für das, was du willst, arbeiten müssen. Nichts im Leben ist umsonst. Das Scrollen durch endlose Social-Media-Feeds mit Fotos von teuren Sportwagen, luxuriösen Villen oder eleganten Handtaschen macht dich noch lange nicht erfolgreich. Es macht höchstens neidisch, aber das war's auch schon.

Da wir die Realität nur bis zu einem gewissen Grad ignorieren können, haben manche Narzisst:innen schließlich mit Depressionen zu kämpfen. Oft haben sie sich zu diesem Zeitpunkt bereits von den meisten, die sie kennen, entfremdet. Möglicherweise sind sie isoliert, weil ihre alten Freund:innen sie irgendwann durchschaut haben. Diese hatten einfach genug von all dem Ärger, den ein übermäßiges Ego und der Unfug der Narzisst:innen verursachten, und waren nicht mehr bereit, die Konsequenzen zu tragen, die ihre frühere Rolle als Komplizin oder Komplize mit sich brachte. Jetzt gehen sie nicht einmal mehr ans Telefon.

Könnte es nicht ein Heilmittel für all das geben?

Angenommen, du willst nicht, dass Menschen schlecht von dir denken. Gibt es dann etwas, was man dagegen tun kann? Manche Psycholog:innen sind nach wie vor der Meinung, dass Narzisst:innen missverstanden, stigmatisiert und behandlungsbedürftig sind. Sie suggerieren, dass es eine »Heilung« für Menschen geben könnte, bei denen eine NPS diagnostiziert wurde. Leider gibt es keine ausreichenden Beweise dafür, dass beispielsweise eine Therapie tatsächlich irgendeine signifikante Wirkung auf Narzisst:innen hat.

Die Behandlung von NPS kann eine große Herausforderung darstellen. Vieles hängt auch von der Bereitschaft des/der Betroffenen ab, sich auf therapeutische Behandlungen einzulassen und diese fortzusetzen. Bei der Behandlung von NPS kommen verschiedene Therapieformen zum Einsatz. Werfen wir also einen Blick auf einige der häufigsten Therapien, die angeboten werden.

Therapeutische Ansätze für die narzisstische Persönlichkeitsstörung (NPS)

Erfahrene Psychotherapeut:innen mit spezieller Ausbildung beginnen das Verfahren zunächst mit einer Bewertung der psychologischen Funktionsfähigkeit der zu behandelnden Person. In dieser Phase werden Differentialdiagnosen und gleichzeitig bestehende Erkrankungen berücksichtigt, bevor ein Behandlungsplan vorgeschlagen wird. Mit der NPS-Therapie soll Folgendes erreicht werden:

- Narzisst:innen soll geholfen werden, Widerstände gegen die Therapie zu überwinden.
- Narzisstische Verhaltensweisen, die Probleme im Alltag verursachen, sollen erkannt werden.
- Frühere Erfahrungen und Annahmen, die zu narzisstischem Verhalten geführt haben könnten, sollen untersucht werden.
- Es sollte erkannt werden, dass diese Verhaltensweisen andere beeinträchtigen.
- Grandiose Gedanken sollten durch realistischere ersetzt werden.
- Neue Verhaltensmuster sollten erforscht und geübt werden.
- Die Vorteile dieser neu erlernten Verhaltensweisen sollten erkannt werden.

Psychotherapie

In Einzelsitzungen werden die Ursachen für die Emotionen und Verhaltensweisen der Narzisst:innen erforscht. Das Verständnis der eigenen Vergangenheit hilft ihnen dabei, sich auf die relevanten Emotionen und Verhaltensweisen zu konzentrieren, was wiederum dazu führt, dass sie ihre Gedanken und Emotionen leichter steuern können.

Kognitive Verhaltenstherapie (KVT)

Hier werden ungesunde Denk- und Verhaltensmuster erkannt und anschließend durch gesunde ersetzt. Narzisst:innen üben die neuen Fähigkeiten ein. Außerdem werden ihnen Hausaufgaben aufgegeben, damit sie diese Fähigkeiten zwischen den Sitzungen verfeinern können.

Schematherapie

Die Schematherapie verbindet Elemente der Psychotherapie mit Elementen der KVT. Es geht darum, negative Muster und Mechanismen zu erkennen, die auf frühkindliche Erfahrungen zurückgehen. Sobald Narzisst:innen diese schädlichen Schemata entdeckt haben, können sie lernen, diese zu ändern.

Gestalttherapie

Dies ist eine weitere Variante der Psychotherapie. In diesem Fall liegt der Schwerpunkt mehr auf der Gegenwart als auf der Vergangenheit oder der Zukunft. Frühere Lebenserfahrungen werden unter dem Gesichtspunkt betrachtet, wie sie sich auf das heutige Leben auswirken. Narzisst:innen werden ermutigt, darüber nachzudenken, was in ihrem Leben im Moment vor sich geht. Sie arbeiten daran, ihre Selbstwahrnehmung und Selbstverantwortung zu verbessern.

Leider gibt es für keine dieser Methoden schlüssige Beweise, dass sie überhaupt irgendwelche greifbaren, realen Auswirkungen haben, um Narzisst:innen zu behandeln und sogar von ihrem problematischen Verhalten zu heilen, egal, wie gut gemeint sie sein mögen oder wie gut sie konzipiert wurden. Hätte auch nur eine Studie die tatsächliche Wirksamkeit einer bestimmten Behandlung belegt, wäre das eine große Sache. Aber vielleicht wird es eines Tages eine solche Studie geben.

Erwähnenswert ist außerdem, dass es keine Medikamente gibt, die speziell zur Behandlung von NPS eingesetzt werden. Nichts von dem, was ich bisher erwähnt habe, gibt die wahre Herausforderung bei der Behandlung eines Narzissten oder einer Narzisstin wieder: Jede Behandlung, gleich welcher Art, hängt von der freiwilligen Teilnahme der zu behandelnden Person ab!

Das eigentliche Problem

Das eigentliche Problem liegt damit auf der Hand: Warum sollten Narzisst:innen *geheilt* werden wollen? »Geheilt *von was?*«, fragt man sich. Von ihrer Fähigkeit, andere Menschen zu benutzen oder ihre Partner:innen oder Eltern dazu zu bringen, ihnen bei allem, was sie brauchen, zu helfen? Geheilt von ihrer Promiskuität? Von ihrer Unfähigkeit, Reue, Schuld und Scham zu empfinden? Warum in aller Welt sollten Narzisst:innen von diesen Dingen frei sein wollen? Warum sollten sie freiwillig auf das Gefühl verzichten, dass sie an der Spitze der Nahrungskette stehen?

Sie haben einfach keine Motivation, sich zu ändern. Narzisst:innen halten ihren Lebensstil auf Kosten anderer Menschen aufrecht, und sie haben nicht die Absicht, damit aufzuhören. Psychotherapeutische Behandlungen sind für sie bei Weitem nicht die erste Wahl. Ich denke in diesem Zusammenhang oft an Katzen – sie sind vielleicht die narzisstischsten Tiere, die es gibt. Versuch doch einmal, einer Katze zu sagen, was sie tun soll. Viel Glück dabei! Sie dazu zu bringen, länger als einen kurzen Moment mitzuspielen, ist fast unmöglich.

In einem speziellen Kontext kann man Narzisst:innen aber tatsächlich helfen. Das gilt für Narzisst:innen, denen das grandiose Verhalten fehlt, das die meisten von ihnen eigentlich zeigen. Die eher introvertierten Narzisst:innen, die ein schwächeres Selbstwertgefühl haben, ticken anders. Das sind diejenigen, die wir als *vulnerable Narzisst:innen* bezeichnen. Sie sind sich eher bewusst, wie verzerrt ihre Vorstellungen von Überlegenheit sind, und sie machen sich auch keine Illusionen über ihre tatsächliche Überlegenheit, wie sehr sie sich auch wünschen mögen, überlegen zu sein. Diese Menschen können Depressionen entwickeln – und Depressionen sind durchaus heilbar. Mit der richtigen Behandlung könnten diese Narzisst:innen sehr wohl wieder auf die Beine kommen und zu ihrem wahren Selbst zurückkehren. Sie werden wieder stark, groß und stolz. Aber sie bleiben Narzisst:innen. Das wirft wiederum die Frage auf: Für wen ist das gut?

Ich versuche dabei zu ergründen, ob es sich positiv auf die Gesellschaft auswirken würde. Narzisst:innen in Hochform fügen vielen potenziellen Opfern psychischen Schaden zu, bevor sie ihre eigenen Ziele erreicht haben. Wollen wir das wirklich fördern? Und ist das einfach zu beantworten? Keineswegs. Ich selbst habe keine Ahnung, welche Antwort die richtige sein könnte.

Unabhängig von diesem speziellen Fall haben Menschen mit narzisstischen Zügen im Laufe der Jahre immer öfter zu kämpfen, da es immer schwieriger wird, angesichts der psychologischen und physischen Realität des Alterns ein grandioses Selbstbild aufrechtzuerhalten. Psychopath:innen sind in dieser Hinsicht ähnlich: Mit zunehmendem Alter verlieren sie etwas an Kraft, aber sie hören nie auf, Psychopath:innen zu sein. Oder Narzisst:innen.

TEIL 3

Über den Umgang mit Narzisst:innen

15
Die Nähe zu Narzisst:innen als Herausforderung

Wie ist es, mit einem Narzissten oder einer Narzisstin zusammenzuleben? Angesichts all der typischen narzisstischen Eigenschaften, die wir bisher kennengelernt haben, hängt das auch davon ab, wer man selbst ist. Manche tolerieren schlechtes Verhalten eher. Da Narzisst:innen auf den ersten Blick oft charmant wirken, erkennt man nicht immer direkt, mit wem man es zu tun hat.

Mein einfachster und grundlegendster Rat ist daher folgender: Achte in einer sich neu anbahnenden Beziehung auf bestimmte Verhaltensmuster, egal, ob es sich um eine romantische, platonische oder berufliche Beziehung handelt. Dieser Teil hilft dir dabei, wenn du den Verdacht hast, dass du es mit einem echten Narzissten oder einer echten Narzisstin zu tun hast – er sollte aber auch dann helfen, wenn dein Gegenüber lediglich das eine oder andere narzisstische Verhalten an den Tag legt. Den Unterschied zu erkennen, ist nicht immer einfach, also gilt es, auf der Hut zu sein.

Damit will ich auf keinen Fall propagieren, dass du dein Leben lang Angst vor neuen Bekanntschaften hegen solltest. Ich will damit nur sagen, dass es gut sein kann, eine gesunde, ungezwungene Aufmerksamkeit bei Menschen einzusetzen, die man noch nicht gut kennt. Das ist ungefähr so wie im Straßenverkehr: Wenn man darüber nachdenkt, ist der Verkehr unglaublich gefährlich. All diese Verrückten auf ihren Fahrrädern und in ihren Autos. Trotzdem hält dich die Gefahr nicht davon ab, dich fortzubewegen. Du musst nur aufpassen und dich vorsehen, dann ist alles in Ordnung. In den allermeisten Fällen passiert nichts Schlimmes.

Das wichtigste Muster, auf das du achten solltest, ist, ob das, was die Person sagt, vielleicht sogar wiederholt, wirklich mit dem übereinstimmt, was sie tut. Natürlich verhalten sich nicht alle Narzisst:innen genau gleich oder tun immer die gleichen Dinge.

Wie verhält sich ein/e Narzisst:in in einer Beziehung?

Du wirst dich in einem ständigen Zustand der Enttäuschung befinden. Narzisst:innen werden von ihren Partner:innen in jeglicher Hinsicht enttäuscht: Sie verdienen nicht genug Geld, sie sind nicht gebildet genug, sie sind nicht attraktiv genug, sie sind viel zu dumm, sie kümmern sich nicht gut um die Familie oder sie haben die falsche Herkunft. Was auch immer sie tun, es ist nie gut genug. Es gibt immer einen Grund für Kritik und geäußerte Unzufriedenheit. Das Leben hätte doch viel einfacher sein sollen. Da fragt man sich schon, warum jemand mit einem/einer solchen Versager:in zusammenziehen will.

Kommentare nach dem Motto »Mein/e Ex war in XYZ viel besser als du« sind häufig. Es kann tatsächlich vorkommen, dass Narzisst:innen in einer neuen Beziehung alle Ex-Freund:innen (von denen es höchstwahrscheinlich eine kleine Legion gibt) im Auge behält, um zu sehen, ob eine:r von ihnen nicht gerade zum finanziellen Glücksfall wird. Der/die Narzisst:in könnte davon profitieren – idealerweise, indem er/sie wieder mit seiner/ihrer Ex zusammenkommt, der/die nun wohlhabend ist. Und sollte das nicht der Fall sein, dann kann er/sie dir mindestens mit der Nachricht eins überbraten.

Immer die falsche Seite wählen

Ein weiteres Warnzeichen ist, wenn eine Person in der Beziehung nie auf der Seite des eigenen Partners oder der eigenen Partnerin steht, sondern eher dazu neigt, sich auf die Seite von irgendetwas oder irgendjemandem zu stellen, *der gegen ihn/sie ist*, sei es, wenn es darum geht, einen Standpunkt zu vertreten, eine Meinung zu äußern oder etwas zu planen. Es besteht sowohl ein erklärtes als auch ein impliziertes Misstrauen gegenüber der Person, mit der man zusammenlebt. Die Meinung anderer Menschen wird als Beweis dafür herangezogen, dass der/die Partner:in keine Ahnung hat.

In der Praxis könnte das so aussehen: Du renovierst im Haus zum Beispiel die Küche oder das Bad. Und egal, was du tust und wie gut du die Arbeit erledigst – es ist nie gut genug. Bekommt ihr Besuch, dann weist der/die Narzisst:in auf jedes einzelne Missgeschick hin und beauftragt vielleicht sogar einen professionellen Handwerker, der das Chaos beseitigen soll. Die Methode wirkt – so demütigt man jemanden. Dabei muss man sich klarmachen, dass mit der geleisteten Arbeit nicht unbedingt etwas nicht in Ordnung ist. Es geht vielmehr darum, der anderen Person das Gefühl zu geben, nutzlos und inkompetent zu sein. Auf diese Weise behält der/die Narzisst:in die Oberhand.

Narzisst:innen wollen schließlich nur das Beste, und sie fühlen sich in ihrem Anspruch gerechtfertigt. Oft sind sie fantasievoll genug, um sich ein lebhaftes Bild davon zu machen, wie ihr Leben hätte verlaufen sollen, im Gegensatz zu dem Elend, das sie derzeit erleiden. In diesen Fantasien kann es um Geld gehen – dass sie selbst oder der/die Partner:in mehr scheffeln. Schließlich geht es um Wohlstand und Reichtum, die der/die Narzisst:in eigentlich schon längst hätte erreichen sollen.

Sich von materiellen Sorgen lösen

Dies beschränkt sich jedoch nicht nur auf materielle Besitztümer. In Fantasien und Tagträumen kann es um beruflichen Erfolg, Ruhm und all die Dinge gehen, die hätten erreicht werden können. Wenn sie sich nur nicht mit diesem Verlierer oder dieser Verliererin eingelassen hätten. Wahrscheinlich wäre alles viel besser gelaufen, wenn sie mit jemand anderem zusammen wären. Vielleicht hätte sein/ihr Ex viel besser dafür sorgen können, dass der/die Narzisst:in ein angemessenes Maß an Erfolg erreicht. Vielleicht hätten sie mehr auf ihre Eltern hören sollen, die sie gewarnt hatten, dass sie ihr Leben nicht mit solch einem Menschen verbringen sollten. Wenn der/die Partner:in jedoch Dinge tut, die die Bedürfnisse des Narzissten oder der Narzisstin befriedigen, zum Beispiel einen neuen, besser bezahlten Job annehmen, wird der/die Narzisst:in diese Lösung befürworten, auch wenn das bedeutet, dass sie sich kaum noch sehen. Denn es verbessert ihre Situation in materieller Hinsicht. Mehr Geld ist immer willkommen, da alles, was sie verdienen, fast sofort ausgegeben wird.

Auch die Partner:innen von Narzisst:innen leiden am Ende für die Sünden der anderen. Sie müssen für das bezahlen, was andere getan oder nicht getan haben. Dabei kann es sich sogar um vergangene Vergehen handeln, auf die die Narzisst:innen noch immer einen Groll hegen. Sobald sich die Gelegenheit bietet, lassen sie ihren Frust an ihren Ehemännern/-frauen aus. Stell dir einen Boxsack im Keller vor. Wann immer sich Narzisst:innen über etwas ärgern oder sie etwas wütend macht, können sie hinuntergehen und auf den Sandsack einschlagen. Der Sandsack tut nicht wirklich etwas, um das zu provozieren. Er hängt einfach nur da. Aber er muss für den ganzen Ballast der Narzisst:innen bezahlen. Das kann natürlich in jeder Beziehung passieren, aber es ist sehr typisch für Beziehungen mit Narzisst:innen.

Wie sieht's mit Gefühlen aus?

Emotionen sind der komplizierte Teil all dessen. Narzisst:innen können ziemlich kalt sein, auf jeden Fall sind sie nicht sehr emotional. Sie halten ihre Partner:innen gerne auf Distanz, um Zweifel an ihren Gefühlen zu schüren. Das scheint auch zu funktionieren, wenn man sich die Scharen von Menschen ansieht, die bereit sind, sich fast alles gefallen zu lassen, um ihre Akzeptanz zu gewinnen. Das emotionale Terrain kann holprig werden. Genau wie Psychopath:innen überhäufen auch Narzisst:innen ihre Partner:innen gelegentlich mit Zärtlichkeiten, nur um im nächsten Moment völlig abweisend zu sein. Nichts davon geschieht zufällig. Es ist alles Teil einer Manipulationstechnik.

Eine Variante davon ist, den Partner:innen ein schlechtes Gewissen einzureden, weil sie intim sein möchten. Sie beschämen ihr Gegenüber dafür, dass er/sie die Frechheit besitzt, so etwas vorzuschlagen. Auch hier zielen sie darauf ab, dass sich die andere Person isoliert und allein fühlt.

Isolation um der Isolation willen

Ein weiteres Muster, von dem viele Opfer von Narzisst:innen berichten, ist, dass sie daran gehindert werden, neue Freund:innen zu finden. Wenn ihre Partner:innen neue Bekanntschaften schließen, machen Narzisst:innen eine große Sache daraus, wie unpassend sie diese neue Bekanntschaft finden. Die Beschwerden fallen oft reichlich fantasievoll aus. Denn jede Art von Unterstützung muss unterbunden werden, damit der/die Partner:in isoliert bleibt. Beschweren sich dagegen Partner:innen von Narzisst:innen über die Freund:innen von Narzisst:innen, werden sie schlicht als Kontrollfreak abgestempelt.

Niemand ist perfekt. Niemand, ausgenommen den Narzisst:innen natürlich. Sie haben es nie nötig, etwas an sich zu ändern. Da sie perfekt sind, so wie sie sind, gibt es für sie keinen Grund, Kritik ernst zu nehmen. Von niemandem, schon gar nicht von der Person, mit der sie zusammenleben. Allerdings wird hier offensichtlich mit zweierlei Maß gemessen: Narzisst:innen behalten sich natürlich das Recht vor, alle zu kritisieren, wie sie es für richtig halten. Oft schlagen Narzisst:innen auf alle ein, die es wagen, sie zu kritisieren, und ihre Angriffe können ziemlich heftig ausfallen.

Leere Drohungen im Voraus

Neben diesen Methoden gibt es natürlich auch die herkömmliche Herangehensweise und damit zu drohen, die Beziehung zu beenden. Obwohl diese Drohung schon beängstigend genug sein mag, kommt nicht selten noch mehr dazu. Narzisst:innen drohen auch oft damit, ihre ehemaligen Partner:innen zu verklagen oder anzuklagen. Ihre Klagen reichen von Streitigkeiten über Geld bis hin zu der Frage, wer das Haus behalten darf, oder sogar bis zu einem Sorgerechtsstreit vor Gericht.

Grandiose Narzisst:innen sind von Natur aus aggressiv, und es macht ihnen nichts aus, einen Streit anzufangen. Konflikte stören sie nicht so sehr. Obwohl sie emotional weniger distanziert sind als Psychopath:innen, macht es ihnen nichts aus, im Leben anderer Menschen Unfrieden zu stiften; für sie ist die Aufrechterhaltung eines relevanten Bedrohungsniveaus eine spannende Herausforderung.

Sagt die Partnerin eines Narzissten dann, er könne ja die Kinder mitnehmen, lenken sie ihre Drohungen stattdessen auf finanzielle Aspekte. Wenn es viel Geld zu holen gibt, kann man der anderen Partei sagen, dass sie sich jederzeit nehmen könne, was sie wolle. Und da Narzisst:innen echten Schaden anrichten wollen, drohen sie gerne damit, bösartige Gerüchte über ihre Partner:innen zu verbreiten. Oder sie nutzen die sozialen Medien, um den Charakter von demjenigen/derjenigen, der/die sechs Monate lang ihr/e Seelenverwandte:r war, in den Schmutz zu ziehen.

Es gibt noch andere Anzeichen, die darauf hindeuten, dass die Person, mit der du zusammenlebst, dem narzisstischen Spektrum angehört. Aber ich denke, wir haben hier genug abgedeckt. Wie ich schon gesagt habe: Man muss nach Mustern Ausschau halten. Und daran denken, dass nicht alle Narzisst:innen all diese Dinge immer wieder tun. Andererseits reicht es schon, wenn man nur ein oder zwei dieser Missbräuche regelmäßig registriert. Mach dir immer wieder Folgendes klar: Wenn es sich *nicht gut anfühlt*, ist es *nicht* gut. Du bist es dir dann selbst schuldig, etwas dagegen zu tun. Aber was? Damit kommen wir zur nächsten wichtigen Frage: Wie kann man sich ein für alle Mal von Narzisst:innen befreien?

16
Sich von Narzisst:innen befreien

Nun wird's richtig kompliziert: Es geht darum, Probleme in bestehenden Beziehungen anzusprechen, sei es in Liebesbeziehungen oder mit Verwandten, Arbeitskolleg:innen, Freund:innen. Wenn sich etwas nicht gut anfühlt und du nicht genau weißt, was du tun sollst, findest du hier einige Ideen, wie du das Problem angehen kannst. Denn wenn es eines gibt, was ich in den letzten Jahren bei der Unterstützung von Opfern von Psychopath:innen gelernt habe, dann das: Man sollte in solchen Situationen unbedingt auf seine Gefühle hören. Wenn sich die Dinge falsch anfühlen, dann sind sie es auch.

Teil 1: Was man niemals tun darf

Vielleicht ist der nächste Teil zu offensichtlich, um ihn zu erklären, aber ich erwähne ihn vorsichtshalber trotzdem. Denn natürlich könnte ich selbstgefällig behaupten, dass diese Situationen keine Herausforderung darstellen. Aber das ist einfach nicht der Fall. Es ist schwierig. Und oft fühlt es sich sogar völlig unmöglich an. Solltest du dieses Gefühl persönlich kennen, kann ich dir nur sagen: *Ich fühle mit dir!*

Wie auch immer, hier kommen die Fakten: Du darfst unter keinen Umständen den Missbrauch durch Narzisst:innen (oder irgendjemand anderen) akzeptieren. Körperliche Misshandlungen hinterlassen sichtbare Spuren, und wie ich schon erklärt habe, konnten bisher keine unmittelbaren Zusammenhänge zwischen Narzissmus und Gewalt gefunden werden. In Wirklichkeit ist es aber viel komplizierter. Ich stimme deshalb den Ratschlägen zu, die Frauen in Bezug auf Männer erhalten, die sie körperlich misshandeln: Geh weg – und zwar bei den ersten Anzeichen von Misshandlung.

Jeder Mann, der so feige ist, seine Hand gegen eine Frau zu erheben, verdient es, für immer in Einzelhaft zu verrotten. Dieses Verhalten provoziert mich auf einer Ebene, die ich kaum in Worte fassen kann. Bleib nicht. Ich möchte auch allen Männern, die dies lesen, sagen: Wenn deine Partnerin dich schlägt, solltest du sofort gehen. Sie ist niemals die Richtige für dich.

An dieser Stelle müssen wir auch über den psychologischen Missbrauch sprechen. Ich möchte mich ganz klar ausdrücken: Ich spreche von *Missbrauch*. Hier geht es nicht um Beleidigungen oder Meinungsverschiedenheiten darüber, was man am Samstagabend während des Abendessens im Fernsehen sieht. Nach der Veröffentlichung von *Hilfe, Psychopathen!* erzählte mir eine Frau, dass ihr Ex-Mann sich weigerte, ihr ihre Bücher zurückzugeben. Nun, zumindest einige ihrer Bücher. Sie fragte mich, ob er ein Psychopath sein könnte. Nein, nein, nein!

Meinungsverschiedenheiten sind ein natürlicher Bestandteil jeder Trennung. Es gibt Gründe, warum sich Menschen voneinander trennen. Die Tatsache, dass sie sich gegenseitig Ärger machen, ist kein Hinweis auf Psychopathie oder Narzissmus. Beleidigt zu werden, ist eine Sache, psychisch missbraucht zu werden, eine ganz andere. Wirst du regelmäßig herabgesetzt, beschimpft, vor anderen Menschen lächerlich gemacht, bedroht oder öffentlich gedemütigt, gibt es keinen einzigen Grund, dies zu akzeptieren. Nichts davon ist in Ordnung. Aber denk daran, dass wir nicht über Kommentare wie »Trägst du ernsthaft dieses Hemd zur Dinnerparty?« reden – so unhöflich und versnobt es auch klingen mag. Außerdem sagen Menschen im Eifer des Gefechts oft Dinge, die sie später bereuen. Normale Menschen beruhigen sich und entschuldigen sich für ihr Verhalten. Sie machen weiter.

Aber wenn du regelmäßig psychisch missbraucht wirst, musst du eine Grenze ziehen. Akzeptiere es *nicht*. Beachte dabei, dass Narzisst:innen oft im Voraus planen – weit im Voraus. Sie können durchaus monatelang ihre Rolle als Prinz oder Prinzessin spielen, bevor sie ihr wahres Gesicht zeigen. Sie werden alle deine Bekannten bei verschiedenen Anlässen verzaubern und ihr Image als perfekte/r Partner:in aufbauen und festigen. Und dann, wenn deine ganze Familie und dein Freundeskreis verrückt nach ihnen ist, lassen sie die Falle zuschnappen.

Achte auf Muster

Es kann mit einer Kleinigkeit beginnen. Etwas, das vielleicht nicht allzu viel ausmacht. Du denkst dir vielleicht, dass es ziemlich mies war, aber du lässt es auf sich beruhen, weil du den Narzissten oder die Narzisstin ja magst. Damit hast du gerade den ersten Test hinter dich gebracht. Da du nicht reagiert und sein/ihr Verhalten hinterfragt hast, kommt noch mehr. Viel mehr.

Solltest du in den letzten 20 Jahren mit einem Narzissten oder einer Narzisstin zusammengelebt haben, überleg dir Folgendes: Wärst du mit ihm oder ihr zusammengezogen, wenn er oder sie dich von Anfang an so behandelt hätte, wie er oder sie es jetzt tut? Denk an den letzten Monat eurer Beziehung: Wärst du bei ihm oder ihr eingezogen, wenn du gewusst hättest, auf was du dich einstellen musst? Wenn es sich falsch anfühlt, ist es falsch.

Eine Beziehung braucht eine Menge, um zu funktionieren, und zu den nicht verhandelbaren Dingen gehören Vertrauen und Zuversicht. Wenn du deinem Partner oder deiner Partnerin nicht vertrauen kannst, funktioniert es auch nicht. Wenn du kein Vertrauen in die Person hast, mit der du zusammenlebst – sei es in allen Bereichen oder nur in bestimmten –, funktioniert es nicht.

Vertrauen zwischen zwei Erwachsenen ist der entscheidende Faktor, der den Menschen den Mut gibt, sich zu öffnen und sie selbst zu sein. Den Mut, Schwäche zu zeigen. Den Mut, die Beherrschung zu verlieren. Den Mut, schwierige Themen anzusprechen. Den Mut, um Hilfe zu bitten. Den Mut, sich an der Schulter eines anderen auszuweinen. Den Mut, jemandem seine Schwächen zu offenbaren.

Vertrauen ist jedoch nur begrenzt haltbar. Du kannst deiner Frau oder deinem Mann nicht auf der Grundlage vertrauen, wie sie sich vor zwei Jahren verhalten haben. Viel wichtiger ist das Verhalten der letzten Woche. Vielleicht sogar, wie sie sich gestern Abend verhalten haben. Oder heute Morgen. Es geht um die Person, die sie geworden ist, über die du dir eine Meinung bilden musst. Vertrauen muss man sich jeden Tag aufs Neue verdienen. Das gilt auch für dich. Vielleicht bist du jemand, der weiß, dass du Gefahr läufst, von anderen für einen Narzissten oder eine Narzisstin gehalten zu werden. Wenn das so ist, musst du dir über Folgendes im Klaren sein: Dein jüngstes Verhalten zeigt, wer du bist. So beweist du, dass du vertrauenswürdig bist. Nicht, indem du dich auf etwas berufst, was du vor Monaten getan hast.

Vertrauen ist nur begrenzt haltbar. Sobald es abläuft, ist die Beziehung vorbei. Ende der Geschichte.

Teil 2: Was man niemals tun darf

Ich möchte dir unbedingt eine weitere Warnung mitgeben. Es mag verlockend erscheinen, bei der Lösung deiner Probleme aktiver zu werden. Je nach deiner eigenen Persönlichkeit und psychischen Verfassung entschließt du dich vielleicht am Ende dazu, in die Welt hinauszuposaunen, was für ein/e unerträgliche:r Idiot:in dein Narzisst oder deine Narzisstin ist. Im Grunde möchtest du, dass er/sie in Rauch aufgeht.

Bitte überleg dir das im Vorfeld gut. Du bist schließlich ein guter Mensch – du belügst, betrügst oder manipulierst niemanden. Die andere Person ist vielleicht nicht so wie du. Ihr seid dadurch nicht auf Augenhöhe. Deinem Gegenüber fehlt es an Einfühlungsvermögen, umgekehrt ist klar, dass du es hast. Damit bist du ein leichtes Ziel für emotionale Angriffe, die dir weiteren Schaden zufügen könnten. Und nach allem, was wir wissen, könnten Narzisst:innen diese Trennung schon seit Jahren vorbereitet haben. Wenn du also die Menschen, die du für Freund:innen und Verbündete hältst, anrufst, um ihnen die Wahrheit zu sagen, kann es passieren, dass du zu spät dran bist. Du kannst dir sicher vorstellen, was Narzisst:innen all den Menschen, die dir wichtig sind, erzählt haben.

Obwohl Narzisst:innen einer ganzen Reihe von Menschen großen Schaden zufügen, weigern sich viele, sie als das zu sehen, was sie sind. So funktioniert Manipulation. Du denkst jetzt sicher, dass das furchtbar unfair und einfach falsch ist. Damit hast du absolut recht. Aber die anderen waren auch jahrelang manipulativem Verhalten ausgesetzt. Wenn du wirklich das Beste für sie willst, dann stell deine Propagandabemühungen ein.

Zunächst kann es wie eine gute Idee erscheinen, die Welt wissen zu lassen, dass der/die Narzisst:in gar nicht so ein guter Fang ist, wie alle denken. Aber die Gegenreaktion kann schnell kommen und hart ausfallen. Denn Narzisst:innen haben eine sehr rachsüchtige Ader. Solltest du dafür sorgen, dass ihre Seifenblasen platzen, organisieren sie sich einfach neu und gehen auf dich los. Vielleicht sammeln sie sogar Truppen um sich herum, quasi jeden, den sie überzeugen können, und hetzen sie gegen dich auf. Das Szenario kommt öfter vor, und die Opfer erholen sich nicht immer vollständig davon.

Narzisst:innen in Rauch aufgehen zu lassen, könnte sich also als kostspielig erweisen. Tu es also nur, wenn du auf unglaublich festem Boden stehst und Verbündete hast, denen du absolut vertraust und die dir ganz sicher nicht von der Seite weichen.

Was man versuchen kann

Du musst dich also entscheiden, ob du überhaupt etwas unternehmen willst. Geht es um einen Bekannten, ein Familienmitglied oder eine Arbeitskollegin, ist die Situation nicht ganz so eindeutig. Befindet sich die betreffende Person nicht im unmittelbaren Umfeld, und es ist niemand unmittelbar gefährdet, dann kannst du die Sache auf sich beruhen lassen.

Solltest du, aus welchen Gründen auch immer (zumindest du solltest sie nachvollziehen können), dich dazu entschließen, einen Narzissten oder eine Narzisstin in deinem Leben zu behalten, achte darauf, dass du so viel Abstand wie möglich zu ihm/ihr hältst. Halte dich grundsätzlich von seiner/ihrer unmittelbaren Umgebung fern. Je näher du kommst, umso giftiger wird die Luft. Vergrößerst du den Abstand ein wenig, fällt es dir leichter, von Narzisst:innen akzeptiert zu werden, da du nicht mehr so stark auf seine Ausfälle reagierst. So kann man wunderbar unter dem Radar fliegen.

Ein Beispiel, das mir in den Sinn kommt, ist eine entfernte Verwandte von mir, deren Mann eine klassisch fiese Tante in der Familie hat. Die alte Dame ist wirklich gemein, griesgrämig, beschwert sich über alles und streitet mit jedem. Andere anzugreifen, lässt sie quasi aufblühen. Sie sagt extrem negative Dinge über Leute, die sie noch nie getroffen hat. Sie hält sich für allwissend, was besonders ironisch ist, da sie ernsthaft glaubt, die ganze Familie würde sie lieben. Dabei haben so gut wie alle genug von ihr und ihren Anfeindungen. Sogar ihre eigenen Kinder verachten sie, auch wenn sie sich nicht trauen, es laut zu sagen.

Diese Tante macht sich selbst zum Mittelpunkt jedes Gesprächs, vor allem wiederholt sie ständig, wie ungerecht das Leben zu ihr war. Ihre fantasievollen Erzählungen, in denen sie immer das Opfer einer großen Verschwörung ist, sind endlos. Dabei bleibt höchst unklar, wer hinter diesem Komplott stecken soll. Ihr Mann ist sehbehindert, aber sie lässt ihn keine Hörbücher auf seinem CD-Player hören, weil sie es nicht mag, wenn Kabel auf dem Boden herumliegen. Ja, du hast mich richtig verstanden. Ihre Bedürfnisse gehen vor, auch wenn er so das Lesen nicht mehr genießen kann, etwas, was ihm früher ein großes Vergnügen bereitet hat. Diese Tante gibt ihr Gift an alle und alles weiter, und meine Verwandte meidet sie, wann immer möglich. Natürlich kommt ab und an ein wütender Anruf, aber dann hört sie einfach zu und legt ruhig auf. Sie konfrontiert die Tante nicht damit, dass sie eine krasse Narzisstin ist – alles, was sie tut, ist, ihren Kontakt so weit wie möglich einzuschränken.

Ersetzen wir nun die Tante durch einen Freund, ist die Situation weniger heikel: Zunächst reagierst du einfach nicht mehr so schnell auf Textnachrichten oder Anrufe wie früher. Du initiierst keinen Kontakt, egal wie. Kommentiere nichts, was diese Person in den sozialen Medien postet. Ignoriere sie einfach. Sag, dass du krank bist, wenn sie sich das nächste Mal treffen will.

All das erzeugt einen einzigen, wichtigen Effekt: Es wird dazu führen, dass du für den Narzissten oder die Narzisstin nicht mehr so attraktiv bist, er sich deshalb nicht an dich klammert und somit auch weniger manipuliert. Der/die Narzisst:in wird sich vielmehr nach einem neuen Jagdrevier umsehen. Trefft ihr euch in Zukunft bei irgendeiner Veranstaltung, dann kannst du höflich bleiben – solange du ihn/sie nicht einlädst! Stell keine Fragen. Sei nicht abweisend, aber ermutige ihn/sie auch nicht. Beschwert sich der/die Narzisst:in darüber, dass du langweilig bist, bist du auf dem richtigen Weg.

Das Gleiche gilt für den Arbeitsplatz. Wenn dein Kollege ein Narzisst ist, vermeide den Kontakt, wann immer möglich. Wenn es deine Chefin ist – such dir einen neuen Job. Ich meine das vollkommen ernst – du hast keine Handhabe und keine Möglichkeit zu gewinnen. Geh weg.

Das funktioniert. Denk also darüber nach, ob der Ansatz für dich geeignet ist. Letzten Endes ist es oft am klügsten, die Verbindung vollständig zu kappen, anstatt sich einfach nicht mehr zu kümmern. Auf jeden Fall ist es die sicherste Option.

Was du wahrscheinlich am Ende tun musst

Sobald du dich der Realität gestellt und akzeptiert hast, dass die Person, die du so nah an dich herangelassen hast, in Wirklichkeit schlecht für dich ist, musst du zu drastischeren Maßnahmen greifen. Nehmen wir an, die betreffende Person ist dein/e Partner:in. Sich dieser Herausforderung stellen zu müssen, wünsche ich wirklich niemandem – aber viele ziehen voreilige Schlüsse, wenn sie einfach nur die Narzissmus-Checkliste durchgehen.

Nehmen wir weiter an, dass die Person, mit der du zusammenlebst, *kein* Narzisst ist. Dann kannst du nämlich deine Beschwerde vorbringen und um Besserung bitten. Bei vernünftigen Menschen funktioniert das, solange sie begreifen, dass es dir ernst ist. Sprich den Konflikt an. Das ist es auf jeden Fall wert. Ist die Person ein Idiot, funktioniert die Beziehung sowieso nicht, und die Lösung besteht wieder einmal darin, weiterzuziehen. Denn warum solltest du dich mit einem Idioten herumschlagen müssen?

Verwende nicht die Worte »Narzisst«, »Psychopath«, »Freak« oder ähnliche Begriffe. Das provoziert nur. Kein Mensch wird so antworten: »Weißt du was, ich habe noch nie darüber nachgedacht, aber ich glaube, du hast recht – ich glaube, ich bin ein Narzisst!« Das kommt nie vor. Also vergiss das schnell wieder. Beschränke dich darauf, Verhaltensweisen zu kommentieren. Sag zum Beispiel: »Was du mir antust, ist inakzeptabel, und ich möchte, dass du sofort damit aufhörst.« Sei dabei konkret. Vermeide es, Emotionen anzusprechen, denn das gibt dem Narzissten nur mehr Möglichkeiten, sich an dir zu rächen.

Sag bloß nicht: »Du bist immer so unhöflich zu mir! Das tut mir sehr weh.« Sag stattdessen: »Gestern hast du mir vor meiner Familie gesagt, dass ich langsam ein bisschen alt und abgenutzt aussehe. Das ist nicht in Ordnung.«

Sag bloß nicht: »Du behandelst mich wie einen wandelnden Geldautomaten, und das finde ich demütigend.« Sag stattdessen: »Du hast dir letzten Monat weitere 50 Euro von mir geliehen, und du hast mir gesagt, du würdest es mir innerhalb von drei Tagen zurückzahlen! Zahl mir das Geld, das du mir schuldest, sofort zurück.«

Sag unter keinen Umständen: »Wenn du die ganze Nacht wegbleibst, weiß ich nicht, was du vorhast, und dann fühle ich mich unbedeutend und ungeliebt.« Sag stattdessen: »Ich bin nicht damit einverstanden, dass du die ganze Nacht auf Partys bist. Das ist keine gute Grundlage für eine funktionierende Beziehung.« Vermeide auch (leere) Drohungen, denn das könnte aggressives Verhalten des Narzissten auslösen.

Sag also bloß nicht: »Ich werde mit dir Schluss machen, wenn du nicht aufhörst, deinen Ex-Freund:innen zu schreiben.« Sag stattdessen: »Ein/e echte/r Mann/Frau achtet eher auf seine/n oder ihre/n aktuelle/n Partner:in als auf seine/ihre früheren. Was soll das also?«

Ich rate dir, einfach Stift und Papier zur Hand zu nehmen und aufzuschreiben, was das Problem ist und wie du es auf möglichst klare und neutrale Weise ansprechen kannst. Hast du dann genau herausgefunden, womit du unzufrieden bist, füge hinzu, was du stattdessen gerne hättest. Keine emotionalen Ausbrüche, keine Drohungen, dies oder jenes zu tun. Sprich es einfach aus: »Ich finde es nicht gut, dass du X tust. Ich wünschte, du würdest stattdessen Y tun.«

Vielleicht hat dein/e Partner:in noch nie daran gedacht. Ist das der Fall, könnt ihr fruchtbare Diskussionen führen, und die Dinge werden sich zwischen euch bessern. Ist dein/e Partner:in von der eher gewöhnlichen, sturen Sorte, sagt er dir vielleicht, dass er versteht, was du meinst, aber er trotzdem nicht die Absicht hat, sich zu ändern. In diesem Fall steht es dir zumindest frei, zu gehen.

Narzisst:innen versuchen zum Beispiel, dich aus dem Gleichgewicht zu bringen, indem sie das Thema wechseln und dir Anschuldigungen entgegenschleudern. »Als ob *du* so perfekt wärst?« Denk daran, dass sie in dieser Hinsicht so etwas wie übergroße Kinder sind.

Vielleicht geben sie dir sogar recht und versprechen, sich zu bessern. Dann musst du darauf achten, was sie als Nächstes tun. Achte nicht darauf, was sie sagen, versprechen oder dir erklären. Beobachte einfach ihr Verhalten. Das ist alles, was zählt. Eines meiner wichtigsten Mantras im Leben lautet: Vergleiche, was Menschen sagen, dass sie tun werden, mit dem, was sie tatsächlich tun. Dann wird alles sichtbar.

Kommt es zu einer Veränderung? Kehrt dein Gegenüber bald wieder zu altem, schikanösem Verhalten zurück? Pack deine Koffer! Hier gibt es nichts zu beschönigen: Du musst da raus.

Stell sicher, dass du Verbündete in deiner Nähe hast. Hat der/die Narzisst:in alle gemeinsamen Freund:innen übernommen, finde heraus, wer noch auf deiner Seite steht. Es gibt etliche Selbsthilfegruppen, die sich um hilfsbedürftige Frauen kümmern, aber deutlich weniger Hilfsangebote für Männer in ähnlichen Situationen. In jedem Fall musst du darauf achten, dass du ein Team auf deiner Seite hast, egal, wie klein es sein mag. Alleine bist du zu verletzlich.

Das bist du dir selbst schuldig. Dein zukünftiges Ich wird es dir danken. Deine zukünftigen Kinder werden es dir danken. Und deine Freund:innen und deine Familie werden allmählich dein altes Ich wiedererkennen, und sie werden dir dafür danken, dass du zu ihnen zurückgekehrt bist.

17
Sich systematisch und strukturiert für immer befreien

Du brauchst einen detaillierteren Plan? Kein Problem. Hier sind meine Vorschläge für die verschiedenen Schritte, die du unternehmen musst, wenn du wirklich glaubst, dass du es mit echten Narzisst:innen oder zumindest sehr geschickten Manipulator:innen zu tun haben könntest. Diese Methode kann überall angewandt werden: in der Familie, in Liebesbeziehungen oder bei Arbeitskolleg:innen.

Das Muster durchbrechen

Die häufigste Reaktion auf eine Manipulation ist, sofort zu handeln. Das ist nicht immer klug, denn wenn du zu schnell reagierst, gerätst du aus dem Gleichgewicht. Besser, man wartet eine Weile ab und lässt etwas Zeit zwischen dem Ereignis und der anschließenden Reaktion verstreichen. Bei übereilten Reaktionen könnte es passieren, dass du dich eher an den/die Manipulator:in anpasst – du tust genau das, was der/die Manipulator:in von dir erhofft. Diese Person versteht dich vielleicht sogar besser als du dich selbst. Denk also erst nach. Geh die Ereignisse durch, die stattgefunden haben. Folge nicht deinem Bauchgefühl.

Ein Telefongespräch ist perfekt dafür geeignet, das Tempo aus einem Gespräch herauszunehmen, das sonst zu schnell aus dem Ruder laufen könnte. Vielleicht versucht dein Gegenüber, dich unter Zeitdruck dazu zu bringen, einer Sache zuzustimmen, über die du noch gar nicht richtig nachgedacht hast. Im Grunde versucht man, dich in eine Falle zu locken, damit du einer Sache zustimmst, die dich am Ende Hunderte von Stunden unbezahlter Arbeit kosten könnte. Deine unmittelbare Reaktion sollte ungefähr so ausfallen:

- »Hey, ich muss dich bitten, noch einen Moment zu warten. Tut mir leid.«
- »Es kommt jemand, ich muss los. Ruf mich in fünf Minuten wieder an!«
- »Mein Akku ist fast leer! Ich muss mein Ladegerät suchen – ich rufe dich später zurück.«

Achte darauf, nicht um Erlaubnis zu fragen! Dein Verhalten ist nicht unhöflich. Du lässt nur wissen, dass du dich später noch mal melden wirst. Das klingt völlig vernünftig. Und könnte genauso gut auch wahr sein. Während du deine Gedanken sammelst, kannst du in Ruhe darüber nachzudenken, was tatsächlich gesagt wurde und wie du darauf reagieren solltest. Bekommst du eine Textnachricht, ist das auch nicht weiter schlimm: Antworte einfach nicht. Oder warte erst einmal ein paar Stunden ab. Oder eine Woche. Überstürzte Entscheidungen können sich als kostspielig erweisen.

Ist man zusammen in einem Raum, wird die Sache natürlich schwieriger. Aber man kann sich ja immer einen Kaffee holen, auf Toilette gehen oder andere Leute begrüßen. Nimm dein Handy in die Hand und tu so, als ob du gerade eine E-Mail bekommen hast, die sofort beantwortet werden muss. Halt den Finger in die Luft und lächele entschuldigend. Der Effekt ist in beiden Fällen derselbe: Du verschaffst dir etwas Luft zum Atmen und Zeit zum Nachdenken. Nutze sie. *Denk nach.*

Vielleicht kommt dir das alles fast lächerlich einfach vor. Und wenn du es erst einmal ausprobiert hast, weißt du auch sicher, wie einfach es ist. Du weißt, dass es Konsequenzen haben kann, wenn du bei den Eskapaden von Narzisst:innen nicht mitspielst. Das kann unangenehm werden. Aber wenn du nicht einmal den Mut findest, es zu versuchen, beweist das nur, wie dringend du es tun musst. Irgendetwas passt hier nicht zusammen. Wenn du auch nach einer kurzen Beruhigungspause nicht klar denken kannst, kannst du dich immer noch weigern zu antworten:

»Ich brauche etwas Zeit, um über das, was du gesagt hast, nachzudenken, also muss ich dich bitten, dich danach wieder zu melden.«

»Über diese Frage muss ich länger nachdenken, deshalb brauche ich etwas mehr Zeit. Ich melde mich bei dir, sobald ich kann. Danke, dass du so verständnisvoll bist.«

»Ich fürchte, ich kann dir noch nicht antworten. Ich denke auf jeden Fall über deinen Vorschlag nach und werde mich wieder bei dir melden, sobald ich dazu in der Lage bin.«

»Das klingt für mich nach einer wichtigen Frage, und ich werde etwas Zeit brauchen, um darüber nachzudenken. Wenn ich eine Antwort habe, melde ich mich.«

Wenn du zu den Roten gehörst, bist du vielleicht längst schon beim nächsten Kapitel angelangt, aber so oder so bist du dir sicher schmerzlich bewusst, wie oft du in der Eile die Dinge falsch angegangen bist. Manchmal sind wir einfach zu schnell für unser eigenes Wohl.

Wenn du ein/e Gelbe:r bist, besteht die Herausforderung darin, den Mund zu halten und keine ungefilterten Meinungen herauszulassen. Warte. Denk nach.

Wenn du ein/e Grüne:r bist, bleib bei dem, was du am besten kannst: gar nicht reagieren. Ignorier für einen Moment deine Abneigung Konflikten gegenüber und pack die wichtigste Waffe in deinem grünen Arsenal aus: passiv-aggressives Verhalten. Schüttle den Kopf und sag, dass du darüber schlafen wirst. Sag nicht Ja, wenn du Nein meinst. Wiederhol das am besten elf Mal für dich selbst.

Und wenn du ein/e Blaue:r bist, hast du sicher schon eingesehen, wie vernünftig mein Vorschlag ist. Du hast null Problem damit, den/die Manipulator:in anzustarren, während du über alles nachdenkst. Schweigen stört dich nicht, und jetzt hast du eine saubere, praktische Lösung – die zudem empirisch bewiesen ist –, die du immer dann anwenden kannst, wenn jemand versucht, dir eine sofortige Antwort abzuringen.

Na ja, dein/e Manipulator:in wird dein Verhalten an dieser Stelle sicherlich infrage stellen. Der Partner, der sich Geld »leihen« will, um bis zum Zahltag durchzuhalten, wird dich anschreien, dass er seine Schulden immer bezahlt – auch wenn das eine offensichtliche Lüge ist; deine Mutter wird in Tränen ausbrechen und sich beschweren, dass du so herzlos geworden bist und vergessen hast, wie sie früher »alles« für dich getan hat. Deine Chefin könnte versuchen, dich mit einem vagen Versprechen auf Beförderung zu ködern, bevor sie aufgibt und das Himmelfahrtskommando jemand anderem überlässt.

Das sind Manipulator:innen, über die wir hier sprechen. Sie manipulieren. Man kann ihnen nicht trauen. Erwarte nicht, dass es dir gelingt, während der ganzen Tortur ruhig und ausgeglichen zu bleiben. Es könnte sein, dass du tatsächlich auf die Toilette musst. Die Atempause, die du dir damit verschafft hast, hält vielleicht nicht sonderlich lange an. Vielleicht kommt es zu Feindseligkeiten. Denk aber daran: Dein neu entdeckter Widerstand ist darauf zurückzuführen, dass du mit der bestehenden Beziehung unglücklich bist. Sie ist dysfunktional, und du willst eine Veränderung herbeiführen.

Wie eine kaputte Schallplatte …

Ich möchte, dass du deine Botschaft wieder und wieder und wieder und wieder und wieder wiederholst … Manipulator:innen wissen genau, wie sie Druck auf dich ausüben können. Aber du musst widerstehen. Du brauchst dich auch nicht zu entschuldigen, bevor du gehst. Wiederhole einfach, dass du in der Angelegenheit X auf sie zurückkommen wirst. Lass dich nicht auf eine Debatte darüber ein, warum du nicht sofort auf ihre ursprüngliche Frage antwortest. Du musst ihnen auch nicht sagen, wann sie ihre Antwort erwarten können. Selbst eine Frist zu setzen, könnte bedeuten, die Kontrolle abzugeben.

Sei konsequent. Bleib bei der Sache. Verhalte dich konsequent. Ändere dich nicht. Menschen, die genau das tun, was sie sagen, werden von anderen Menschen sehr respektiert. Wenn du zeigst, dass du dem Druck in Form von Tränen, Schreien, Drohungen, Versprechungen oder was auch immer nicht nachgeben wirst, hast du die Kontrolle über die Situation zurückgewonnen. Die Macht von konsequentem Handeln ist *verblüffend*. So klingt ein Sprung in einer Schallplatte:

Narzisst:in (N): »Da du so gut darin bist, Dinge zu organisieren, habe ich beschlossen, dir die Verantwortung für ein großes, neu anstehendes Projekt zu übertragen.«

Du: »Auf der anderen Leitung klingelt es. Ich muss den Anruf entgegennehmen. Entschuldige bitte.« (Atme durch und entscheide für dich, ob du diese Selbstmordmission annehmen willst oder nicht.)

Lass etwas Zeit verstreichen. Versuche es mit 30 Sekunden.

Du: »Danke, dass du gewartet hast. Ich brauche etwas Zeit, um über den Vorschlag nachzudenken. Ich melde mich bei dir, sobald ich kann.«

N: »Was gibt es da zu überlegen? Willst du sagen, dass du das Projekt nicht übernehmen willst? Es sind eine Menge Leute daran beteiligt ...«

Du: »Ich verstehe, dass das für dich überraschend kommt« (Bestätigung der tatsächlichen Gefühle des/der Narzisst:in), »aber ich muss darüber nachdenken, also werde ich mich bei dir melden.«

N: »Nun, ich muss sagen, ich werde nicht allzu lange warten können. Weißt du, das ist ein sehr wichtiges Projekt. Davon hängt im Moment alles ab. Ich brauche deine Antwort sofort.«

Du: »Ich verstehe deine Bedenken, aber ich brauche Zeit, um darüber nachzudenken. Ich melde mich bei dir, sobald ich kann.«

N (verärgert über den unerwarteten Widerstand, auf den er/sie gestoßen ist): »Du hörst nicht zu! Du bringst uns hier in eine Zwangslage. Wir brauchen deine Hilfe! Es gibt wirklich nichts, was du berücksichtigen müsstest.«

Du (tiefes Durchatmen): »Ich verstehe deine Frustration, aber ich werde mich in dieser Sache noch einmal melden müssen. Tschüss.«

Ja, genau. Leg auf, einfach so. Natürlich kannst du dem Narzissten oder der Narzisstin auch von Anfang an sagen, dass er/sie es lassen soll. Dadurch verschlechtert sich aber eure Beziehung und du weißt nicht sicher, ob er/sie sich seines/ihres manipulativen Verhaltens überhaupt bewusst ist. Die Macht des konsequenten Handelns ist einfach unvergleichbar.

Furcht, Angst und Schuldgefühle umprogrammieren

Angst vor etwas zu haben, kann einem das Leben schwer machen: Angst vor Ablehnung, davor, einen Fehler zu machen, nicht akzeptiert zu werden, kritisiert zu werden, andere zu verärgern, ausgegrenzt zu werden – das sind nur einige der Dinge, vor denen die meisten von uns irgendwann einmal Angst haben.

Ängste sind eher abstrakt. Sie können sich sogar um Dinge drehen, die nie wirklich passieren. Blicke auf dein bisheriges Leben zurück und gehe einmal durch, was dir im Laufe der Jahre alles Angst bereitet hat. Du wirst feststellen, dass nur ein sehr kleiner Teil deiner Ängste tatsächlich berechtigt war. Mark Twain soll einmal gesagt haben, dass er sich in seinem Leben viele Sorgen gemacht habe, von denen die meisten nie eingetroffen seien.«

Schuldgefühle schließlich sind das Gefühl, für die Gefühle anderer Menschen verantwortlich zu sein – dass es zum Beispiel deine Schuld wäre, wenn Narzisst:innen traurig sind oder sich schlecht behandelt fühlen.

Ein/e Manipulator:in will, dass du aus dem Gleichgewicht gerätst, und ist bereit, dich anzuschreien, dir zu drohen, zu schluchzen, zu weinen oder das Opfer und den Märtyrer zugleich zu spielen, nur damit du dich entweder ängstlich, eingeschüchtert oder schuldig fühlst. Bis zu einem gewissen Punkt hat das auch funktioniert. Ab jetzt aber nicht mehr.

Rote Ängste

Wenn du ein/e Rote:r bist, denk nur mal an all die Dinge, die sich deiner Kontrolle entziehen. Was um alles in der Welt tust du da? Ich weiß, du willst es nicht zeigen, aber leugne nicht, dass du es manchmal fühlst: So kalt bist du nicht. Die Roten haben im Allgemeinen Angst davor, die Kontrolle über alle wichtigen Dinge in ihrem Leben zu verlieren.

Gelbe Ängste

Wenn du ein/e Gelbe:r bist, hast du ständig Angst vor Ablehnung. Wenn alle deine Freund:innen dich meiden würden, was würde dann aus dir werden? Soziale Isolation ist eines der schlimmsten Dinge, die einem/einer Gelben passieren können. Nicht in der Lage zu sein, ständig Zeit mit anderen Menschen zu verbringen und Kontakte zu knüpfen, kann eine große Belastung für sie darstellen.

Grüne Ängste

Wenn du ein/e Grüne:r bist, bist du dir deiner Angst vor Konflikten sehr bewusst. Hebt jemand auch nur ein bisschen die Stimme, bekommst du weiche Knie – und zwar nicht auf die schöne Art! Du hast auch Angst vor schnellen Veränderungen. Du ziehst dich zurück, wenn jemand droht, deine Existenz zu sehr zu erschüttern.

Blaue Ängste

Blaue fürchten vor allem eines: öffentliche Demütigung. Sei es am Arbeitsplatz, in einer Beziehung oder in einer Situation, in der sie dumm erscheinen könnten – sie werden alles tun, um dies zu verhindern. Sich zum absoluten und totalen Narren zu machen, würde sie so sehr beschämen, dass sie sich vielleicht nie wieder davon erholen.

Was kann schon schiefgehen?

Wenn du dich entschlossen hast, den Einfluss deines/deiner Manipulator:in auf dich zu beenden, wirst du mehrere der folgenden Gefühle erleben: Du wirst dir Sorgen machen, was passieren könnte, und du wirst befürchten, dass einige sehr spezifische Konsequenzen eintreten werden. Das Schlimmste ist, dass du dich sogar schuldig fühlen wirst, weil du zur Abwechslung mal an dich selbst denkst.

Mir ist klar, dass du nicht perfekt bist, aber das bedeutet nicht, dass du es verdienst, manipuliert und betrogen zu werden. Während du dich von einem/einer Narzisst:in befreist, ist es sehr wichtig, dass du an dein eigenes Wohlbefinden denkst. Mit der Zeit bekommst du noch genug Möglichkeiten, an deinen Schwächen zu arbeiten und deine Persönlichkeit zu entwickeln. Aber es gibt keinen Grund, all das in dieser Zeit zu verfolgen. Was du sofort angehen musst, ist, deiner eigenen Abneigung gegenüber unangenehmen Gefühlen zu begegnen. Furcht, Angst und Scham mit sich herumzutragen, kann sehr lästig sein. Glaub mir, ich habe alle drei Emotionen schon ausgiebig getestet. Eine Zeit lang war ich ein Virtuose in Sachen Angst. Das war jedoch, bevor ich merkte, dass die meisten Dinge, über die ich mir Sorgen machte, nie eintraten.

Wie macht man das? Ganz einfach: Du gehst dein eigenes Unbehagen frontal an. Ähnlich wie bei der Behandlung von Klaustrophobie musst du dich deinen Ängsten in kleinen Dosen aussetzen. Hast du Angst, mit dem Aufzug zu fahren? Schau dir zuerst ein Foto eines Fahrstuhls an. Das ist alles. Geh dann in ein Gebäude mit einem Aufzug und betrachte ihn eine Zeit lang aus der Ferne. Als Nächstes schau dir den Aufzug ein paar Minuten lang von innen an. Du musst nicht hineingehen. Irgendwann wirst du jedoch hineingehen, während jemand anderes die Tür für dich aufhält. Du bleibst eine Weile stehen, bevor du den Aufzug wieder verlässt. Beim nächsten Mal bleibst du vielleicht so lange drin, bis die Türen schließen, während dir jemand anderes Gesellschaft leistet. Vielleicht fährst du ein oder zwei Stockwerke, und so weiter.

So wird Klaustrophobie behandelt. Man stellt sich der Angst und macht einen kleinen Schritt nach dem anderen. Und du kannst das auch.

Ereignisse in Worte fassen

Solange der stillschweigende Vertrag zwischen dir und deinem/deiner Manipulator:in besteht, wird er/sie dich weiter manipulieren. Deshalb ist es unbedingt notwendig, dass du den Vertrag brichst und beginnst, deine Bedenken zu äußern. Ich verwende immer wieder das Wort »Manipulator:in«, weil ich betonen möchte, dass nicht alle Manipulator:innen Narzisst:innen sind. Manchmal kann Manipulation sogar ein unbewusstes Verhalten sein – aber darauf gehe ich an anderer Stelle in diesem Buch ein. Wenn du dir nicht sicher bist, womit du es genau zu tun hast, empfehle ich dir die folgende Vorgehensweise:

Niemand kann deine Gedanken lesen. Anstatt also auf etwas zu warten, konfrontiere den/die Manipulator:in mit deinen Erfahrungen. Tu dies, wenn ihr nur zu zweit seid. Du musst nicht extra essen gehen oder dich sonst wie anstrengen, aber stelle sicher, dass du eine Zeit lang ungestört sprechen kannst. Fasse in Worte, was du zum Ausdruck bringen willst. Jede der folgenden Phasen muss dabei berücksichtigt werden, um Missverständnisse zu vermeiden. Hier ein Vorschlag, was du sagen kannst:

1. »Wenn du … machst …« (beschreibe das Verhalten, das du dem/der Manipulator:in abgewöhnen willst)

2. »… fühle ich …« (beschreibe detailliert die negativen Gefühle, die dies in dir auslöst).

3. »Wenn du« (das störende Verhalten) »aufgeben könntest und stattdessen …« (beschreibe das Verhalten, das du in dieser Situation lieber sehen würdest),

4. »… würde ich mich fühlen« (erkläre genau, wie du dich fühlen möchtest, wenn du mit deinem Partner/deiner Chefin/dem Kollegen/deiner Mutter – oder wer auch immer der/die Manipulator:in sein mag – zusammen bist).

Und zwar genau in dieser Reihenfolge. Deine Botschaft wird ankommen und es besteht eine gute Chance, dass Narzisst:innen dir tatsächlich zuhören. Wenn es sich um jemanden handelt, der im Grunde anständig ist, sich aber in unangemessenes Verhalten verstrickt hat, stellst du mit dieser Methode sicher Veränderungen fest. Ein Beispiel, das ich vor einigen Jahren in einem Coaching für eine Einzelperson gegeben habe:

1. »Wenn du dich ständig über alles beschwerst, was ich mache …«

2. »… fühle ich mich unzulänglich und nutzlos.«

3. »Wenn du mir auch ein positives Feedback geben könntest oder mich loben würdest …«

4. »… hätte ich das Gefühl, dass du mich mehr schätzt, und ich würde mich viel wohler fühlen.«

Oder vielleicht kannst du es auf diese Weise probieren:

»Wenn du mich anrufst und dich darüber beklagst, dass du dich so einsam fühlst, fühle ich mich missverstanden und unterschätzt. Wenn du, anstatt dich darüber zu beschweren, wie einsam und unglücklich du bist, einfach ins Auto steigen und vorbeikommen könntest, würde es mir leichter fallen, dich ernst zu nehmen.«

Bei der Arbeit könntest du ungefähr so vorgehen:

»Wenn Sie sich vor der ganzen Firma über meine Arbeitsleistung beschweren, bin ich hoffnungslos verzweifelt und möchte am liebsten auf der Stelle kündigen. Wenn Sie meine Bemühungen nur ab und zu anerkennen würden, würde mich das ermutigen, meine Fähigkeiten weiterzuentwickeln und zu versuchen, noch bessere Arbeit zu leisten.«

Wenn du dich an diesem Tag besonders stark fühlst, kannst du auch etwas forscher auftreten:

»Wenn du dich ständig über deine Gesundheit beklagst und mir unterstellst, ich sei irgendwie schuld daran, bekomme ich Magenkrämpfe. Wenn du, anstatt im Bett zu bleiben und deine eingebildeten Beschwerden zu pflegen, einfach aufstehen, dich anziehen und mir ab und zu in der Küche helfen könntest, wäre ich vielleicht bereit, in dieser Beziehung zu bleiben.«

BOOM! So sieht ein aufgebrochenes Muster aus!

Jede einzelne Aussage entspricht der Formel 1, 2, 3 und 4. Nimm Stift und Papier zur Hand und versuche es einmal selbst. Was ist die erste Situation, die dir in den Sinn kommt? Wie wirkt sich sein/ihr Verhalten auf dich aus? Was möchtest du von nun an häufiger sehen? Wie möchtest du dich stattdessen fühlen? Schreibe dein gesamtes Drehbuch auf und lies es dir ein paarmal laut vor. Verfeinere es und überleg dir, welche Reaktionen du bekommen könntest. Wenn du einige der häufigsten Reaktionen voraussehen kannst, bist du vielleicht sogar in der Lage, von Anfang an Antworten darauf vorzubereiten. Das nennt man Einwände verhindern, und das funktioniert hervorragend. Übe ein paarmal, und es wird dir viel leichter fallen.

Außerdem kannst du alles jederzeit beenden, indem du Folgendes sagst: »Es liegt an dir, ob du weiterschreist, weinst und mir die Schuld gibst, aber zumindest weißt du jetzt, wie unglücklich, ängstlich, wertlos, unsicher und sauer ich mich fühle.«

Jetzt hast du etwas wiederholt, was der/die Manipulator:in nie von dir erwartet hätte. Einerseits hast du sein/ihr Verhalten als eine bewusste Entscheidung bezeichnet. Andererseits hast du zugestimmt, dass du für deine Gefühle selbst verantwortlich bist. Hättest du ihm/ihr gesagt, dass sein/ihr Verhalten die Ursache für deine Gefühle ist, hätte das vielleicht eine Diskussion ausgelöst, die dazu geführt hätte, dass du hättest zugeben müssen, dass du dir Dinge nur einbildest, dass du dich irrst und so weiter.

Zerstöre die Manipulation vollständig – stelle sicher, dass es keine Normalität gibt, zu der du zurückkehren könntest

Du stehst kurz davor, die Kontrolle über dich selbst, deine Gefühle und sogar dein ganzes Leben zurückzugewinnen. Und das alles wird sich lohnen. Du wirst dich viel besser fühlen, sobald du diesen Schritt bewältigt hast. Narzisst:innen – wer auch immer es konkret in deinem Leben sein mag – wird das überhaupt nicht gefallen. Erwarte also nicht, dass sie dir sagen: »Ach! Ich hatte ja keine Ahnung! Es tut mir furchtbar leid – ich höre sofort damit auf!«

Nein, die Umstellung von schlechtem auf gutes Verhalten kann Monate dauern, und deshalb möchte ich noch einmal auf die Macht der Konsequenz hinweisen. Nimm nichts zurück. Wenn du gesagt hast, dass du ein bestimmtes Verhalten nicht akzeptierst, dann zieh das auch durch. Ein/e waghalsige/r Manipulator:in wird dich vielleicht herausfordern. Schließlich hast du ihn/sie gerade um einen großen Teil seines Komforts gebracht. Daher macht es Sinn, sich auf weitere Angriffe vorzubereiten. *Denk an die Macht der Konsequenz.*

Setzt dich der/die Narzisst:in nun unterdrücktem Schweigen, Schreien, Fluchen, Türenknallen, Tischschlagen, wütenden Blicken, spöttischem Gelächter, Tränen, Schluchzen, Ignorieren, Drohungen – oder was auch immer in der Vergangenheit für ihn/sie funktioniert hat – aus, reagiere einfach mit: »Das wird bei mir nicht mehr funktionieren. Du kannst jetzt aufhören, es zu versuchen.« Das könnte sich in der Praxis etwa so anhören:

»Ich weiß, dass du willst, dass ich dein Zeug erledige, aber deine Drohungen funktionieren bei mir nicht mehr.«

»Ich verstehe, dass Sie möchten, dass ich Ihr Problem für Sie löse, aber der Versuch, mich auf die Palme und aus dem Gleichgewicht zu bringen, wird Ihnen nicht helfen.«

»Mir ist klar, dass Sie das wollen, aber Ihr Wüten und Fluchen hat keine Wirkung mehr auf mich. Hören Sie auf damit.«

In Zukunft wird der/die Narzisst:in dich mit Respekt behandeln müssen.

Bestimme deine Bedingungen für die Fortsetzung der Beziehung

Wenn du eine manipulative Chefin hast, musst du eine Entscheidung treffen. Die falsche Chefin kann dich nämlich wirklich ausbremsen. Deine Karriere kann ins Stocken geraten. Möglicherweise hat sie gar kein Recht, Entscheidungen zu treffen. Das Einzige, was du tun kannst, ist, an den gesunden Menschenverstand deiner Vorgesetzten zu appellieren. Wenn deine Chefin sich wirklich weigert, dir zuzuhören, solltest du stattdessen andere Optionen verfolgen. In diesem Fall ist es tatsächlich einfacher, wenn es um private Angelegenheiten geht. Du kannst deinem Partner, deiner Mutter, deinen Geschwistern, deiner unhöflichen Tante oder deinem Schwippschwager jederzeit sagen, dass du sie komplett aus deinem Leben entfernen wirst, wenn sie dir keinen Respekt entgegenbringen.

Das ist trotzdem leichter gesagt als getan – ich weiß. Aber wenn du festgestellt hast, dass dein/e Partner:in ein/e Narzisst:in ist und du dich in der Beziehung nicht wohlfühlst, hast du zumindest herausgefunden, warum. Wenn du unnötige Trennungen vermeiden willst, teile unbedingt deine Bedingungen für die Fortsetzung der Beziehung mit. Beachte dabei: Es geht hier nicht darum, dass du dich für vergangene Ungerechtigkeiten rächst. So etwas musst du hinter dir lassen. Aber du musst ein oder zwei Dinge klären, bevor du die Angelegenheit hinter dir lassen kannst. Schaffe einen Rahmen für die Beziehung. Ich würde Folgendes vorschlagen:

1. Erkläre, dass du von nun an selbst entscheiden wirst, was du tun oder lassen willst. Du wirst mehr Wert auf deine eigenen Bedürfnisse legen, aber nicht in einem solch hohen Maße, dass du deine/n Partner:in vernachlässigst.

2. Erkläre, wie du in Zukunft behandelt werden willst: rücksichtsvoll, aufrichtig, mit mehr Freundlichkeit. Erkläre, dass es höchste Zeit ist, dass der/die Narzisst:in sich so verhält, als ob er/sie dich als Partner, Tochter, Geliebte oder was auch immer wertschätzt. Erkläre in direkter Form, dass du nicht mehr bereit bist, dich verletzen zu lassen. Ende der Geschichte.

3. Setze klare Grenzen. Erkläre, dass du die Eskapaden des Narzissten oder der Narzisstin nicht länger hinnehmen wirst (anhand deiner Beobachtungen kannst du es veranschaulichen). Sprich keine Drohungen aus – das macht alles nur noch schlimmer. Erkläre, dass du nicht vorhast, dich auf Diskussionen jeglicher Art einzulassen, die die von dir genannten Verhaltensweisen beinhalten.

4. Bitte ihn/sie, anzuerkennen, dass deine Bedürfnisse, Prinzipien, Meinungen und Werte nicht unbedingt falsch sind, auch wenn sie denen des Narzissten oder der Narzisstin widersprechen. Erkläre, dass du nicht im Unrecht bist, nur weil der/die Narzisst:in denkt, dass er/sie recht hat.

5. Erkläre, dass du von nun an mehr von eurer Beziehung erwartest, nachdem du dir selbst klare Grenzen gesetzt hast.

6. Und zuletzt: Bitte den/die Narzisst:in (ein freundliches Lächeln und weit aufgerissene Augen können hier helfen), zu bestätigen, dass er/sie gehört hat, was du gesagt hast. Und bitte ihn, sich zu verpflichten, sich in Zukunft zu bemühen.

Das war's! Auch hier solltest du nicht erwarten, dass eine Person, die dich jahrelang manipuliert hat, einfach sagt: »Klar, kein Problem. Von nun an machen wir es auf deine Art.« Wenn du jedoch die fünf vorangegangenen Schritte deines Plans zur Wiedererlangung deiner Würde bereits umgesetzt hast, ist der Schock für sie nicht allzu groß. Nochmals: Ich kann gar nicht genug betonen, wie wichtig Konsequenz ist. Wenn du sie zu deiner Waffe machst, kann das dein Problem ein für alle Mal lösen.

Ein Wort der Warnung

Es gibt eine bestimmte Bedingung, die dazu führen kann, dass dieser ganze Ansatz kläglich scheitern wird: falls die betreffende Person tatsächlich ein/e klinische/r Narzisst:in ist. Eine Person, bei der tatsächlich eine NPS diagnostiziert werden würde. Ist das nämlich der Fall, funktionieren diese Maßnahmen nur für eine begrenzte Zeit. Echte Narzisst:innen sind einfach nicht in der Lage, sich zu ändern, genau wie Psychopath:innen. Womit wir wieder bei der Botschaft des vorangegangenen Kapitels wären: Geh weg, und schau nicht zurück.

18
Kann man Täter:innen vermissen?

Nehmen wir an, dir gelingt es, dich von der Person zu befreien, die dich all die Jahre gequält hat. Das kann ein Liebespartner, ein naher Verwandter, ein Elternteil oder – warum nicht? – deine Chefin sein. Natürlich muss jeder für sich selbst entscheiden, wie viel psychische oder physische Misshandlung er zu akzeptieren bereit ist. Ich persönlich glaube an die Null-Toleranz-Politik. Wenn man kleine Dinge durchgehen lässt, können sie größer werden. Auf jeden Fall hast du dich an deinen Plan gehalten, warst konsequent und klar und hast wirklich alles in deiner Macht Stehende getan, um die schlechte Behandlung, die du erfahren hast, zu beenden. Nehmen wir an, dass in deinem speziellen Fall der/die Narzisst:in einen Rückzieher gemacht hat. Oder vielleicht hast du Schluss gemacht. Ihr habt euch getrennt oder wurdet geschieden. Beziehungen können toxisch werden. Das ist traurig, aber manchmal auch unvermeidlich.

Wie geht es weiter? Ist jetzt alles locker-flockig?

Viele Überlebende von Beziehungen mit Narzisst:innen mussten feststellen, dass die Phase danach ziemlich schwierig sein kann. Obwohl sie jahrelang von einem/einer narzisstischen Partner:in psychisch missbraucht wurden, kann es sein, dass eine Person, der es gelingt, sich zu befreien, die Person, die sie vor sechs Monaten verlassen hat, immer noch vermisst oder das Gefühl hat, sie sei immer noch in sie verliebt. Irgendwie hat sich eine Leere in ihrem Leben aufgetan. Dieses Gefühl folgt keiner Logik – es klingt völlig irrational. Aber unsere Gefühle kontrollieren uns mehr als alles andere.

Zunächst einmal wäre es klug, einige Zeit verstreichen zu lassen, bevor man irgendwelche Schlüsse zieht. Was du fälschlicherweise für Liebe gehalten hast, war vielleicht ein Gewohnheitsmuster, das sich in deinem Kopf festgesetzt hatte. Solche Muster verblassen mit der Zeit. Ich weiß – das ist ein seltsamer, verwirrender Gedanke. Wie dem auch sei, manche Menschen erleben es genau so, als etwas, das mit der Zeit verschwindet. Werfen wir also einen kurzen Blick darauf, warum das so ist. Wenn du schon einmal jemanden vermisst hast, von dem du wusstest, dass er eigentlich schlecht für dich ist, dann findet sich hier vielleicht eine Erklärung.

Erstens spiegelt es einfach wider, wie wir Menschen funktionieren: Wir gehen Beziehungen nicht mit dem Gedanken ein, es einfach mal zu versuchen und zu sehen, ob sie halten. Wenn wir zum Beispiel heiraten, dann gehen wir davon aus, dass es das ganze Leben hält. Wir wurden bereits mit Happy Ends bombardiert, bevor wir überhaupt gelernt haben, Hollywood zu buchstabieren. Deshalb sind wir bereit, so viel von uns selbst in ein anderes menschliches Wesen zu investieren. Es soll ja nicht enden. Der Gedanke, dass eine Beziehung nicht von Dauer sein wird, macht uns traurig. Außerdem, und das mag etwas seltsam klingen, kann man jemanden auch dann noch lieben, wenn man ihn gar nicht besonders mag.

Wie dein eigenes Gedächtnis dich betrügt

Wir sollten aber auch bedenken, dass unser Gedächtnis tückisch sein kann. Unser Gehirn ordnet die Dinge nach Assoziationen, nicht chronologisch. Wenn du eine Situation erlebst, die dich an etwas erinnert, spielt es im Grunde keine Rolle, wie weit die Erinnerung zurückliegt: Du wirst dich so deutlich daran erinnern, als wäre es erst gestern geschehen.

Eine Technik, die Narzisst:innen anwenden, um den Anschein zu erwecken, dass sie ideale Partner:innen für dich sind, besteht darin, sehr intensiv um dich zu werben. Das kann so weit gehen, dass sie dir jeden zweiten Tag Blumen schenken, dich zu netten Abendessen einladen und dich zu Beginn der Beziehung mit kleinen Geschenken und Liebeserklärungen überhäufen. Damit soll vor allem eines erreicht werden: Bei dir soll das Gefühl erzeugt werden, dass du vermeintlich geschätzt wirst. Das funktioniert auch. Du wirst dadurch verpflichtet, dich daran zu erinnern, da du mit großer Wahrscheinlichkeit so etwas noch nie zuvor erlebt hast. Selbst wenn es nur vorgetäuscht war, bleibt es im Gedächtnis.

Wenn du zum Beispiel direkt nach einer Trennung einen Blumenstrauß siehst, weckt das Erinnerungen an all die Blumen, die du während der Love-Bombing-Phase erhalten hast. Die ersten Tage mit dem Narzissten haben einen starken Eindruck hinterlassen, und du fühlst das noch immer. Blumen, Textnachrichten, gestohlene Küsse und leidenschaftliche Nächte. Es ist alles noch da, in deinem Kopf. Wie gut du deine rationale Erkenntnis, manipuliert worden zu sein, auch verinnerlicht haben magst – die *Gefühle* bleiben.

Auch schlechte Dinge können dazu führen, dass man sich begehrt und geliebt fühlt. Im Zusammenhang mit einer romantischen Beziehung ist Eifersucht zum Beispiel ein Gefühl, bei dem man sich Sorgen macht, die Aufmerksamkeit des Geliebten zu verlieren. Psycholog:innen vermuten, dass diese Emotionen auf Kindheitserinnerungen zurückgehen, zum Beispiel weil man wegen eines Geschwisterteils ganz oder teilweise vernachlässigt wurde. Ein/e geschickte:r Manipulator:in listet all diese Dinge als Erklärung für seine Eifersucht auf. Eine große Rolle kann auch ein geringes Selbstwertgefühl spielen, aber wie wir wissen, kann man das auch vortäuschen. Jedenfalls kann das dazu führen, dass du Mitleid mit deinem Narzissten oder deiner Narzisstin hast.

Eifersucht

Wenn du spürst, dass der/die Narzisst:in ein eifersüchtiges, besitzergreifendes Verhalten an den Tag legt – das natürlich ein negatives ist –, kann das sehr wohl mit echter Liebe oder echter Verlustangst verwechselt werden. Und das könnte dir ja sogar gefallen. Es gibt dir das Gefühl, etwas Besonderes zu sein, und plötzlich glaubst du den Fantasien des Narzissten oder der Narzisstin, wie besonders euer zukünftiges gemeinsames Leben sein wird. Das Gefühl der Grandiosität, das die andere Person in sich trägt, kann auf dich abfärben. Wenn der/die Narzisst:in dich kritisiert, siehst du das als Beweis dafür, dass er/sie sich wirklich um dich kümmert und dich wahrhaftig wahrnimmt. Wenigstens warst du damals nicht unsichtbar. Nicht so wie jetzt. Jetzt löst du bei niemandem mehr auch nur das kleinste bisschen Eifersucht aus. Wer bist du überhaupt noch?

Und – ein beunruhigender Gedanke – vielleicht verspürst du selbst Eifersuchtsgefühle, die sich auf denjenigen richten, den dein/e alte/r Missbraucher:in gerade mit endlosen Liebeserklärungen umwirbt. Wehr dich dagegen! Erinnere dich an all den Schmerz, den du wegen ihm erlitten hast.

Wir alle haben einige erlösende Qualitäten

Es gibt weitere Gründe, warum du deine/n ehemalige/n Missbraucher:in vermissen könntest. Denn es ist durchaus möglich, dass der/die Narzisst:in nicht nur schlechte Eigenschaften hatte. Vielleicht hatte er einen wunderbaren Sinn für Humor. Manche sind richtig gute Zuhörer:innen, oder zumindest sind sie gut darin, den Eindruck zu erwecken, sie seien es. Auch die körperliche Anziehungskraft sollte nicht unterschätzt werden. Sie ist ein wichtiger Grund, warum Menschen zusammenbleiben, auch wenn alle so tun, als ob sie sich nur für die inneren Qualitäten interessierten.

Stell dir vor, diese Person wäre die attraktivste oder sogar sexyste Person überhaupt. Narzisst:innen werden oft für attraktiver gehalten als der Durchschnitt – zumindest denken sie das auch selber –, aber das liegt vor allem an den Anstrengungen, die sie unternehmen, um gut auszusehen. Es gibt keinerlei Anhaltspunkte dafür, dass sie tatsächlich besser aussehen als der Durchschnitt. Selbstbewusstsein ist jedoch eine attraktive Eigenschaft. Meiner Meinung nach ist das insbesondere bei Männern gut dokumentiert – das Verhalten von Alpha-Männern ist wohl für potenzielle Partnerinnen recht attraktiv. Auf einer intellektuellen Ebene könnten wir dies natürlich infrage stellen, aber unserer Natur können wir nur schwer widerstehen. Plötzlich nicht mehr das Objekt der Aufmerksamkeit einer solchen Person zu sein, kann ein Gefühl der Verlassenheit hervorrufen.

Da Narzisst:innen nicht die einzigen Menschen sind, die Mustern folgen, gibt es hier noch etwas anderes zu bedenken: Vielleicht fühlst du dich auch immer wieder zu denselben Menschen hingezogen. Wir können nicht ausschließen, dass der/die Narzisst:in, von dem/der du dich gerade getrennt hast, dich irgendwie an andere Narzisst:innen aus deiner Vergangenheit erinnert. Das kann ein Elternteil sein, ein älterer Verwandter, ein früherer Freund oder eine frühere Freundin oder jemand anderes, der in deinem Leben eine Rolle gespielt hat. Vielleicht hat er/sie sich ähnlich verhalten wie die Person, von der du dich gerade getrennt hast.

Oder vielleicht hat es damit zu tun, wie sehr du dich für die betreffende Person interessierst. Ich denke dabei an all die Zeit, die du täglich damit verbracht hast, an ihn oder sie zu denken, davon zu träumen, was passieren wird, zu überlegen, wie du dich ausdrücken könnest, um verstanden zu werden, und ihn oder sie auf die Art und Weise zu befriedigen, was er oder sie diese Woche benötigt.

Vielleicht hast du früher viel Zeit damit verbracht, euer Haus aufzuräumen, um deinem Narzissten oder deiner Narzisstin zu gefallen.

Allerdings solltest du auch die Zeit einkalkulieren, in der du gehofft hattest, dass sich die Lage bessert, und in der du dir Sorgen gemacht hattest, in welcher Stimmung er/sie sein würde, wenn er/sie nach Hause kommt – ob er/sie nun wütend oder glücklich ist, liegt nicht in deiner Hand. Im Grunde genommen können Narzisst:innen anstrengend sein. Je schlimmer sie sind, desto mehr Zeit verschwendest du. Und deshalb kann es gut sein, dass du dich erst einmal leer fühlst, wenn sie endlich aus deinem Leben verschwunden sind.

Starke Gefühle neigen dazu, weiterzuleben. Dabei erinnern wir uns eher an negative Erfahrungen. Neurowissenschaftler:innen haben kürzlich herausgefunden, warum wir uns eher von negativen Gefühlen kontrollieren lassen als von unseren positiven. Offensichtlich geht es dabei um das Überleben. Angst spielt eine größere Rolle für unser Überleben als Glück. Wenn man keine Angst kennt, wird man gefressen, weil man die Gefahr nicht erkennt. Wenn man jedoch unglücklich ist, stellt das keine unmittelbare Bedrohung für die eigene Existenz dar. Noch komplizierter wird es, wenn du an all die negativen Erfahrungen denkst, die du mit Narzisst:innen gemacht hast. Auf eine bizarre Art und Weise seid ihr durch den Schmerz, den eure Beziehung dir zugefügt hat, miteinander verbunden.

Die gemeinsamen Träume, von denen dein/e Narzisst:in wollte, dass du an sie glaubst. All die Dinge, von denen du gedacht hast, dass sie in deiner Zukunft geschehen würden. All die Versprechungen von Freiheit, Reisen, schönen Dingen, Kindern, Liebe und gemeinsamem Altwerden, die dir gemacht wurden. Wenn du romantisch veranlagt bist, tut es sehr weh, wenn du begreifst, dass du immer noch darauf warten musst. Du hast in der Hoffnung gelebt, dass sich die Dinge bald ändern würden … aber das »bald«

ist nie eingetroffen. Irgendwann möchte man diese Träume wieder mit jemandem teilen.

Vor allem aber glaube ich, dass diese Sehnsucht oder sogar Liebe zu jemandem, der so lange eine echte Bedrohung für dich war, durch eine Sucht verursacht wird, die du entwickelt hast. Du hast den Narzissten oder die Narzisstin aus demselben Grund aufgegeben, wie Menschen aufhören, Alkohol zu trinken: Du hast erkannt, dass die kurzfristigen Freuden die langfristigen Kosten nicht aufwiegen.

Der Fluch der AA

Du ähnelst einem Mitglied der Anonymen Alkoholiker. Selbst jetzt – nach einem, fünf, zehn oder sogar 20 Jahren der Nüchternheit – spürst du immer noch diesen besonderen Reiz. Deshalb rühren die Mitglieder der Anonymen Alkoholiker auch nie wieder eine Flasche an, wenn sie einmal davon losgekommen sind. Sie wissen, dass sie wieder rückfällig werden könnten. So etwas wie einen *einzigen Drink* gibt es nicht.

Du musst nicht trauern, du musst dich nicht unglücklich fühlen – aber wenn du das tust, ist das auch in Ordnung! Wenn irgendetwas davon auf dich zutrifft, dann sagt uns das nur, dass du ein Mensch bist. Alles ist in Ordnung mit dir. Du bist genau so, wie du sein sollst. Vielleicht fühlt sich eine Scheidung doch ein bisschen an wie sterben. Dann nimm es so an! Es ist in Ordnung, zu trauern. Erlaub dir das Gefühl.

Jetzt gibt's nur noch eine Sache zu tun

Ich hoffe, du gewährst mir einen Rat, was du tun solltest, sobald du es geschafft hast, dich von einem Narzissten oder einer Narzisstin zu befreien: Vergrößere den Abstand zur betreffenden Person so weit wie möglich. Physisch, geografisch, emotional. Nur so gelingt es dir, deine neuen Freiheiten zu bewahren.

Geh weg und kehre nie wieder zurück.

Niemals.

Niemals!

19
Ein Treffen mit Linda – eine Analyse ihres Verhaltens

Erinnerst du dich an Linda, die wir im ersten Teil dieses Buches kennengelernt haben? Geh ruhig noch einmal zu diesem Beispiel zurück und schau nach, ob du die Beschreibungen inzwischen anders »liest«. Lass dich auf ein paar Spekulationen über die Zukunft unserer fiktiven Linda ein. Ihr Verhalten ist nicht gerade liebenswert, aber das macht sie noch lange nicht zu einer Verbrecherin. Trotzdem könnten die Folgen schrecklich ausfallen.

Zunächst einmal: Wahrscheinlich fängt sie erst dann an zu arbeiten, wenn ihre Eltern ihr den Geldhahn zudrehen. Mit ungefähr 25 überzeugt Lindas Mutter ihren Vater, endlich die Zahlungen einzustellen. Vielleicht haben sie auch noch andere Kinder – sie können nicht ständig ihre ganze Zeit und ihre Ressourcen auf das schwächste Glied verwenden. Linda bewirbt sich für eine Stelle und sie ist fest davon überzeugt, dass sie sie bekommen wird. Das könnte sogar funktionieren. Viele Arbeitgeber:innen schätzen Selbstvertrauen. Nehmen wir also an, sie bekommt die Stelle. Bedeutet das, dass sich ihre Persönlichkeit plötzlich auf magische Weise von der unreifen, mürrischen Teenagerin, die sie bisher war, in die weisere, verantwortungsvollere Erwachsene verwandelt, die sie eigentlich schon sein sollte? Das ist eine schwierige Frage.

Als Nächstes würde ich Folgendes erwarten: Linda beginnt zu arbeiten. Aber sie hat noch immer die Sabbatical-Mentalität. Und es ist ja nicht so, dass sie sich jemals anstrengen musste. Also macht sie weiter wie bisher. Sie fängt spät an und macht früh Feierabend. Der Unterschied zwischen einem Arbeitsplatz und der Universität ist jedoch immens. In der Uni muss man lernen. In gewisser Weise investiert man in sich selbst. Niemand sonst kümmert sich darum, wie man vorankommt. Am Arbeitsplatz hingegen investiert man seine eigene Zeit in das Unternehmen. Es wird erwartet, dass man jeden Tag mindestens acht Stunden arbeitet. Fünf Tage die Woche, 40 Wochen im Jahr, so ungefähr. Wenn man das noch nie tun musste und man daran gewöhnt ist, von der Fürsorge anderer zu leben, bedeutet das eine ziemliche Umstellung. Viele junge Menschen standen schon vor dieser Herausforderung. Die meisten haben sich mit ihrer Situation abgefunden, sich aufgerappelt und sich ihrer erwachsenen Verantwortung gestellt. Mit anderen Worten: In der Regel geht es gut aus, mehr oder weniger.

Linda kommt eine Zeit lang mit ihren späten Morgen- und frühen Abendstunden durch, bis ihre Kolleg:innen ihrer Chefin darüber in Kenntnis setzen. Vielleicht merkt die Chefin es aber auch selbst und bittet sie zu einem Gespräch in ihr Büro. »Was ist das Problem?« Natürlich verspricht Linda, sich zu bessern, aber nicht ohne ein paar halbwegs akzeptable Ausreden für ihr Verhalten zu erfinden. Sie ist es gewohnt, Dinge vorzutäuschen, um ihren Willen zu bekommen – warum sollte es in dieser Situation anders sein? Doch eine Woche später steht ihre Chefin wieder auf der Matte, sie hakt nach. Sie verfolgt die Sache sehr sorgfältig, schließlich hat sie ein Führungskräftetraining besucht. »Hast du nicht gesagt, du würdest dich mehr anstrengen?«

Linda sieht das allerdings anders. Sie ist es gewohnt, für das zu kämpfen, was ihr vermeintlich zusteht. Sie geht nach Hause und weint sich bei ihrem Papa aus. Ihre Chefin sei so fies! Ihre Forderungen so unzumutbar. Als Nächstes fragt Linda ihren Vater, ob er nicht mal mit ihrer schwierigen Chefin sprechen könnte. Nur ein kleines Telefonat, wie er es schon unzählige Male für sie geführt hat. Er liebt doch seine Lieblingstochter, oder etwa nicht? Ihr Vater, der in der Realität lebt, erklärt ihr, dass dies nicht infrage komme. Arbeit ist keine Schule. Sie ist jetzt in der Privatwirtschaft. Entweder man leistet etwas oder packt ein und geht nach Hause. Schließlich ist das der Beruf, für den sie vier Jahre lang studiert hat und für den er die ganze Ausbildung bezahlt hat. Er möchte jedoch, dass sie ihm erklärt, wie sie in diese Situation geraten ist.

Linda beginnt wie üblich. Sie besteht darauf, dass sie wirklich ihr Bestes gegeben habe. Egal, wie hart sie arbeite, sie bekomme nur Kritik. Das verstehe sie nicht. Doch ihr Vater kennt seine Tochter. Er weiß im Grunde seines Herzens, dass sie gar nicht ihr Bestes gegeben hat. Er sagt ihr das Einzige, was ein verantwortungsbewusster Elternteil in dieser Situation sagen kann: »Du musst deinen Kopf klarkriegen. Werde erwachsen.« Daraufhin bekommt Linda einen Wutanfall und droht, sich umzubringen, wenn er ihr nicht helfe – er weiß gar nicht mehr, wie oft sie damit schon gedroht hat. Papa bleibt standhaft. Sie ist jetzt erwachsen. Sie muss diese Situation selbst in Ordnung bringen.

Linda stürmt aus dem Haus ihrer Familie und verbringt die gesamte Heimfahrt damit, ihre sozialen Medien mit Nachrichten darüber zu überfluten, wie beschissen ihr Leben ist. Sie hat etwas Besseres verdient. Aber sie erhält keine Unterstützung. Ihre Freund:innen aus dem realen Leben, die inzwischen alle erwachsen sind, haben sich bereits von ihr abgewandt. Sie haben sie durchschaut und wissen, dass sie eine Betrügerin ist. Auch ihre Chefin lässt nicht locker. Sie besteht darauf, die Leistungen zu erhalten, für die sie Linda ihren Lohn zahlt. Wenn Linda das nicht kann, muss sie eben kündigen. »Reiß dich zusammen.«

Eine Frage, über die du nachdenken solltest: Wie ist Linda in diese Situation geraten? Sie war eine kluge, junge Frau mit netten, großzügigen Eltern, die in einem durchschnittlichen Mittelklassehaushalt ohne besondere Herausforderungen aufgewachsen ist. Sie hatte die friedliche, sichere Kindheit, die sich viele nur wünschen können. Was ist hier schiefgelaufen? Welche narzisstischen Verhaltensweisen kannst du hier erkennen? Welche sind deiner Meinung nach echte narzisstische Verhaltensweisen und welche nur die eines gewöhnlichen verwöhnten Balgs? Wie ist sie zu der Person geworden?

Könnte es sogar sein, dass Linda selbst gar keine Schuld an ihrem Verhalten trägt? Was, wenn es andere Erklärungen gibt, die wir noch gar nicht in Betracht gezogen haben? Wurde sie so geboren oder hat sie etwas dazu gebracht, sich so zu verhalten? Wenn Letzteres der Fall ist – was ist die Ursache?

TEIL 4

Eine narzisstische Kultur

20
Wenn das Problem mehr als nur ein paar Menschen betrifft

Bis zu diesem Punkt haben wir den Narzissmus auf der Ebene diskutiert, auf der er Gegenstand einer mehr oder weniger wissenschaftlichen Untersuchung ist. Unsere Beispiele für narzisstisches Verhalten, seien sie nun individuell oder kollektiv, wie im letzten Kapitel, sind in diesem Zusammenhang eindeutig. Natürlich erkennen wir alle auch viele dieser Muster wieder.

Wir haben sie gesehen, wir haben sie erlebt und wahrscheinlich haben wir in der Vergangenheit sogar selbst narzisstisches Verhalten an den Tag gelegt. Ich weiß, dass ich das getan habe, und je mehr ich über die wenig schmeichelhafte Realität des Narzissmus lerne, desto mehr versuche ich, das zu vermeiden. Natürlich ist es in Ordnung, über sich selbst zu sprechen – aber man sollte wissen, dass man in dieser Hinsicht sehr leicht über das Ziel hinausschießen kann. Der Trick ist, wie du vielleicht schon erraten hast, herauszufinden, wo genau die Grenze liegt. Das herauszufinden, ist keine leichte Aufgabe.

In den letzten Jahren wurde die Frage aufgeworfen, wie weit sich Narzissmus ausbreiten kann. Alles begann mit dem Buch *The Narcissism Epidemic* von Jean M. Twenge und W. Keith Campbell, das 2009 erstmals veröffentlicht wurde. Ihre These lautete, dass der Narzissmus über den Bereich der üblichen klinischen Diagnose hinausgeht. Selbst Menschen, die in keiner Weise narzisstisch sind, zeigen plötzlich Verhaltensweisen, die verdächtig narzisstisch erscheinen. Im Grunde genommen scheint die Pathologie in unsere Kultur eingeführt worden zu sein: Der Wunsch, gesehen zu werden, mehr Raum zu beanspruchen, sich auf mehr oder weniger offensichtliche Weise zu profilieren.

Ich neige dazu, zu glauben, dass sie mit ihrer Theorie nicht ganz unrecht hatten. Doch bevor wir uns mit diesem Thema befassen, möchte ich darauf hinweisen, dass einige der Meinung sind, dass dies nicht als mögliches kulturelles Phänomen erklärt werden kann. Wie immer, wenn es um Fragen der menschlichen Psychologie geht, ist es schwer, einen Konsens zu erreichen. Manche behaupten, dass die Menschen in unserer Zeit keine andere Wahl haben, als die Details ihres Lebenslaufs zu fälschen – nur so könnten sie mit all den anderen Betrüger:innen da draußen mithalten! Diese Fraktion tendiert zu der Auffassung, dass die Schuld nicht beim Einzelnen liegen kann. Die Menschen werden im Grunde zu diesem Verhalten gezwungen. Das erwartet heutzutage jeder von ihnen. Diese Vorstellung hat sich wie eine Seuche verbreitet, vor allem unter den Jungen. Ich stimme jedoch zu, dass es falsch ist, Menschen als Narzisst:innen zu bezeichnen, nur weil sie sich an die veränderten Regeln angepasst haben. Das kann ich nachvollziehen. Aber andererseits, wenn es nicht die Schuld des *Einzelnen* ist und es wirklich nur darum geht, dass sich die Menschen an neue Umstände anpassen … wenn es also die *Kultur* ist, die immer narzisstischer geworden ist: Was genau ist dann los? Könnte man das Phänomen vielleicht einfach als narzisstische Kultur bezeichnen? Und stimmt es dann vielleicht auch, dass der Narzissmus auf dem Vormarsch ist, wie Twenge und Campbell bereits 2009 behaupteten? Ich gebe gern zu, dass ich diese Frage schwierig finde. Aber sie scheint mir zu wichtig, um sie zu ignorieren, also gehe ich ihr nach: Besteht wirklich die Möglichkeit, dass der Narzissmus in unserer Gesellschaft zunimmt? Überprüfe am besten meine Argumente und bilde dir selbst eine Meinung.

Als Nächstes schauen wir uns an, was passiert, wenn man das Konzept des Narzissmus auf gesellschaftlicher Ebene anwendet und was sich daraus ergibt. Versuche, beim Lesen der kommenden Ausführungen folgende Frage zu berücksichtigen:

Wie viel Narzissmus kann das System verkraften, bevor es zusammenbricht?

Denn hier liegt doch offensichtlich die Herausforderung. Wir können Narzissmus nicht mit Schizophrenie vergleichen, da die Auswirkungen dieser Krankheit vor allem die Betroffenen selbst zu spüren bekommen. Narzissmus ist keine psychische Erkrankung. Es handelt sich um eine Persönlichkeitsstörung. Das bedeutet, dass Narzissmus kein isoliertes Phänomen ist, von dem nur ein kleiner Prozentsatz der Bevölkerung betroffen ist. Einige Forscher:innen behaupten, dass zwischen 15 und 20 Prozent von uns Narzisst:innen sind.

Wie soll das überhaupt möglich sein? Wir wissen von Narzisst:innen, dass sie ein höchst merkwürdiges Selbstbild haben. Wie ich im ersten Teil auf verschiedene Weise dargelegt habe, sind sie vernarrt in sich selbst und fühlen sich dem Rest von uns überlegen. Die Frage ist, ob man sich von Zeit zu Zeit unangemessen verhalten kann, ohne ein/e echte/r Narzisst:in zu sein. Was würde es bedeuten, wenn jemand, der im Grunde wie du oder ich ist, anfängt, sich in einem ungesunden Maße auf sich selbst zu konzentrieren? Wie weit könnten die Dinge wirklich gehen, bevor sie aus dem Ruder laufen? Wie stark sind die Abwehrmechanismen, auf die wir uns als Individuen verlassen?

An sich selbst zu glauben, ist ein schönes Gefühl. Wenn du wirklich an dich glaubst, versuchst du etwas mehr als einmal, bevor du aufgibst. Du machst immer wieder weiter, weil du daran glaubst, dass du es schaffen wirst. Wie viele berichten, ist es viel besser, sich selbst zu mögen, als sich nicht zu mögen. Aber gibt es einen Punkt, an dem dieses Mögen zu weit geht? Ist es möglich, sich selbst ein wenig zu sehr zu mögen, selbst für diejenigen von uns, die keine Narzisst:innen sind?

Um diese Fragen zu beantworten, müssen wir einen Blick auf das große Ganze werfen. Nachdem wir einzelne Narzisst:innen untersucht und unsere Empörung über ihr amoralisches Verhalten zum Ausdruck gebracht haben, müssen wir die Möglichkeit in Betracht ziehen, dass dieses Problem mehr als nur ein paar Personen betrifft und dass der Umfang unserer Untersuchungen möglicherweise erweitert werden muss. Es gibt zwei Arten von Narzissmus: Einerseits gibt es die Art von Narzisst:innen, die die definierte Diagnose der NPS aufgrund der spezifischen Kriterien erhalten würde. Auf der anderen Seite haben wir all die Menschen, die von Zeit zu Zeit – oder ständig – narzisstisches Verhalten zeigen, ohne notwendigerweise die diagnostischen Kriterien zu erfüllen. Das ist exakt das, was ich und viele andere eine narzisstische Kultur nennen. Verhaltensweisen, die zweifelsohne narzisstisch, aber so weit verbreitet und akzeptiert sind, dass sie in unsere Kultur integriert wurden. Ein Teil unseres Zeitgeistes, wenn man so will.

Ist Narzissmus auf dem Vormarsch, oder bilden wir uns das nur ein?

In den USA wurde eine Studie mit 37 000 College-Studierenden durchgeführt, und die Ergebnisse zeigten deutlich, dass narzisstisches Verhalten seit den 1980er-Jahren ebenso stark zugenommen hat wie Fettleibigkeit. Einer von vier Studierenden stimmte zu, dass die meisten Kriterien einer Standard-Checkliste für narzisstische Eigenschaften auf ihn/sie zutreffen.

Diese Verhaltensweisen wurden nicht mit einer spezifischen klinischen Diagnose in Verbindung gebracht – und dass so viele Menschen plötzlich eine vollständige NPS entwickelt haben sollen, erscheint natürlich höchst unrealistisch. Es muss also eine andere Ursache dafür geben. Darüber hinaus scheint sich diese Entwicklung zu beschleunigen, in diesem Jahrzehnt sogar schneller als je zuvor. Forscher:innen glauben, dass es eine narzisstische Kultur gibt, die sich unter der Oberfläche verbirgt. Dadurch könnte sie sowohl Menschen beeinflussen, die narzisstisches Verhalten zeigen, als auch weniger egozentrische Personen ohne narzisstische Verhaltensmuster.

Da dieses Problem keineswegs auf die USA beschränkt ist, möchte ich dir eine Idee vorstellen, die du vielleicht noch nie in Betracht gezogen hast.

Eine narzisstische Kultur

Jean M. Twenge und W. Keith Campbell argumentieren, dass Narzissmus wie jede gewöhnliche Krankheit durch bestimmte Faktoren verursacht wird. Sie breitet sich über bestimmte Kanäle aus, weist eine Vielzahl von Symptomen auf und kann durch prophylaktische Therapien und Kuren etwas gelindert werden. Die Autoren behaupten, dass Narzissmus eher eine psychologische Plage als eine körperliche Krankheit ist, aber dass die Analogie erstaunlich gut funktioniert.

Genau wie die Adipositas-Epidemie wirkt sich auch diese mutmaßliche Krankheit auf die einzelnen Menschen unterschiedlich aus. Mehr Menschen als je zuvor sind übergewichtig, genauso wie mehr Menschen als je zuvor Narzisst:innen sind. Das ändert jedoch nichts an der Tatsache, dass sich viele Menschen gesund bewegen und gut ernähren und dass viele Menschen in der Lage sind, sich rücksichtsvoll zu verhalten und eine bescheidene Einstellung zu bewahren. Weniger selbstverliebte Menschen haben narzisstisches Verhalten im Fernsehen, im Internet, in realen Situationen mit Menschen, die sie kennen, und sogar in ihrer Familie gesehen. Selbst diejenigen, die sich nicht davon beeindrucken lassen, sind damit konfrontiert und somit in gewissem Maße davon beeinflusst worden.

Es hat sich eingebürgert, das Wort »Narzisst:in« als Schimpfwort zu verwenden, so wie das Wort »Psychopath:in« manchmal als allgemeines Schimpfwort benutzt wird. Es ist jedoch schwierig, außerhalb der akademischen Welt wissenschaftliche Beweise für Narzissmus zu finden. Es gibt zwar viele Bücher zum Thema Narzissmus, aber es mangelt immer noch an genauen Beweisen für die eine oder andere Theorie. Oft muss man seine eigenen Schlussfolgerungen auf der Grundlage von Beobachtungen ziehen, und genau das habe ich in diesem Buch getan. Es wird wahrscheinlich noch Jahrzehnte dauern, bis wir mit Sicherheit sagen können, dass wir Psychopathie und Narzissmus vollständig verstanden haben. Falls uns das überhaupt jemals gelingen wird.

Narzissmus ist ein Begriff, der Aufmerksamkeit auf sich zieht, und ich verwende ihn nicht leichtfertig. Dieses Buch ist voll von Beispielen für verschiedene narzisstische Verhaltensweisen, und ich verweise auf verschiedene Studien. Jetzt, da wir zur Diskussion über die narzisstische Kultur übergehen, wird es noch komplizierter.

Kultureller Narzissmus ist potenziell noch gefährlicher, weil es so wirkt, als würde er immer häufiger auftreten. Das ist zumindest meine eigene Meinung, zu der ich gekommen bin, nachdem ich mich in den letzten zwei Jahren genauer mit dem Problem beschäftigt habe. Es kommen viele der Dinge, die ich hier erörtere, bei den meisten Personen vor, die eine reguläre NPS-Diagnose erhalten würden.

Narzissmus ist nicht nur ein Fall von übermäßigem Selbstvertrauen oder einem gesunden Selbstwertgefühl. Wie wir gesehen haben, gehen Narzisst:innen über ihr Selbstvertrauen hinaus: Sie haben im wahrsten Sinne einen irrationalen Glauben an ihre eigenen Fähigkeiten. Sie sind auch viel weniger an engen emotionalen Beziehungen interessiert, eine Eigenschaft, die sie von Menschen mit normalem Selbstvertrauen und Selbstwertgefühl unterscheidet.

21 Ausdrucksformen einer narzisstischen Kultur

Werfen wir nun einen genaueren Blick darauf, wie eine narzisstische Kultur aussehen könnte, und überlege selbst, ob du meinen Schlussfolgerungen folgst. Wie ich bereits erwähnt habe, geht es hier nicht um Menschen, die eine umfassende NPS-Diagnose erhalten würden, sondern um eine Reihe von Phänomenen, die auf der Grundlage der Checklisten und Kriterien, die zur Diagnose von Narzissmus verwendet wurden, als narzisstisch angesehen werden sollten.

Die nicht ganz so perfekten Vorbilder – ein Beispiel

In Schweden gibt es einige Personen, die ihre Karriere darauf aufgebaut haben, dass sie im Grunde genommen nur eines gut können: sich negativ über andere Menschen äußern. Dies kann mehr oder weniger elegant erfolgen. Schlecht geschriebene Beiträge in den sozialen Medien sind das eine Extrem, auf der anderen Seite gibt es etablierte Autoren, die sich gut ausdrücken können. Der Zweck ist jedoch derselbe. Wenn man gut mit Worten umgehen kann und Zeit hat, kann man großen Schaden anrichten. Vor allem, wenn man sich irgendwie eine große Plattform verschafft hat.

In Schweden gibt es eine Reihe beliebter Blogger:innen und Podcaster:innen, die sich seit Jahren mit allen in ihrem Einflussbereich anlegen. Um die sensiblen Egos da draußen zu schützen, bezeichne ich sie hier kollektiv als »Bruno, der Blogger«. Dem Unfug gerecht zu werden, den Bruno im Laufe der Jahre insgesamt angerichtet hat, fällt schwer. Er hat versucht, unzählige Menschen ihrer Ehre und ihres Ansehens zu berauben. Ein bisschen erweist sich das auch als Falle, da man damit nur noch mehr Aufmerksamkeit auf das Phänomen lenkt. Er hat es in Schweden auf alle Schichten abgesehen: die königliche Familie, Profifußballer, führende Persönlichkeiten aus der Wirtschaft, alleinerziehende Mütter, Nachbar:innen oder den/die eigene:n Ex-Ehepartner:in. Du kannst es dir also ungefähr vorstellen. Jede/r einzelne von uns könnte zur Zielscheibe von Bruno, dem Blogger, werden, er – oder sie: Bruno könnte durchaus auch weiblich sein – beschäftigt sich mit nichts anderem.

Bruno, der Blogger

Bruno, der Blogger, ist gelegentlich eine ziemliche Berühmtheit, der für große Zeitungen schreibt. Er gehört oft zu den angesagtesten Leuten. Von Zeit zu Zeit wird einer seiner geplanten Fernsehauftritte abgesagt, aufgrund einer Sache, die er gesagt oder getan hat, was ihn noch wütender macht. Auch das ist ein Muster, das wir von klinischen Narzisst:innen kennen. Bruno gibt sich selbst das Recht, jeden, den er mag, zu verspotten, lächerlich zu machen, zu demütigen oder sich mit ihm anzulegen, mit dem vermeintlichen Ziel, einen Witz zu reißen. Bruno scheint der Meinung zu sein, dass Menschen sich grundsätzlich eine dickere Haut zulegen sollten. In gewisser Weise muss ich ihm zustimmen. Ich denke nicht, dass aktuell ein guter Zeitpunkt ist, um übermäßig empfindlich zu sein. Sobald es ihm allerdings jemand mit gleicher Münze heimzahlt, ändert sich sein Benehmen völlig. Wann immer ihn jemand in den Medien angreift, startet er sofort einen gnadenlosen Gegenangriff.

Manchmal prallt Bruno mit einem seiner Kollegen zusammen. Für die Massenmedien ist das dann wie Weihnachten. Die Schlagzeilen schreiben sich von selbst. Denk immer daran, dass Bruno ein großes Publikum hat. Doch warum sagen nicht mehr Menschen klipp und klar, wie entsetzt sie über das Verhalten all der Brunos sind? Liegt es daran, dass sie dafür bezahlt werden, gemein zu sein, oder daran, dass sie es ohne wirklichen Grund tun? Und warum eigentlich, ja *warum* macht es Menschen so viel Spaß, sich gegenseitig so grausam zu behandeln? Was sagt das über unsere heutige Zeit aus?

Ein Bruno wird bald feststellen, dass seinen Leser:innen »meine Aussagen umso mehr gefallen, je bösartiger, kälter und herzloser sie werden. Ich ertappe mich dabei, wie ich meine eigenen Follower:innen mehr und mehr verachte«. Das ist das beste Beispiel für Narzissmus: Das Publikum, die »Dummen«, wissen es nicht besser. Andererseits sind Brunos Fans sein Rückgrat – ohne sie gäbe es ihn nicht. An dieser Stelle sollten wir noch einmal auf unsere Checkliste der narzisstischen Eigenschaften zurückzukommen. Erfolg auf Kosten anderer gehört dazu. Wir sollten auch nicht vergessen, dass Narzisst:innen sich berechtigt fühlen, sich so zu verhalten, wie sie wollen, weil sie sich uns allen überlegen fühlen.

Welche Gefahren ergeben sich dadurch?

Falls man diese Veranlagung hat, verspürt man jedes Mal, wenn man mit etwas davonkommt, den Drang, noch eins draufzusetzen. Und was auf den ersten Blick harmlos erscheint, kann bald zu weitreichenden Konsequenzen führen.

Ein Profifußballer zieht junge Mädchen und Jungen an, die auch Fußball spielen und eines Tages Profi werden wollen. Das hält die Fußballschulen im Sommer auf Trab.

Eine Schauspielerin zieht Bewunderer an, die auch gerne auf einer Leinwand erscheinen würden. Viele Menschen würden gerne im Theater, beim Film oder im Fernsehen arbeiten.

Ein gefeierter Star zieht Menschen an, die gerne Songs schreiben und performen möchten. Castingshows wie *Deutschland sucht den Superstar* sind nicht ohne Grund erfolgreich.

Eine Bestsellerautorin zieht eine große Zahl von Menschen an, die davon träumen, Schriftsteller:in zu werden. (Aus irgendeinem Grund ist in Schweden Schriftsteller:in der Traumberuf Nummer eins.) Kurse für kreatives Schreiben sind sehr beliebt, und unsere jährliche Buchmesse gehört zu unseren größten Messen.

Erfolgreiche Unternehmer:innen ziehen Menschen an, die ein Unternehmen gründen wollen. Start-ups sind weitverbreitet, und viele wagen den Sprung einer Neugründung, nachdem sie verschiedene Erfolgsgeschichten gehört haben.

Wen aber ziehen fiese Blogger:innen und narzisstische Podcaster:innen an, frage ich mich? Und welche Verhaltensweisen ermutigen sie bei anderen? Du verstehst sicher, was ich meine.

Soziale Medien und kultureller Narzissmus – gibt es da einen Zusammenhang?

Nehmen wir mal – rein hypothetisch – an, dass wir alle einen Trieb haben, der uns anfällig dafür macht, uns vorzumachen, dass wir etwas Besonderes sind und uns von allen anderen abheben. Welche Gefahren gäbe es dann um uns herum und an welcher Stelle müsste man Vorsicht walten lassen? Vieles von dem, was in den sozialen Medien passiert, entzieht sich eigentlich jeder rationalen Erklärung. Das heißt – bis man die Mechanismen des Narzissmus berücksichtigt. Denn das erklärt zumindest einige Dinge.

Viele erzählen Fakten über sich selbst, die eigentlich niemand hören will. Ich bin nicht der Erste, der sich darüber lustig macht, wie es wäre, wenn die Leute in der Stadt herumlaufen und lauthals verkünden würden, was sie zu Mittag gegessen haben oder was sie von den neuen Turnschuhen eines/einer Prominenten halten. Der Vergleich ist zugegebenermaßen nicht ganz fair, denn bei dieser Analogie müsste man alle Menschen anrufen, die man mindestens einmal im Leben getroffen und deren Telefonnummer man zufällig hat, um ihnen diese Informationen zu übermitteln. Zumindest darin bleibt es selektiv, wenn wir ehrlich sind.

Muss man in den sozialen Medien präsent sein?

Na ja, das ist wirklich die Millionenfrage, oder? Wenn Narzissmus ein integraler Bestandteil unserer Kultur geworden ist, wie könnte man dann nicht präsent sein? Würde man überhaupt existieren, wenn man nicht in den sozialen Medien wäre? Zur Verteidigung der sozialen Medien sei erwähnt, dass niemand andere dazu zwingen kann, Beiträge auf Facebook, Instagram, TikTok oder Twitter zu sehen, zu lesen oder zu kommentieren. Wenn ich also zu den Langweilern gehöre, die sich daran stören, dass andere sich so aufführen – was mache ich dann überhaupt in den sozialen Netzwerken? Es ist genau wie bei einer Fernsehsendung, die dir nicht gefällt: Du kannst jederzeit den Sender wechseln, es zwingt dich auch keiner, einen wütenden Leserbrief an eine Zeitung zu schreiben. Du kannst sogar den Fernseher ganz ausschalten. Das ist eigentlich eine gute Idee. Ich selbst mache das oft, bisher hat es mir nicht geschadet.

Aber klar, ich nutze LinkedIn, Facebook und Instagram. Ich tue das nicht, weil es mir sonderlich Spaß macht; tatsächlich zieht es mich oft schon nach ein paar Minuten runter. Aber als Autor und Dozent wird mir immer wieder gesagt, dass ich einfach ein Profil haben muss. Wie schon gesagt: Ist man nicht auf Social Media, existiert man vielleicht gar nicht. Solange man keine ausreichende Anzahl an Follower:innen hat, bildet man sich die eigene Existenz nur ein.

Leider bin ich ziemlich schlecht darin, da ich mich nicht wirklich dazu berufen fühle, im Netz Ratschläge und Tipps von unterschiedlichem Nutzen zu posten, und ich vermute, dass meine kleine Schar mutiger Follower:innen diese Tatsache bereits erkannt hat. Ich fühle mich auch nicht sonderlich wohl dabei, über mich und mein Privatleben zu sprechen. Würde ich also Fotos von mir in verschiedenen Situationen posten, käme ich mir einfach nur albern vor, und das hilft wirklich niemandem. Damit will ich nicht sagen, dass mein Weg der richtige ist. Vielmehr ist alles eine Frage der persönlichen Vorlieben.

Und in den sozialen Medien gibt es wirklich großartige Dinge, die die Menschen für sich nutzen können. Dazu gehört die Verbreitung von Informationen und wichtigen Ideen. Genauso wie interessante Diskussionen, die man mit Menschen führen kann, mit denen man nicht einverstanden ist. So kann man eigene Ideen im eigenen Netzwerk testen. Menschen für eine Gesprächsrunde zusammenzubringen, ist logistisch nicht immer einfach. Aber hier kann man mit zehn Personen gleichzeitig in einem einzigen Thread diskutieren. In Kontakt zu bleiben, ist auch wertvoll. Wenn du deine Freund:innen nicht anrufen willst, kannst du ihnen jederzeit eine Nachricht schicken. Die Möglichkeiten sind endlos.

Worin besteht also der Reiz der sozialen Medien? Was ist für uns drin? Viele Studien haben sich mit dieser Frage beschäftigt. Die meisten von ihnen kamen zu eindeutigen Ergebnissen, ganz nach dem Motto »Der Mensch ist ein soziales Wesen, wir kommunizieren und interagieren gerne miteinander«. Andererseits ist es nicht so, als ob alles mit den sozialen Medien angefangen hätte. Und die Bilder, die wir online von uns zeigen (zum Beispiel auf deiner eigenen Lieblingsplattform), sind nicht immer … wie soll ich sagen … exakte Darstellungen der objektiven Realität. Für dein Foto einen Filter einzusetzen, lässt dich jünger und besser aussehen. Die Kunst der Fotobearbeitung ist superspannend und interessant, aber wir wissen doch längst, dass wir aus anderen Gründen optimieren. Wir wollen brauner, weniger von Akne geplagt oder schlanker aussehen, was auch immer es ist. Natürlich funktioniert die Technik genauso gut umgekehrt, aber nach meinen eigenen Recherchen gibt es nicht allzu viele Beispiele von Menschen, die sich auf diese Weise unattraktiv machen.

Dieselben Menschen, die jahrzehntelang über die aufpolierten Bilder von Models in Hochglanzmagazinen geschimpft haben, pimpen jetzt routinemäßig ihre Schnappschüsse vom Abendessen mit ihrer (glücklichen) Familie, bevor sie sie der Welt präsentieren. Wobei es mir schwerfällt nachzuvollziehen, warum man eigene Bilder ins Netz stellt – sind sie erst einmal online, kann man sie nicht mehr löschen. Und zwar niemals. Sie werden auf ewig irgendwo auf einem Server gespeichert, selbst wenn du deine Meinung ändern solltest und deinen Post löschst.

Vielleicht bin ich altmodisch. Vielleicht verstehe ich nicht, was so toll daran sein soll, mir in meiner Freizeit die Häuser und Teller anderer Menschen anzusehen. Daran liegt es wahrscheinlich. Wahrscheinlich weiß ich all diese Dinge nicht zu schätzen. Aber genau das ist der Punkt, auf den ich hinauswill. Heutzutage ist diese narzisstische Neigung so alltäglich geworden, dass sie niemand mehr infrage stellt. Sie ist im Grunde ein Teil unserer Kultur geworden. Die sozialen Medien haben Fahrt aufgenommen, als Menschen Fotos von ihrem Mittagessen machten. Im Laufe der Jahre war das Gegenstand einiger Witze, und ich kann nachvollziehen, warum.

Ich erinnere mich an eine amüsante Anekdote von einem solchen Mittagessen, das glaube ich, vor zwei Jahren stattfand. Am Tisch neben mir saßen zwei Teenager. Sie waren etwa 16, 17. Als ihr Mittagessen ankam, stylten sie es, richteten die Teller her und fotografierten dann ihre Teller aus allen möglichen Winkeln, wobei sie sich lautstark darüber beschwerten, dass die Bilder noch nicht richtig passten. Sie arbeiteten eine gute Viertelstunde an ihren Bildern und luden sie dann auf irgendeiner Plattform hoch, mit einem fröhlichen Post und einprägsamen Hashtags. Eines der Mädchen war richtig ängstlich darüber, was die Leute über ihre Pasta sagen würden. Die andere kommentierte schließlich, dass ihre Nudeln kalt seien. Sie rief die Kellnerin herbei, um sich zu beschweren. Die Kellnerin erklärte danach ruhig, dass das Essen nicht kalt geworden wäre, wenn sie mit dem Essen begonnen hätten, als es serviert wurde.

Der Selfie-Fan

Das alles ist sehr amüsant. Ich habe aber auch schon Leute beobachtet, die sich in gewalttätige Demonstrationen gekämpft haben, nur um mitten im Chaos ein Selfie zu machen; ein Mann stand auf der Ladefläche eines Lastwagens, der mit über 100 Kilometer pro Stunde fuhr, nur um ein Selfie zu machen; einer hing kopfüber von einer Brücke; einer stand vor einem Auto, das von der Straße abgekommen war; oder einer stand vor dem Fußgängerstreifen, mit einer Langhantel, die mit Gewichten beladen war.

Vielleicht geht es darum, der Welt zu zeigen, was für ein faszinierender Mensch man ist? Natürlich kenne ich nicht jeden einzelnen Fall und seine Hintergründe, aber es muss eine Erklärung für dieses Verhalten geben.

Die Ice-Bucket-Challenge

Im Jahr 2016/2017 startete eine Spendenaktion zur Erforschung der amyotrophen Lateralsklerose (ALS). Ursprünglich war die Idee, dass die Leute entweder einen Beweis für ihre Spende vorlegen oder mit einem Eimer eiskaltem Wasser übergossen werden sollten. Natürlich fühlten sich die Leute gezwungen, sich zu filmen und online zu stellen. Die Aktion war eigentlich harmlos und lustig, und sie diente einem guten Zweck.

Aber ich bezweifle, ob sie ohne eine gesunde Portion Narzissmus jemals funktioniert hätte. Wenn niemand bereit gewesen wäre, mit seiner Spende zu prahlen oder mit einem Eimer über dem Kopf gesehen zu werden, wäre dieser ganze alberne Trend von Anfang an eine Totgeburt gewesen.

Unzählige Menschen spenden immer mal wieder an verschiedene Wohltätigkeitsorganisationen. Aber offenbar geben manche Menschen einem/einer Obdachlosen nur dann Kleingeld, wenn sie sich dabei filmen können. Die psychologischen Mechanismen, die hier am Werk sind, sind faszinierend. Wie kommt jemand auf die Idee, dass er der Welt mitteilen muss, wie tugendhaft er ist? Warum reicht es nicht aus, einfach ein guter Mensch zu sein?

Mit wem messen wir uns?

Schon die Namen der verschiedenen Social-Media-Plattformen sind aufschlussreich. MySpace, eine der ersten Plattformen, sagt eigentlich schon alles. Facebook hat den perfekten Namen: Es geht darum, sich von seiner besten Seite zu zeigen. Der Slogan von YouTube lautete anfangs »Broadcast yourself« – »Sende dich selbst«. Klar, warum nicht? Vielleicht sollte ich es von meinem Smartphone aus tun? Clever, oder?

Verschiedene Generationen nutzen unterschiedliche Plattformen. Mich damit auseinanderzusetzen, welche Altersgruppen welche Plattformen frequentieren, ist müßig, da alles, was ich dazu schreiben würde, zwangsläufig bereits veraltet wäre, wenn das Buch in Druck geht. Es ist offensichtlich Teil unserer Kultur geworden, dass die Menschen für sich selbst werben und immer die bestmögliche Version von sich selbst präsentieren. Es ist auch nicht ungewöhnlich, über jeden Schritt zu berichten, den man macht (oder nicht macht!) – und warum sollten nicht alle 567 meiner Follower:innen daran interessiert sein, meine neuen Turnschuhe aus elf verschiedenen Blickwinkeln zu betrachten? Mit etwas Glück wird jemand neidisch, und dann weiß ich, dass ich besser dran bin als zumindest ein paar andere Menschen.

Das Problem ist, dass Narzisst:innen zu immer extremeren Maßnahmen greifen müssen, um sich durchzusetzen. Vor einem Jahrhundert brauchten sie nur über die Straße zu schauen und ihre Situation mit der ihrer Nachbar:innen zu vergleichen. Wenn der/die Nachbar:in so aussah, als ginge es ihm besser, war das natürlich ärgerlich, aber man konnte wenigstens hinüberschlendern und nachfragen, weshalb ihm seine Ausbeute so gut gelungen ist. Oft war's das dann. Man hatte einen einzigen Rivalen oder eine einzige Rivalin, den/die man ausstechen musste, wenn man das wollte.

Heute sieht das anders aus. Ich halte ein Mittel in der Hand, das mir Zugang zur gesamten Schöpfung gewährt. Ohne Ausnahmen. Jeder offenbart alles. Natürlich nur eine verbesserte, aufpolierte Version. Kaum jemand schreibt einen Facebook-Post über seinen langweiligen Freitagabend oder den Sonntagsbraten, der dezent verkohlt war. Der herzzerreißende Streit mit der Schwiegermutter während des Weihnachtsessens wird aus der offiziellen Erzählung herausgeschnitten. Kinder mit laufenden Nasen oder Hunde mit Magenverstimmungen sind nicht erwünscht. Wer will so etwas schon sehen? Nein, online sind wir alle schön, gut in Form, erfolgreich, beliebt, inspirierend, dynamisch und – vor allem – unheimlich glücklich. So wie es die Narzisst:innen schon immer getan haben, versuchen wir jetzt alle, ein perfektes Bild von uns zu präsentieren.

Und was macht man, wenn die ganze Welt dein Bezugspunkt ist? Während ich dies schreibe (im Dezember 2020), hat zum Beispiel Facebook weltweit 2,7 Milliarden Nutzer:innen. Das ist mehr als jeder dritte Mensch auf diesem Planeten. Meines Erachtens haben wir hier drei Möglichkeiten:

1. Wir brechen einfach zusammen und sind deprimiert, weil alle anderen so viel besser, attraktiver und erfolgreicher sind als wir selbst.

2. Wir ignorieren die ganze Sache einfach, sehen uns die Show an, ohne mitzumachen. Oder wir melden uns einfach komplett ab. Tun so, als wäre noch 2005.

3. Wir beschließen, in dieses Rennen einzusteigen, und versuchen mit allen Mitteln, uns einen Wettbewerbsvorteil zu verschaffen.

Die endgültige Entscheidung fällt viel leichter, wenn man sie mit einer gesunden Dosis Narzissmus trifft. Das ergibt Sinn, oder? Diese Plattformen sind ideal für Selbstverliebte. Wer macht die heißesten Selfies? Wer hat die meisten Freund:innen? Wer hat das schönste Haus, den attraktivsten Partner, den tollsten Urlaub und die glanzvollste Karriere? Wer nimmt sich die Zeit, diese Informationen auch noch zu veröffentlichen?

All das ist eingehend untersucht worden und es steht ohne Zweifel fest, dass Menschen mit hohen Narzissmuswerten Meister:innen der Selbstdarstellung sind, oberflächliche Bekanntschaften machen und ihre besten Eigenschaften, einschließlich einiger fiktiver, betonen. Viele von uns durchschauen auch die, sagen wir mal, »solipsistischen«, um sich selbst kreisenden Tendenzen unserer Freund:innen. Anderen gelingt dies jedoch nicht.

Ich bin da selbst nicht völlig immun. Wie konnte es sein, dass ich im Vergleich so wenige Facebook-Freund:innen hatte? Nur 136? Andere haben 5000! Wie peinlich ist das denn? Ich muss so abstoßend sein! Bis mir klar wurde, dass diese »Freund:innen«, mit denen die Leute angeben, nur lange Listen mit Namen von Personen sind, die sie unmöglich alle persönlich kennen konnten, hat es gedauert. Vielleicht wäre es besser, wenn wir sie als »Kontakte« bezeichnen würden. Denn wenn man darüber ernsthaft nachdenkt, hat man im wirklichen Leben selten mehr als fünf wirklich enge Freund:innen. Ich selbst habe auch im realen Leben nie sehr große Freundeskreise. Ich war immer besser darin, eine kleinere Anzahl von tieferen Beziehungen zu pflegen.

Dieses ganze Freundesammeln war etwas, das in den Anfängen der sozialen Medien ein großes Thema war. Heutzutage sind wir dazu übergegangen, unsere Followerzahlen zu vergleichen – und ein Follower kann jeder sein, der sich dafür interessiert, was ich tue. Die geselligste Person auf Instagram ist derzeit der Fußballspieler Cristiano Ronaldo. Knapp eine Viertelmilliarde Menschen verfolgen seine täglichen Abenteuer über ihr Smartphone. Die Leute können nicht genug davon bekommen, ihm dabei zuzusehen, wie er seine Bugattis fährt – so scheint es zumindest. Den zweiten Platz belegt die Sängerin Ariana Grande mit fast 210 Millionen Follower:innen. Der Dritte ist der Schauspieler und Unternehmer Dwayne »The Rock« Johnson mit knapp über 200 Millionen Follower:innen. »The Rock« wurde in der Weihnachtszeit 2020 zum nettesten Menschen der Welt gewählt. Ich mag ihn auch, aber ich kann nicht sagen, ob er der netteste Mensch der Welt ist oder nicht. Ich habe ihn ja noch nie getroffen.

Facebook gehört wieder Ronaldo, der dort 122 Millionen Follower:innen hat. An zweiter Stelle auf Facebook steht die Sängerin Shakira mit 105 Millionen Follower:innen und an dritter Stelle der Schauspieler Vin Diesel mit knapp über 103 Millionen. Auf TikTok ist es Zach King mit etwa 53 Millionen Follower:innen. Ich muss gestehen, dass ich mit seiner Arbeit nicht vertraut bin, aber ich bin sicher, dass er ein toller junger Mann ist. Twitter wird vom ehemaligen US-Präsidenten Barack Obama dominiert, der 125 Millionen Follower:innen hat.

Du und ich, wir haben also noch viel vor uns. Und wie schon gesagt, musst du dir echt etwas Besonderes einfallen lassen, wenn du konkurrenzfähig sein willst. Im Grunde verursachen die sozialen Medien eine endlose soziale Inflation. Wenn man die Menschheit ausschließlich nach dem beurteilen würde, was in den sozialen Medien passiert, würden wir mit Sicherheit wesentlich narzisstischer erscheinen, als wir tatsächlich sind.

Vor einigen Jahren führte eine amerikanische Universität eine umfassende Studie darüber durch, welche Strategien online tatsächlich funktionieren. Häufiges Posten wird belohnt. Im Idealfall sollte man mehrmals am Tag posten. Biete nur niemandem echte Hilfe an und stelle keine Fragen – beides wird sofort bestraft. In der Studie kam man zu dem Schluss, dass Menschen im Internet eher einen oberflächlichen Austausch als eine tiefgehende Diskussion wünschen.

Es gibt sicherlich Ausnahmen, und ich würde vermuten, dass es sich zumindest teilweise um ein Generationenphänomen handelt. Was auch immer daran wahr sein mag, wir können nicht länger leugnen, dass es eine große Nachfrage nach oberflächlichem Schund gibt.

22
Der buchstäbliche Blick in den Rückspiegel

An dieser Stelle möchte ich ein weiteres Beispiel geben – es ist lustig und bezieht sich auf eine Theorie, die ich habe. Vielleicht findest du, dass es weit hergeholt ist, hör dir's erst einmal an. Ich kann den Anfang nicht beweisen, aber ich finde es trotzdem amüsant. Los geht's!

Lass uns über Automobildesign sprechen. Über Autos weiß ich wenig, aber ich habe Augen und ich kann sehen. Zum einen sind die heutigen Autos riesig. Ich vermute, das liegt an der Ausstattung und den Sicherheitsvorrichtungen, die selbst kleine Autos heutzutage brauchen. Einige sind jedoch deutlich größer als andere. Einige sind so groß, dass sie sogar als Lastwagen gelten könnten – mal abgesehen davon, dass sie zu 95 Prozent der Zeit nur eine/n Fahrer:in transportieren. Ist dir auch schon aufgefallen, wie sich das Design der Frontpartie von Autos in den letzten 30 Jahren verändert hat? Quasi das »Gesicht« der Autos?

Was Audi und Toyota gemeinsam haben

Lass uns einige ältere Autos mit aktuellen Modellen vergleichen. Ich habe mich für einen Audi entschieden, eine populärere High-End-Marke, und für einen Toyota – denn diese Entwicklung ist nicht auf Audi beschränkt. Das linke Bild zeigt einen Audi von 1990. Das rechte ist ein Toyota Corolla, das meistverkaufte Automodell aller Zeiten.

Ob diese Autos schön sind oder eher nichts Besonderes, liegt natürlich im Auge des Betrachters. Mich persönlich beeindrucken sie nicht so sehr, aber ich bin mir nicht sicher, ob ich vor 30 Jahren genauso empfunden hätte. Auf jeden Fall schüchtern diese Bilder wohl kaum jemanden ein.

Im Vergleich dazu sehen wir den Audi und den Toyota Corolla aus dem Jahr 2000. Zehn Jahre später.

Was ist passiert? Nicht viel, oder? Immer noch sauber und aufgeräumt, ohne übertriebene Details. Der Look ist etwas moderner geworden, aber es gibt hier nichts, was man mit starken Emotionen in Verbindung bringen würde.

Jetzt sieh dir aber mal diese Frontpartien aus dem Jahr 2010 an. Wir betrachten immer noch einen Audi und einen Toyota Corolla.

Diesmal hat sich etwas geändert. Aber was? Abgesehen davon, dass sie größer sind, wirken die Frontpartien ein wenig … aggressiv. Jedenfalls erscheinen sie alles andere als zurückgenommen. Die Scheinwerfer sehen ein bisschen aus wie Augen. Plötzlich hat man das Gefühl, dass das Auto einen ansieht. Vergleich sie mal mit den Modellen aus 2000 und achte auf die Unterschiede. Wenn es sich um einen Trend handelt, dann muss er irgendwann zwischen 2000 und 2010 eingesetzt haben.

Und was kommt als Nächstes? Schauen wir uns nun einen Toyota Corolla und einen Audi aus dem Jahr 2015 an.

Man sieht's langsam, oder? Diese Mäuler sind groß, und die Scheinwerfer wirken wie ein Paar gereizter oder sogar kämpferischer Augen. Verengt und wachsam. Sie haben eindeutig einen räuberischen Ausdruck. Diese Fronten fallen auf, und das nicht nur im positiven Sinne. Ihr Design soll der Welt zwei Dinge vermitteln. Erstens: Du hast ein neues Auto. Und zweitens: Du bist wer. Das ist ein Bekenntnis zum Individualismus. Pass auf!

Wie sehen die Modelle 2020, während ich dies schreibe, aus? Googeln wir mal »Audi+Kühlergrill+2020«. Natürlich schauen wir uns auch einen Toyota Corolla an. Das Ergebnis:

Wahnsinn! Die Samthandschuhe wurden abgestreift, wie es scheint. Diese Autos sehen aus, als wollten sie dich fressen. Ihre Kühlergrills sind wie wilde Mäuler, die alles zu verschlingen drohen, was sich ihnen in den Weg stellt. Es ist auffällig, dass diese Frontpartien viel aggressiver aussehen als die ihrer Vorgänger von 1990. Diese Autos wirken wahnsinnig, um es ganz offen zu sagen. Ich kann durchaus verstehen, warum Leute ausweichen, wenn ein solches Raubtier in ihrem Rückspiegel auftaucht. Für die Fahrer:innen bietet sich so eine hervorragende Möglichkeit, den *gewünschten ersten Eindruck* zu hinterlassen.

Solltest du deinen Audi oder deinen Toyota lieben: Ich bin mir sicher, dass es großartige Autos sind. Vielleicht hältst du sie sogar für den Höhepunkt des Autodesigns. Das gilt auch für viele andere

Autohersteller. Aber darum geht es hier nicht. Ich glaube auch nicht, dass es darum geht, trendy zu sein. Autos sehen heutzutage einfach aggressiv aus. Sie erscheinen abgehackt. Auf unseren Parkplätzen brodelt das Testosteron. (Männer *sind* aggressiver als Frauen. Das lässt sich in Gefängnissen auf der ganzen Welt nachweisen.) Die Fahrzeuge sind völlig unmenschlich geworden.

Wenn man einen Haufen neuer Autos auf der Straße sieht, könnte man meinen, dass außerirdische Roboter unseren Planeten erobert hätten. Einige Modelle sind heutzutage so übertrieben, dass man fast die Fahrer:innen herausfordern möchte, um herauszufinden, wie stark sie wirklich sind. Wer ist härter im Nehmen: du oder dein Auto?

Das gibt uns einige Anhaltspunkte. Die Leute würden keine Autos kaufen, die so aussehen, wenn diese sie nicht ansprechen würden. Sie genießen es, in ein solches Auto einzusteigen, und würden das stehen lassen, das freundlich aussieht. In den frühen 2000er-Jahren hatte ich ein Modell, das die Freund:innen meiner Tochter aus der Kindertagesstätte das »glückliche Auto« nannten. Für sie sah es aus, als würde es lächeln. Das hat mir gefallen. Aber solche Autos habe ich schon lange nicht mehr gesehen.

Meine eigene Theorie – ich interessiere mich hier vor allem für die Auswirkungen, Autodesigner:innen und Psycholog:innen könnten die zugrunde liegenden Ursachen besser erklären – ist, dass sich viele Menschen grundsätzlich besser fühlen, wenn sie ein wenig gefährlich aussehen. Sie fühlen sich dann etwas härter als der durchschnittliche Mensch. Das könnte durchaus auf ein aggressives Verhalten hindeuten. Wahrscheinlich eine passive Aggression in Form eines prahlerischen Autos, aber dennoch eine Aggression. Wir wissen auch, dass Narzisst:innen dazu neigen, aggressiver zu sein als andere Menschen.

Was kam also zuerst? Das ist eine interessante Frage. Du stimmst mir sicher zu, dass die Stimmung im Verkehr in deiner Stadt etwas gereizter geworden ist. Heute gibt es weniger Spielraum im Verkehr, Menschen fahren schneller, die Risiken sind größer geworden und in unseren Stadtvierteln werden häufiger Verkehrsverstöße begangen. Parkverstöße, Missachtung von Behindertenparkplätzen – und von den Fahrradfahrer:innen will ich gar nicht erst anfangen! Sie riskieren regelmäßig ihr Leben, in einer Weise, die mir unvorstellbar erscheint. Fahrradfahrer:innen tragen kaum Schutzkleidung, aber das hält sie nicht davon ab, rote Ampeln zu überfahren und sich über Kreuzungen zu katapultieren, ohne sich Gedanken darüber zu machen, wie sie das überleben werden. Oder nehmen sie ihre Sicherheit einfach als selbstverständlich hin?

Wohin wird uns das alles am Ende führen? Ich präsentiere hier keine eindeutige Schlussfolgerung, aber ich habe den Eindruck, dass unsere Gesellschaft kälter wird. Was erwartet uns noch, wenn sogar unsere Autos schon sauer aussehen? Gleichzeitig wirft das die Frage auf: Führen solche Phänomene allein schon zu mehr Aggression?

23
Aggression und kollektiver Narzissmus

Es gibt eine weitverbreitete Vorstellung, dass Aggression gleichbedeutend mit häufigen Wutausbrüchen ist. So einfach ist das aber nicht. Richtig wütend zu werden, ist ein emotionaler Zustand, während Aggression eigentlich ein Verhalten ist. Jemanden zu schlagen oder zu beleidigen, der dich wütend gemacht hat, ist ein Verhalten. Wenn du die Fassung verlierst, hast du oft Lust, alles Mögliche zu tun, aber dank deiner guten Erziehung wirst du wahrscheinlich nicht mehr tun, als zu keifen und zu schimpfen. Im Idealfall sprichst du sogar die Ursache des Problems an.

Aggression: Mehr oder weniger?

Nicht alle Narzisst:innen verhalten sich aggressiv, aber eine ganze Reihe tut es schon; und genau diese Gruppe verursacht in der Regel viel Ärger.

»Ist in unserer Gesellschaft Aggression mehr oder weniger verbreitet als noch vor 30 Jahren?« Wie würdest du diese Frage beantworten, wenn nur diese beiden Antworten »mehr« oder »weniger« zugelassen wären?

Wenn du aufrichtig antwortest, wird deine Antwort »mehr« lauten. Aber warum ist das eigentlich so? Vielleicht hat dein/e Nachbar:in ein Auto gekauft, das wütend aussieht. Eine einfache Erklärung wäre, dass mehr Menschen wütend sind als früher. Das heißt, sie führen mehr Handlungen aus, die als aggressiv interpretiert werden können.

Es ist amüsant zu beobachten, dass sich viele Leute nicht einmal mehr die Mühe machen, subtil dabei vorzugehen. Eigentlich ist es paradox: Warum sollte ein/e Narzisst:in, dessen/deren Hauptziel es ist, von anderen bewundert zu werden, daran interessiert sein, jemanden anzugreifen, sei es verbal oder körperlich? Müsste das nicht bedeuten, dass wir unsere Vorstellungen von Narzissmus überdenken müssen?

Eine weitverbreitete Vorstellung besagt, dass es Menschen, die sich selbst mögen, leichter fällt, andere zu mögen. Einige Psycholog:innen, die ich für dieses Buch interviewt habe, behaupten sogar, dass man niemanden lieben kann, wenn man nicht sich selbst liebt. Wenn man andere mag, wird man nicht aggressiv.

Narzisst:innen können jedoch *genau aus diesem Grund* aggressiv werden. Wie üblich haben sie das Gefühl, dass ihre eigenen Bedürfnisse über denen aller anderen stehen sollten, und Menschen, die ihnen in die Quere kommen, werden durchaus zur Zielscheibe ihrer Aggression. Sie sind nicht empathisch und erkennen nicht, wenn andere leiden, und ihr Gefühl, dass man ihnen nicht den Respekt entgegenbringt, den sie verdienen, befähigt sie, auf andere loszugehen. Auf jede Art und Weise. Aber das geschieht nicht permanent und vielleicht auch nicht jedes Mal. Wenn sie nicht provoziert werden, verhalten sie sich ähnlich wie wir anderen auch.

Sind Narzissmus und Aggression ein und dasselbe?

In einer amerikanischen Studie ging es vor einigen Jahren darum herauszufinden, ob Selbstwertgefühl, Narzissmus und Aggression miteinander korrelieren. Es wurde eine Reihe von spannenden Experimenten mit Studierenden durchgeführt. Sie wurden aufgefordert, Arbeiten zu schreiben, wofür sie anschließend ein Feedback erhalten sollten. Die Personen, die das Feedback gaben, waren andere Studierende, die gebeten worden waren, ihre Mitstudierenden anzugehen und deren Arbeiten zu zerreißen. Sie sollten Dinge sagen wie: »Das ist die schlechteste Arbeit, die ich je gelesen habe! So schrecklich! Ist das das Beste, was ihr könnt? Wertlos. Null Qualität.«

80 Prozent der Studierenden mit narzisstischen Zügen wurden aggressiver als Nicht-Narzisst:innen, wenn sie auf die gleiche Weise beleidigt wurden. Einige ihrer Reaktionen gingen weit über das hinaus, was bei einer Rückmeldung zu einem Aufsatz angemessen erscheint. Sie drohten mit körperlicher Gewalt, sollten die bewertenden Studierenden ihre Einschätzung nicht ändern.

Auch die Dozierenden – die man in diesem Zusammenhang als natürliche Autoritätspersonen ansehen würde – blieben nicht verschont. Man sollte meinen, dass Studierende, die ja erwachsen sind, gelernt haben, sich anständig zu benehmen. Trotzdem werden Woche für Woche Hochschulprofessor:innen von unzufriedenen Studierenden angegriffen. Einige Studierende sind sogar im Gefängnis gelandet, aufgrund einer unangemessenen Reaktion auf eine Note für einen Kurs, vom dem sie glaubten, diesen sicher zu bestehen. Sie akzeptieren eigentlich nur die Bestnote, denn das ist es, was sie ihrer Meinung nach verdient haben.

ABC News hat einen Teil der Experimente gefilmt, die ich gerade erwähnt habe. Ein Student – nennen wir ihn Nick, den Narzissten – gewann mit einem beachtlichen Vorsprung. Er schaffte es, satte 98 von 100 Punkten zu erreichen. Das Fernsehteam fragte ihn, ob er wirklich in ihrem Beitrag vorkommen wolle. »Unbedingt!«, antwortete Nick, »das würde ich gerne!« Ein Mitglied des Forschungsteams nahm ihn zur Seite und wies ihn darauf hin, dass er Gefahr laufe, wie ein aggressiver Narzisst zu wirken. Vielleicht würde er diesen Ruf nicht haben wollen? Nick, der Narzisst, war jedoch der Meinung, dass er so gut aussah, dass er im Fernsehen bestimmt gut rüberkommen würde. Er wurde gefragt, ob man vielleicht wenigstens sein Gesicht unkenntlich machen solle? »Nein, nein, ich möchte, dass die Leute mich sehen«, erklärte Nick. »Ich möchte auch, dass mein Name erwähnt wird. Es ist schade«, fügte er hinzu, »dass man während der Sendung nicht auch noch meine Telefonnummer einblenden kann.«

So ungeheuerlich dieses Beispiel auch ist, es verrät uns doch einiges über das Innenleben von Narzisst:innen. Es machte ihm nichts aus, wie ein totaler Idiot zu erscheinen, solange er im Fernsehen zu sehen ist.

Selbstwertgefühl und Aggression?

Dasselbe Forscherteam untersuchte den Zusammenhang zwischen Selbstwertgefühl und aggressivem Verhalten mit dem Ziel herauszufinden, ob Narzissmus zu aggressiven Handlungen beitragen könnte. Dies wurde auf verschiedene Weise getestet, aber die Schlussfolgerung war jedes Mal dieselbe: Menschen, die ein starkes Selbstwertgefühl *und* narzisstisches Verhalten aufweisen, neigen dazu, aggressiver zu sein als andere. Mehr als Menschen mit *geringem* Selbstwertgefühl und *hohem* Grad an Narzissmus oder mit *starkem* Selbstwertgefühl, aber *geringem* Grad an Narzissmus oder mit geringem Selbstwertgefühl und geringem Grad an Narzissmus.

Bei der Untersuchung von Kindern im Alter von 11 bis 13 Jahren, die ein starkes Selbstwertgefühl und körperlich aggressives Verhalten zeigten, wurde festgestellt, dass diese Kinder ihr Verhalten einfach rationalisierten, wenn es infrage gestellt wurde. Sie überzeugten sich selbst davon, dass das andere Kind, das sie verprügelten, ein/e echte/r Idiot:in war und die Prügel verdient hatte. Durch ihr Verhalten fühlten sich diese Kinder einfach besser – besser als ihre Opfer.

Mir ist klar, dass dieser Abschnitt vielleicht keinen Spaß macht zu lesen, ja vielleicht sogar deprimierend ist. Heutzutage ist es schwierig, über sensible Themen zu sprechen. Was will ich damit sagen?

Mehr oder weniger *jedes* Thema kann heute eine Kontroverse auslösen. Es gibt nämlich Leute, die aktiv nach Themen suchen, um sich darüber empören zu können. Und manchmal sind sie auch richtig gut organisiert. Sitzt du gerade? Dann begrüß mit mir die kollektiven Narzisst:innen.

Kollektiver Narzissmus

Man denke nur an politische Slogans wie »Make America Great Again«, den Donald Trump im Jahr 2016 verwendete, oder »Take Back Control«, den die Brexit-Kampagne in Großbritannien im selben Jahr einsetzte. Diese Botschaften sollten suggerieren, dass die nationale Souveränität in den USA und in Großbritannien beeinträchtigt sei und dass sie dringend wiederhergestellt werden müsse. Was es zu schützen galt, war die Nation selbst.

Weil Politik so kompliziert sein und jeder jederzeit in Schwierigkeiten geraten kann, und zwar für praktisch nichts, möchte ich betonen, dass ich mich nicht zur Politik als solche äußere. Ob links, rechts oder irgendwo dazwischen – das ist nicht mal annähernd mein Fachgebiet. Da ich mich jedoch für menschliches Verhalten interessiere, finde ich es faszinierend, wie politische Botschaften vermittelt werden. Und eines möchte ich klarstellen: Obwohl ich gerade Trump und den Brexit erwähnt habe, die im politischen Spektrum eher der rechten Seite zuzuordnen sind, glaube ich nicht, dass die Menschen auf der anderen Seite wirklich besser sind. Weder die Linke noch die Rechte hat ein Monopol auf kollektiven Narzissmus.

Wer sind also kollektive Narzisst:innen? Es handelt sich um Personen, die verlangen, dass ihre Gruppe von anderen akzeptiert wird, ohne Fragen zu stellen. Sie reagieren sehr sensibel auf jeden Hinweis, falls dies nicht der Fall sein könnte. Der Kernaspekt des

Narzissmus ist die Abhängigkeit von der Bewunderung und Anerkennung durch andere Menschen. Wenn die gleiche Anerkennung im Namen einer Gruppe angestrebt wird, nimmt der Narzissmus eine kollektive Dimension an. Bitte beachte: Diese beiden Formen des Narzissmus sind nicht immer direkt miteinander verbunden. Individuelle Narzisst:innen, ob diagnostiziert oder nicht, sind nicht automatisch kollektive Narzisst:innen. Einige von ihnen können sogar so weit in den Narzissmus abgleiten, dass sie überhaupt nicht mehr kooperieren können.

Die betreffende Gruppe kann sich um alles Mögliche drehen. Eine politische Ideologie. Eine bestimmte Einstellung zur Besteuerung. Eine bestimmte Auffassung von Feminismus. Der Glaube, dem man anhängt. Eine Sportmannschaft, der Klimawandel oder etwas anderes, das eine emotionale Reaktion auslösen kann. Es kann auch eine Familie sein. »Wenn du meiner Familie zu nahe kommst …«

Die Erklärung eines Phänomens, das Schlagzeilen macht

Welche Haltungen herrschen in Gruppen vor, die von kollektivem Narzissmus geprägt sind? Es folgen einige gängige Beispiele:

- »Ich wünschte, andere Gruppen würden meine eigene Gruppe viel schneller anerkennen.«
- »Meine Gruppe verdient eine Sonderbehandlung.«
- »Ich bin erst zufrieden, wenn meine Gruppe die Anerkennung erhält, die sie verdient.«

- »Ich verlange, dass meiner Gruppe der Respekt entgegengebracht wird, der ihr gebührt.«

- »Es macht mich wirklich wütend, wenn andere meine Gruppe kritisieren.«

- »Wenn meine Gruppe maßgeblichen Einfluss auf die Welt hätte, wäre sie ein besserer Ort.«

- »Es ärgert mich, dass andere Menschen die Leistungen meiner Gruppe übersehen.«

- »Viel zu wenige Menschen wissen zu schätzen, wie wichtig meine Gruppe ist.«

- »Der wahre Wert meiner Gruppe wird oft missverstanden.«

Angenommen, du hast den öffentlichen Diskurs in den letzten Jahren verfolgt, dann bist du sicher einigen der oben genannten Aussagen in Bezug auf ein Thema begegnet. Übernehmen kollektive Narzisst:innen die Kontrolle, sollten sich alle, die *nicht zu ihrer* Gruppe gehören, in Acht nehmen. Eine solche Gruppe hat immer Vorurteile, unabhängig von Alter, Geschlecht, Bildungsstand oder politischer Ideologie der Mitglieder. Keine Gruppe ist davor gefeit. Und durch eine bizarre Logik werden plötzlich alle anderen zum Feind.

Kollektive Narzisst:innen tragen eine Reihe von sorgfältig ausgewählten Vorurteilen mit sich herum. Sie greifen alle an, die auch nur die geringste Bedrohung für das grandiose Selbstbild der Gruppe darstellen. Es fällt ihnen schwer zu akzeptieren, dass Menschen ihre selbst erklärte Größe nicht wahrnehmen. Kollektive Narzisst:innen rächen sich gerne an allen, die der Gruppe nicht so deutlich und schnell öffentliche Anerkennung zuteilwerden lassen, wie sie es erwarten.

Dieses Muster wurde sogar in einem wissenschaftlichen Kontext getestet. In einer Studie wurden kollektive Narzisst:innen aus den USA gebeten, ein erfundenes Interview mit einem ausländischen Austauschstudenten zu lesen, der sich abfällig über seine Erfahrungen während des Studiums in den USA äußerte. Dieser völlig fiktive Austauschstudent hatte klare Meinungen zur amerikanischen Kultur und war beunruhigt über einige Dinge, die er während seiner Zeit in den USA gesehen und erlebt hatte. Nachdem sie diese negativen Kommentare über ihr Land gelesen hatten, fand das Kollektiv besonders harte Worte für die Landsleute des Austauschschülers. Sie verunglimpften die ganze Nation aufgrund der Meinung einer einzigen (fiktiven) Person.

Der Clou an der Sache: Selbst nachdem das Team, das die Studie durchführte, die Teilnehmenden darüber informiert hatte, dass es in Wirklichkeit gar keinen Austauschschüler gab und die Situation nur für diesen Test erfunden worden war, blieben viele der Proband:innen trotzdem unruhig. Einer von ihnen machte diese Bemerkung: »Es ist mir egal, ob es wahr ist oder nicht. Es ist so oder so scheiße.« Kollektive Narzisst:innen neigen auch dazu, Kränkungen wahrzunehmen, die niemand sonst wahrnimmt. Oft kann man nicht einmal einen Witz machen, ohne die eine oder andere Gruppe zu verletzen. Heutzutage bleibt nichts mehr unbemerkt.

Der britische Schauspieler Benedict Cumberbatch erklärte vor einigen Jahren, ihn beunruhige, dass einige seiner britischen Schauspielerkolleg:innen, die einer Minderheit angehören, der Meinung sind, es sei leichter, in den USA Arbeit zu bekommen als in Großbritannien. Hört man ihm zu, kann man seine Absichten nicht missverstehen: Ohne Zweifel stellt er sich auf die Seite seiner schwarzen Kolleg:innen und tritt für sie ein. Allerdings begeht er einen

Fehler, der so unverzeihlich ist, dass er nur von Leuten bemerkt wird, die bereit sind, sich mit aller Kraft zu ärgern. In dem Interview verwendet er den Begriff »coloured people«, einen gängigen Ausdruck. Bis zu dem Jahr, in dem das Interview geführt wurde, war das auch in den USA der gängige Ausdruck. Aber kurz bevor das Interview gegeben wurde, hatte jemand (wer genau? Wie viele? Alle? Wer weiß eigentlich, wie das funktioniert?) beschlossen, dass der akzeptierte Begriff nun »People of Color« sei. Cumberbatch, der aus England stammt, war sich dieses Unterschieds nicht bewusst, der rein sprachlich gesehen kaum auffällt. Aber das war alles, was es brauchte.

In einigen Kreisen reagierte man mit so heftiger Wut, dass er genauso gut das N-Wort hätte benutzen können. Die Hölle brach los, und Cumberbatch wurde plötzlich als Aktivist der weißen Vorherrschaft dargestellt. Wie konnte das passieren? Er suchte die Absolution; er erklärte öffentlich, wie sehr er sich für diesen unverzeihlichen Fehler schäme. Wie hatte er nur so viele Menschen verletzen können? War das viel Lärm um nichts? Vielleicht. Aber er war nicht bereit, seine Karriere als Schauspieler aufs Spiel zu setzen. Das passiert, wenn man versehentlich in ein solches Wespennest stößt. Und es gibt unzählige solcher Beispiele, unzählige Menschen, deren Karrieren, Beziehungen und Leben ruiniert worden sind.

Sind dies Anzeichen für eine zunehmend narzisstische Kultur? Was meinst du? Vor ein paar Jahrzehnten verhielt es sich jedenfalls noch anders. Die Menschen waren zwar Meinungen gegenüber misstrauisch, die von ihren eigenen abwichen, aber mit den neuen Phänomenen Deplatforming und Cancel Culture bringen einzelne Gruppen diejenigen zum Schweigen, mit denen sie nicht einverstanden sind.

Haben die kollektiven Narzisst:innen die Macht übernommen?

Die Fähigkeit kollektiver Narzisst:innen, sich im Namen ihrer Gruppe angegriffen zu fühlen, scheint grenzenlos. Der Erfolg einer anderen Gruppe oder der wachsende Einfluss einer Minderheit können die Position der Mehrheit bedrohen. Kollektive Narzisst:innen versuchen, die Privilegien ihrer eigenen Gruppe zu schützen, indem sie die Motive anderer Gruppen unterminieren. Man sollte auch bedenken, dass jede/r, der/die nach Anerkennung für seine/ihre Gruppe strebt, wahrscheinlich das Gefühl hat, dass es einen schwerwiegenden Fehler darstellt, wenn eine Gruppe übersehen wird. Nach der Logik des kollektiven Narzissmus muss ein solches Verbrechen gerächt werden. Ich verwende bewusst das Wort »rächen«.

Das Phänomen bildet einen alarmierenden Nährboden für Konflikte und sogar Gewalt, da sich solche Gruppen im Laufe des einen oder anderen politischen Prozesses falsch behandelt fühlen. Kollektive Narzisst:innen neigen eher als andere dazu, Vergeltung für jede Handlung vorzuschlagen, die ihre Grandiosität infrage stellt. Kollektive Narzisst:innen provozieren absichtlich Feindseligkeiten zwischen verschiedenen Gruppen. Es muss noch nicht einmal eine legitime Bedrohung vorliegen. Da sie darauf bestehen, die Tagesordnung zu bestimmen, steht es ihnen frei, jede Bedrohung zu erfinden, die ihnen helfen könnte, der Welt ihre Macht zu demonstrieren. Sie fühlen sich berechtigt, zu betrügen, da es einem guten Zweck dient.

Bisher haben wir noch nicht herausgefunden, wie wir dieses Problem auf konstruktive Weise angehen können. Studien haben gezeigt, dass das individuelle Selbstwertgefühl in Gruppen von kollektiven Narzisst:innen tatsächlich ziemlich niedrig ist und dass sie dazu neigen, negative Gefühle zu erleben. Das stimmt nicht mit den individuellen Narzisst:innen überein, die, wie wir an anderer Stelle in diesem Buch gesehen haben, eher ein starkes Selbstwertgefühl haben und sehr viel von sich halten. Das Problem ist also äußerst komplex, und kollektive Narzisst:innen bleiben sicher eine ernst zu nehmende Kraft, solange sie soziale Medien für ihre Zwecke nutzen können.

Die Beschäftigung mit einem übertriebenen kollektiven Selbstbild scheint für den Menschen ein Weg zu sein, sein universelles Bedürfnis nach sozialer Zugehörigkeit zu erfüllen. Schließlich wollen wir alle zu *einer* Gruppe gehören. Wollen wir eine weitere Eskalation der Feindseligkeiten zwischen verschiedenen Gruppen verhindern, müssen wir die kollektiven Narzisst:innen besser verstehen, denn sie werden in absehbarer Zeit nicht verschwinden.

Merkmale des kollektiven Narzissmus

Innerhalb des Kollektivs ist man eher gegen etwas, als dass man für etwas eintritt. Oft hat das, was man tut und sagt, einen ausdrücklich negativen Aspekt. Die Frage ist: Woran erkennt man, dass man in einer Gruppe gelandet ist, die an kollektivem Narzissmus leidet? Zum Glück gibt es Anzeichen, auf die man achten kann.

In der Regel hat die Gruppe eine bestimmte Frage oder ein bestimmtes Problem als ihr Anliegen herausgegriffen. Kein anderes Thema hat Vorrang, alles andere ist verhandelbar. Sie äußern sich auf unglaublich kategorische Weise. Ihre Ansichten sind binär, und ihren Argumenten fehlt es an Nuancen. Entweder man ist für oder gegen uns.

Haben sie sich als Kollektiv zusammengefunden, fördern sie selten das freie Denken. Die Gruppenleitung verlangt, dass alle die richtigen Ausdrücke verwenden und die gleichen Ideen haben. Niemandem in der Gruppe ist es erlaubt, irgendetwas infrage zu stellen. Es muss über nichts nachgedacht werden. Wir haben bereits alle Antworten. Individualismus ist verboten. Das Gruppendenken beherrscht alles. Man kann es an den Argumenten hören, die sie verwenden: »Sie sind eine solche Gruppe von Menschen. Diese Gruppe verhält sich so.« Oberstes Ziel ist, die Mitglieder hinter einer einzigen Idee zu vereinen, nicht etwa in Harmonie. Diese eine Idee, was immer sie auch sein mag, wird streng kontrolliert.

Vergleichen wir das doch mit einem Orchester: Die Musiker:innen haben verschiedene Instrumente, die unterschiedliche Töne erzeugen. Nicht alle Mitglieder des Orchesters spielen die ganze Zeit – die Streicher:innen machen gelegentlich eine Pause, um auf den Schlagzeuger zu warten, und so weiter. Aber das Orchester kann trotzdem zusammenarbeiten, da die Musiker:innen alle vom gleichen Notenblatt spielen. Das ist beim kollektiven Narzissmus nicht der Fall. Hier ist es vorgeschrieben, dass alle Musiker:innen die Trompete spielen müssen.

Diese zwanghafte Denkweise ist sehr mächtig. »Du musst, du musst« – es ist eine Anforderung, jede/r muss das Gleiche tun. Den gleichen Gedanken denken. Unabhängiges Denken ist ein unnötiges Übel, denn die Tagesordnung ist bereits festgelegt. Das deutlichste Warnzeichen ist, wenn man jemanden sagen hört: »Wir brauchen nicht auf andere zu hören. Wir haben bereits alle Antworten.«

Das ist natürlich nur eine Illusion; niemand hat alle Antworten. Aber es geht darum, den Dialog zu vermeiden, denn er kann die Gruppe implodieren. Jede/r, der/die davon abweicht, wird brutal bestraft. Wer versucht, sich woanders hinzuschleichen, gilt als Drückeberger und wird mit Misstrauen und Schande bedacht. Die Gruppe wird alles tun, um ihre Mitglieder daran zu hindern, gegen die festgelegten Normen zu verstoßen. Wenn du dich nicht an die Agenda der Gruppe hältst, bist du in ihren Augen böse – so einfach ist das. Und Gruppenmitglieder werden viel härter bestraft als Außenstehende, die sich desselben Verbrechens schuldig machen. Klingt das logisch? Ich bin mir nicht sicher.

Der Druck, Loyalität gegenüber der Gruppe zu zeigen, verlangt ein offenes Bekenntnis zur Solidarität. Geht hinaus und sagt der Welt, was *wir* denken. Ein öffentliches Bekenntnis zu den Ideen der Gruppe ist obligatorisch, unabhängig davon, ob sie sinnvoll sind oder nicht. Passivität ist ein todsicherer Weg, um sich Kritik einzuhandeln.

Innerhalb der Gruppe wird von den Menschen erwartet, dass sie sich an ein idealisiertes, beschönigtes Bild der Gruppe halten. Sie glauben wirklich, dass sie die einzigen Menschen sind, die die Welt so sehen, wie sie wirklich ist, und dass ihre eigene Meinung die einzig vernünftige ist. Bei kollektivem Narzissmus verfliegt jede Art von Objektivität. *Wir sind besser als die anderen.* Jedes legitime Positive wird verstärkt und übertrieben. Alles Negative wird unterdrückt und heruntergespielt.

Eine Eigenschaft von Gruppen, die zusammenkommen, um ihren kollektiven Narzissmus in ausreichender Zahl zu feiern, dominiert hier: Aggression breitet sich aus wie Bakterien bei warmem Wetter. Jeder neue, unausgegorene Gedanke kann rasende Wut erzeugen. Die Gruppe ist extrem gereizt und gerät immer wieder in Konflikte. Wer gerne politische Dogmen hinterfragt und diskutiert, sollte Folgendes wissen: Wenn man auf einem von ihnen herumhackt, wendet sich die ganze Gruppe gegen einen. So, als würde man an einem Bienenstock nach einer von 10 000 Bienen schlagen. Ob du überlebst, wenn dich ihre 9999 Freund:innen angreifen, steht in den Sternen.

Konsequenzen

Sich in eine solche Gruppe zu drängen, selbst wenn man das wollte, ist fast unmöglich. Sie ist zu engmaschig. Niemand wird sich für einen Beitrag eines Individuums interessieren, das sich auch als solches begreift. Man muss Teil der Gruppe sein, um zu zählen.

Dieses Phänomen taucht an unterschiedlichen Stellen in der heutigen Gesellschaft auf. In Bezug auf praktisch jedes Thema, das man diskutiert – neben einer großen Anzahl von Themen, die keinerlei Aufmerksamkeit verdienen – zeichnet sich ein Muster ab, bei dem eine bestimmte Gruppe so bewusst aggressiv vorgeht, dass klar wird, dass das Letzte, was sie wirklich will, eine echte Debatte ist. Stattdessen wollen sie ihre eingebildeten Feind:innen vernichten.

Der Feind könnte eine andere Gruppe sein, die eine andere Meinung vertritt; oder eine Gruppe, die überhaupt keine Meinung zu dem fraglichen Thema hat, die aber aus irgendeinem Grund vom narzisstischen Kollektiv als Feind auserkoren worden ist. Der Feind könnten auch Einzelpersonen sein, die vielleicht tatsächlich eine kontroverse Meinung vertreten haben oder die gar nicht den Mund aufgemacht haben, aber das Pech haben, zur falschen Gruppe zu gehören. Wenn sie vom Radar des Schwarms erfasst werden, kann das fatal sein: Dann sind sie erledigt.

Was kann man dagegen tun?

Gehen wir davon aus, dass du dich selbst gut kennst. Du bist dir sicher, dass du stark genug bist, um dich nicht narzisstisch zu verhalten, du machst dir auch keine Feinde. Bedeutet das, dass du sicher bist? Nein, denn du lebst in derselben Welt wie der Rest von uns auch. Sich dieser kulturellen Entwicklung zu entziehen, ist schwer, wenn man nicht gut aufpasst.

Ich habe dich bereits davor gewarnt, dich mit einem/einer echten Narzisst:in anzulegen. Der gleiche Rat gilt auch hier. Maximiere den Abstand und halte ihn. Gehe keine unnötigen Risiken ein. Wenn du diesen Ratschlag noch einmal durchgehen möchtest, schau noch mal in Kapitel 16: »Sich von Narzisst:innen befreien«.

Du solltest außerdem nach kollektiven Mustern Ausschau halten, die manchmal spontan in der Bevölkerung entstehen. Im mittelalterlichen Europa wurden viele Frauen gefoltert und hingerichtet, weil man sie beschuldigte, Hexen zu sein. Heute wundern wir uns darüber, wie das geschehen konnte, und schütteln den Kopf über den schieren Wahnsinn. Tatsache ist jedoch, dass es Menschen gelang, die Öffentlichkeit davon zu überzeugen, dass einige Frauen durch Hexerei Ernten ruinieren oder Schiffe mitsamt Ladung und Besatzung auf See sinken lassen konnten.

Wurde eine bestimmte Frau beschuldigt, wurde der berüchtigte Hexenprozess angestoßen: Die Beschuldigte wurde in einen See geworfen, wobei ihr die Hände auf dem Rücken gefesselt wurden. Wenn sie wirklich eine Hexe war – so die Überlegung –, würde der See sich weigern, sie aufzunehmen, und sie würde wieder an die Oberfläche schwimmen. Wäre sie keine Hexe, würde der See sie mit offenen Armen aufnehmen. Das Ergebnis war jeweils dasselbe: Die Frau würde sterben. Wer auch immer sich diese Lösung ausgedacht hat, spielt in einer Klasse für sich. Mehr als 150 000 Frauen wurden auf diese Weise ermordet, bevor die Menschen begriffen, dass das nicht in Ordnung war.

Wie können verrückte Ideen wie diese überhaupt entstehen? Und warum hören Menschen auf diese Art von Wahnsinn? Die Antwort ist einfach: Es gab auch früher schon kollektiven Narzissmus. Die Menschen schlossen sich wegen einer Idee zusammen, egal, ob sie logisch, erfunden oder einfach nur fies und bösartig war. Sie beschlossen, diese Idee zu ihrer Wahrheit zu erklären. Danach fingen sie an, jeden zu eliminieren, der anderer Meinung war.

Verstörende Lügen werden als wahr angesehen, um Macht auszuüben. Und dann wagt es keiner mehr, den Mund aufzumachen. Das Kollektiv ist inzwischen so stark geworden, dass es bereits gefährlich sein kann, Fragen zu stellen. Diese Muster finden sich auch in einigen unserer heutigen politischen Bewegungen. Soziale Medien bieten einen fruchtbaren Boden für dieses Verhalten.

Ich würde dir raten, bei derartigen Gruppen Vorsicht walten zu lassen. Es kann nicht schaden, Behauptungen eingehender zu studieren, bevor du dich entscheidest, ob sie vernünftig sind. Außerdem solltest du darauf achten, wie eine Bewegung mit Nichtmitgliedern umgeht. Denk daran, dass Menschen schon immer in verschiedenen Fragen unterschiedlicher Meinung waren. Daran ist noch nichts auffällig. Der Punkt, an dem die Dinge seltsam werden, ist, wenn eine Gruppe jeden zerstören will, der anderer Meinung ist. Das ist ungesund und gefährlich, und eine solche Bewegung solltest du meiden. Denk, was du willst, glaub, was du willst, und tritt für alle Werte ein, die dir wichtig sind. Dabei kommt es nicht auf die Details der von dir gewählten Lebensweise an. Aber es ist ungesund, wenn eine Gruppe ihre Gegner als Untermenschen betrachtet und sich berechtigt fühlt, alles in ihrer Macht Stehende zu tun, um sie zu vernichten. Das kann zu Kriegen, blutigen Revolutionen und tyrannischen Diktaturen führen. In Nazideutschland, der Sowjetunion und dem maoistischen China kam es zum Massenmord an Millionen von Menschen.

Wenn du anfängst, Menschen zum Schweigen zu bringen, und sie zwingst, sich deinen Forderungen in Bezug auf die von ihnen verwendeten Worte zu unterwerfen, steuern wir bereits auf eine Katastrophe zu.

24
Wie konnte es so weit kommen?

Bislang scheint das Konzept des kulturellen Narzissmus definitiv etwas Reales widerzuspiegeln. Gehen wir davon aus, dass es sich tatsächlich um einen gesellschaftlichen Trend handelt. Wie kommt er zustande? Ist er aus dem Nichts aufgetaucht? Was ist hier das Huhn und was das Ei?

All das beginnt, sobald jemand beschließt, dass die Regeln, nach denen andere leben müssen, für ihn nicht gelten. Aber zu welchem Zeitpunkt geschieht das genau? Es gibt konkurrierende Theorien darüber, wie wir zu diesem Punkt kommen konnten, an dem wir uns derzeit befinden. Was den Ausgangspunkt betrifft, so stimme ich mit den Forscher:innen überein, die bis in die 1970er-Jahren zurückgehen, um nach Ursachen zu suchen. Ein genaues Jahr kann ich nicht nennen, da die Theorie nicht sonderlich präzise ist. In den 1970er-Jahren wurden jedoch viele der verklemmten und puristischen Ideale der frühen 1960er-Jahre aufgegeben. Die Mode änderte sich im Laufe der 1970er-Jahre. Spitz zulaufende Anzüge wichen extrem weiten Hosen und großen Brillen. Knallige Farben machten sich breit. Es ist kein Zufall, dass Autos in den 1970ern oft lindgrün, leuchtend orange oder tiefblau waren. Doch egal, wie knallig die Farben auch waren, sie hatten nicht das aggressive Auftreten der Toyotas und Audis, die wir heute kennen.

Die glamourösen 1970er-Jahre

Irgendwie hatte man endlich die Freiheit, zu sein, wer man wollte. In meinem Teil der Welt, der »alten« Welt, wenn man so will, haben wir in vielerlei Hinsicht Trends aus den USA übernommen.

Viele davon fingen in den 1950ern und 1960ern an. Frauen betraten den Arbeitsmarkt, und die Dienstleistungsbranche erlebte ein explosionsartiges Wachstum. Über den Weihnachtsmann wurde in den Medien mehr berichtet als über Jesus Christus. Die Wirtschaft boomte, und allen ging es besser als zuvor. Dieser Aufschwung landete auch in meinem Teil der Welt. Im kriegsmüden alten Europa brannte die Hoffnung heller als je zuvor. Ich persönlich habe gemischte Gefühle, wenn es um die 1970er-Jahre geht. Ich bin in der Zeit des Kalten Krieges aufgewachsen und als Kind verspürte ich eine lähmende Angst vor einem Atomkrieg. Während meiner Schulzeit las ich von den Schrecken Nazideutschlands und des Zweiten Weltkriegs. Die Nachfolger dieses abscheulichen Erbes, das kommunistische China und die Sowjetunion, waren ein ganz anderer Albtraum.

Andererseits war es vielleicht nicht allzu verwunderlich, dass die Menschen nach dem Tiefpunkt, den die Welt gerade erreicht hatte, bessere Zeiten vor sich sahen. Irgendwann in dieser Zeitspanne erhoben sich Menschen aus verschiedenen Gruppen und forderten ihre Rechte ein. People of Color kämpften für die Beendigung der Diskriminierung, Frauen nahmen ihren epischen Kampf um die Gleichberechtigung mit Männern wieder auf. Es gibt viele Beispiele für Bewegungen, die Gutes bewirkten und den Ton für die Zukunft angaben. Sie haben die Welt im Grunde zu einem besseren Ort gemacht.

Natürlich ist dies eine extrem verkürzte Darstellung der Geschichte, aber die Gesellschaft begann sich langsam von einem Ethos des Konformismus zu einem Ethos des Nonkonformismus zu entwickeln. Drogenkultur und Hippies in den 1960er-Jahren. Die Studentenrevolte von 1968. Alles sehr nonkonformistisch, würde ich sagen.

Introversion kommt aus der Mode – die Extrovertierten kommen an die Macht!

Ich wurde 1972 eingeschult. Während meiner Grund- und Mittelschulzeit verlagerte sich unser kollektiver Schwerpunkt von Introversion auf Extroversion. Ich redete immer zu viel, und meine Eltern bekamen immer wieder zu hören, dass ich zwar gute schulische Leistungen erbrachte, aber zu viel plapperte. »Könnten Sie ihn bitten, das zu unterlassen?« Obwohl es erwähnenswert ist, dass damals der Lehrer meine Eltern bat, das Problem zu lösen (das Gegenteil scheint heute üblicher zu sein), änderte sich dieses Muster, als wir etwas älter wurden. Anfangs wurden die eher extrovertierten Kinder aufgefordert, still zu sitzen und zuzuhören, aber mit der Zeit wurden die introvertierten Kinder nach und nach ermutigt, aufzustehen und mehr Raum für sich zu beanspruchen: »Nimm dir den Raum!«

Ich kann leider nicht genau sagen, wann es passiert ist, aber das Problem zeigte sich folgendermaßen: Extrovertierte Menschen mochten es nicht, sich hinzusetzen und still zu sein, und Introvertierte wollten nichts anderes als genau das. Für mich klingt beides falsch. Beide Ansätze diskriminieren etwa die Hälfte der Kinder. Das Interessante ist jedoch, dass dieser Wandel überhaupt stattgefunden hat. Nachdem zuvor Bescheidenheit gepredigt worden war, wurde nun das Gegenteil als Ideal angesehen: Jeder sollte sich selbst vermarkten.

Könnte dies eine Folge davon sein, dass jeder ermutigt wurde, in sich selbst zu investieren? Wo ich aufgewachsen bin, gab es eine Verschiebung, und zwar von einer Norm der Introversion zu einer Norm der Extroversion. Jetzt muss jeder ein wenig Eigenwerbung betreiben. Da könnte etwas dran sein.

Das Human Potential Movement

Ursprünglich setzten sie sich für bestimmte Gruppen ein, die ihrer Meinung nach diskriminiert worden waren. Dann verlagerte sich der Schwerpunkt auf die »Human-Potential-Bewegung«. Der Zweck dieser Bewegung war nicht, Selbstbeweihräucherung zu fördern; vielmehr wollten sie den Nutzen der Selbstbeobachtung fördern. In Kalifornien begannen sie, Seminare über die »Hierarchie der Bedürfnisse« des Psychologen Abraham Maslow abzuhalten. Diese Bedürfnisse umfassen folgende Stufen:

1. Physiologische Bedürfnisse: Nahrung, Wasser, Luft, Schutz

2. Sicherheitsbedürfnisse: Sicherheit, Stabilität

3. Bedürfnisse nach sozialer Zugehörigkeit: Familie, Freunde, Liebe

4. Wertschätzungsbedürfnisse: Selbstwertgefühl, Macht, Anerkennung

5. Selbstverwirklichungsbedürfnisse: alles werden, was man will

Maslow war schon früh der Meinung, dass niemand eine Stufe in dieser Hierarchie überspringen kann. Diese Frage ist viel diskutiert worden, aber es besteht derzeit ein solider Konsens darüber, dass dies die vielversprechendste Idee ist. Es ist schwer, etwas zu erreichen, wenn man kein Essen und kein Wasser hat. Wer Angst hat, kann keine sozialen Bindungen aufbauen. Es ist schwer, sein Selbstwertgefühl zu verbessern, wenn man keine Menschen um sich hat.

Maslow behauptete zu seiner Zeit, nur sehr wenige Menschen kennengelernt zu haben, die sich wirklich auf der obersten Stufe befanden: der Selbstverwirklichung. Das ergibt durchaus Sinn, wenn man bedenkt, dass Selbstverwirklichung ein besonders kompliziertes Konzept ist, das eine Reihe ebenso komplizierter Aspekte umfasst. Maslow ordnete das Selbstwertgefühl jedoch knapp unterhalb der Selbstverwirklichung ein: Selbstverwirklichung ist schwierig. Das Selbstwertgefühl ist im Vergleich dazu einfach.

Da sich immer mehr Menschen für ihr eigenes Wachstum interessierten, wurde das fast aussichtslose Ziel der Selbstverwirklichung durch das weitaus zugänglichere Konzept des Selbstwertgefühls ersetzt. Und warum sollte man das nicht tun? Wenn ich die verfügbare Literatur zu diesem Thema sichte, finde ich in Büchern, Zeitschriften, Dokumentarfilmen und sogar in Kindersendungen unzählige Informationen und Ideen über Selbstwertgefühl, aber kaum etwas über Selbstverwirklichung. Vielleicht hatte Maslow recht. Selbstverwirklichung ist schwer zu erreichen.

Das Entstehen der Selbsthilfe-Industrie

Schließlich wurden die kollektiven Wachstumsziele der 1960er-Jahre zugunsten einer verführerischeren Betonung des Selbst aufgegeben. Es war an der Zeit: Die Selbstinvestition wurde zum Zeitgeist. Es war an der Zeit, mehr Platz für *mich* in der Welt zu schaffen. Eigentlich eine logische Entwicklung, wenn man bedenkt, dass der Individualismus noch nie in einer ernsthaft organisierten Form praktiziert worden war. Wir mussten ihn früher oder später ausprobieren. In diesem Zusammenhang wird oft auf den Schriftsteller Tom Wolfe verwiesen, der darauf hinwies, dass »wir unsere neu gewonnenen finanziellen Gewinne nicht für die Verbesserung der Welt, sondern für die Selbsthilfe ausgeben«.

Einer der großen Gewinner war *est* (ja, das ist wirklich ein Akronym in Kleinbuchstaben!), nach dem Erhard Seminars Training genannt. Hunderttausende gaben hier ihr hart verdientes Geld für Kurse aus, die ihnen versprachen, wie sie lernen, sich selbst an die erste Stelle zu setzen, anderen zu erklären, dass wir alle für unser eigenes Schicksal verantwortlich sind, und niemals die Opferrolle zu akzeptieren, da man seine Zukunft immer selbst gestalten kann.

Kleiner Hinweis: Das ist *kein* Narzissmus. Ich stehe selbst fest hinter diesen Ideen. Ich zweifle nicht im Geringsten daran, dass wir unsere Zukunft so gestalten können, wie wir es für richtig halten, solange wir sie zu unserer obersten Priorität machen. Ich stehe auch voll und ganz hinter dem Gedanken, dass die Verantwortung für mein eigenes Wohlergehen hauptsächlich bei mir selbst liegt. Es gibt viele Beispiele von Menschen, die zu dieser Erkenntnis gekommen sind, die nicht mehr darauf warten, dass der Staat sie rettet, und angefangen haben, sich selbst, ihre Familien, ihre Berufe und ihr Leben zu verbessern. So weit ist das alles unumstritten.

Die Selbsthilfe ist heute so tief in der Gesellschaft verwurzelt, dass sich schwer sagen lässt, wo sie beginnt und wo sie endet. Schulkinder lernen Yoga. Häftlinge nehmen an Achtsamkeitskursen teil. Menschen engagieren Personal Trainer für alle möglichen Dinge. Um die Botschaft auf den Punkt zu bringen: Du kannst es schaffen.

Der Keim dafür findet sich in einem der meistverkauften Sachbücher aller Zeiten: *Denke nach und werde reich* von Napoleon Hill. Es wurde 1937 veröffentlicht, und einige Quellen behaupten, dass es sich in weltweit unglaubliche 170 Millionen Exemplaren verkauft haben soll. In dem Buch steht kurz gesagt, dass eine starke geistige Konzentration alles ist, was man braucht, um zu erreichen, was man will, einschließlich der Heilung schwerer Krankheiten. Auch um so reich zu werden, wie man es sich nur wünschen kann, und von allen geliebt und gelobt zu werden. Allein der Himmel ist die Grenze.

Ein weiterer großer internationaler Literaturhit war *The Secret* der australischen Autorin Rhonda Byrne. Seit seiner Veröffentlichung im Jahr 2006 hat sich das Buch weltweit 30 Millionen Mal verkauft. Die Botschaft dieses Buches ist, dass man alles haben kann, was man will, solange man es nur genug will. Denke fest genug an etwas, und es wird sich erfüllen.

Bei näherer Betrachtung stellt man jedoch schnell fest, dass diese Botschaft eigentlich viel älter ist. Hat nicht Jesus in der *Bibel* etwas über den *Glauben* gesagt, der *Berge versetzt?* Wer weiß schon, wie alt die Idee wirklich ist? Die Methoden, um ein Maximum an Glück und Erfolg zu erreichen und die beste Version von sich selbst zu sein, ändern sich jedenfalls ständig, und das hat nichts mit der Selbsthilfe-Industrie zu tun. Allerdings gibt es eine Spur, die wir hier aufnehmen können und die uns direkt zu etwas führt, das wahrscheinlich niemand vorhersehen konnte.

Denn was passiert, wenn du dir ein glückliches, sorgenfreies Leben wünschst, aber *keine* Lust hast, die Ärmel hochzukrempeln und die eigentliche Arbeit zu machen? Wenn es für dich zu mühsam ist, ein Tagebuch darüber zu führen, was du tust, isst und denkst? Wenn du dich nicht dazu motivieren kannst, dein Gedankenchaos zu ordnen, und du am liebsten sofort, genau jetzt!, einen luxuriösen, fabelhaften Lebensstil hättest? Was dann? An dieser Stelle wird der vage Begriff der narzisstischen Kultur konkreter.

Alles für nichts haben wollen

Am einfachsten ist es wohl, so zu tun, als ob man schon am Ziel wäre. Es passt sehr gut zu Narzisst:innen, all diese unglaublichen Visionen zu entwickeln und sich dann einzureden, dass sie sie bereits verwirklicht haben. Und so zu leben, als ob dies auch wahr wäre.

Ich will damit auf keinen Fall sagen, dass es besser ist, sein Schicksal zu akzeptieren und im Elend weiterzuleben. Wenn es dir gelingt, ein Problem in deinem Leben zu erkennen und es zu lösen, bin ich der Erste, der dich dabei anfeuert. Aber ein Buch über Selbstverwirklichung zu lesen, es dann beiseitezulegen und sich zu denken, dass man das alles schon weiß, wird dir nichts bringen. Du wirst keine Ergebnisse sehen, wenn du nicht anfängst, die im Buch vorgeschlagenen Methoden auszuprobieren. Nichts wird sich bessern, und das Problem wird bleiben – vorausgesetzt, es wird nicht schlimmer.

Dem/der potenziellen Narzisst:in, den/die wir alle in irgendeiner Form in uns tragen, geht es nur um das Ziel, und es würde ihm nichts ausmachen, die Reise zu überspringen. Es ist ein bisschen so, als hätte man leichteren Zugang zu billigem Kapital, als es eigentlich gut für einen ist. Ich kann mir Geld leihen, mir einen schicken Lebensstil kaufen und so tun, als hätte ich das alles verdient, anstatt *tatsächlich* für das zu *arbeiten*, was ich will.

Irgendwann muss auch jemand mit narzisstischen Tendenzen einsehen, dass es nichts umsonst gibt. Wann immer man bekommt, was man will, muss man in irgendeiner Form dafür bezahlen.

25
Selbstwertgefühl – der Mühe wert?

Einen großen Teil dieses Buches habe ich bereits dem Thema Selbstwertgefühl gewidmet. Schauen wir uns also kurz an, ob diese Diskussion etwas mit unserer heutigen Situation zu tun hat. Im Grunde genommen ist es eine gute Nachricht, dass das Selbstwertgefühl in der Welt zunimmt. Menschen, die mit sich selbst zufrieden sind, sind gesünder, leiden seltener an körperlichen und psychischen Krankheiten, leben länger, sind produktiver und verursachen weniger Probleme für andere Menschen.

Allerdings gibt es eine Gruppe, die immer unglücklicher wird, und dafür werden die sozialen Medien verantwortlich gemacht. Die Fülle der Möglichkeiten, die die sozialen Medien bieten, um sich mit den besten, attraktivsten, reichsten und beliebtesten Menschen auf der Welt zu vergleichen, ist nicht nur positiv. In seinem Buch *12 Rules for Life. Ordnung und Struktur in einer chaotischen Welt* schreibt der kanadische Psychologe Jordan B. Peterson, dass wir uns nicht so sehr mit anderen vergleichen sollten, sondern vielmehr mit unserem eigenen früheren Selbst.

Natürlich können wir von denjenigen, die bereits erfolgreich waren, viel lernen. Das gilt aber nur, solange es dich motiviert und dir die Energie gibt, die du brauchst, um weiter auf deine eigenen Ziele hinzuarbeiten. Es besteht die reale Gefahr, dass du dich selbst demotivierst, wenn du dich ständig mit diesen unglaublich erfolgreichen Menschen vergleichst. Das könnte deine künftige Leistung beeinträchtigen, anstatt dich zu inspirieren, sie zu verbessern. Sich vorzustellen, dass man nie so großartig oder erfolgreich sein wird wie sie, ist nämlich leicht, und wenn das der Fall ist, sollte man sich besser an seiner eigenen Vergangenheit messen. Auf diese Weise stellst du mit etwas Glück eine Veränderung zum Besseren fest. Die Grenze zwischen diesen beiden Haltungen ist unglaublich schmal, also behalte einen klaren Kopf. Und vergiss nicht, zu denken!

Bevor es das Internet gab, hat man sich vielleicht mit den Geschwistern, den Nachbar:innen, einem Kumpel oder der besten Freundin verglichen, oder mit dem Typen in der Nachbargemeinde, der ein Vermögen gemacht hat. Heutzutage haben wir Zugang zu Informationen über die absolute Elite in jeder Disziplin, überall auf der Welt. Mit einem einfachen Tastendruck können wir herausfinden, was die Nummer eins in irgendeinem Handwerk macht, wie viel Geld sie verdient, wie ihr aktueller Lebensstil aussieht, wie glücklich ihre Kinder sind und so weiter. Das alles ist öffentlich sichtbar. Es ist, als würde man ein zehnjähriges Mädchen, das davon träumt, Sängerin zu werden, mit Beyoncé vergleichen. Ist dieser Vergleich inspirierend oder enttäuschend? Wenn wir von Anfang an die falsche Einstellung haben und zu viel Zeit damit verbringen, uns darüber Gedanken zu machen, was andere machen, laufen wir Gefahr, ein Burn-out zu bekommen. Das kann zweifellos dazu führen, dass das Selbstwertgefühl in sich zusammenbricht.

Vor allem, wenn man sich Menschen ansieht, die ihren Erfolg tatsächlich verdient haben. Das ist für das Wohlergehen mancher Menschen die größte Bedrohung, denn es wäre einfacher zu akzeptieren, dass jemand ein Vermögen im Lotto gewonnen hat. Wieso ist das leichter zu akzeptieren? Nun, im Grunde, weil wir glauben, dass *wir* auch im Lotto gewinnen können. Aber die Person, die 20 Jahre lang wie verrückt gearbeitet hat, dabei endlose Opfer erbracht hat, nie auf Partys gegangen ist, nie einen BMW gekauft hat, sondern ständig alles in die Vision investiert hat, die sie entwickelt hat und der sie treu geblieben ist, und dann tatsächlich erfolgreich und vielleicht sogar berühmt geworden ist und das große Geld verdient hat – diese Person ist eine ernsthafte Bedrohung. Denn meine eigenen Errungenschaften sind im Vergleich zu ihren nicht sehr beeindruckend.

Starkes Selbstwertgefühl = Erfolg im Leben?

Lange Zeit habe ich geglaubt, dass es genau so funktioniert. Nun kann man Erfolg sicherlich unterschiedlich definieren. Ob ein Mensch sich selbst als erfolgreich betrachtet, ist eine sehr persönliche Angelegenheit. In meinem letzten Buch *Surrounded by Setbacks* habe ich mich ausführlich mit der Frage beschäftigt, wie man Erfolg für sich selbst definieren kann, deshalb beschränke ich mich auf die Feststellung, dass die Definition von Erfolg davon abhängt, wen man fragt.

Es gibt jedoch interessante Erkenntnisse, von denen man lernen kann. Verschiedene psychologische Instrumente bringen die Grundwerte einer Person mit einer Reihe von persönlichen Merkmalen in Verbindung, und das Selbstwertgefühl ist häufig eines dieser Merkmale. Vor etwa zehn Jahren wurde eine umfassende Studie mit Proband:innen aus verschiedenen Berufen durchgeführt, und meine eigene Selbstanalyse ergab, dass ich irgendwo in der Mitte der Gruppe lag. Mein Selbstwertgefühl ist weder bemerkenswert stark noch alarmierend gering. Es ist genau richtig. Unter uns gesagt, ich hatte irgendwie erwartet – und gehofft –, dass ich besser abschneide.

Ich fragte meinen Kontakt, welche Berufsgruppe in der Regel die höchsten Werte für Selbstwertgefühl aufweist. Als ich aufgefordert wurde, zu raten, schlug ich Spitzensportler:innen vor. Oder vielleicht Führungspersonen in großen Unternehmen. Namhafte Professor:innen an renommierten Universitäten. Wie du siehst, verband ich ein starkes Selbstwertgefühl mit tatsächlichen Leistungen.

Mein Kontakt schüttelte den Kopf. Die Antwort fiel anders aus: Schweinezüchter:innen. Diese waren im Grunde genommen sehr zufrieden mit sich selbst und hatten das Gefühl, dass sie niemandem etwas beweisen mussten. Sie interessierten sich nicht im Geringsten dafür, was andere über ihre Berufswahl denken könnten. Nach diesem Modell sind die Leistungsträger:innen in den meisten Bereichen Menschen mit einem geringem Selbstwertgefühl, die das Gefühl haben, dass sie viel beweisen müssen. Sie sind nie mit sich zufrieden, also arbeiten sie weiter hart. Ist das nun gut oder schlecht? Das lässt sich schwer sagen.

Es besteht ein gewisser Zusammenhang zwischen dem Selbstwertgefühl und der Qualität der Leistung, aber Studien haben gezeigt, dass wir möglicherweise eine falsche Vorstellung von diesem Zusammenhang haben. Es scheint, dass bessere Leistungen zu einem besseren Selbstwertgefühl führen, und nicht umgekehrt. Ich muss gestehen, dass meine eigenen Annahmen darüber die ganze Zeit falsch waren. Nun, Erfolg und Leistung sind sicherlich nicht alles im Leben. Man kann natürlich auch mit viel weniger zufrieden sein. Wenn man es schafft, sich nicht wegen Kleinigkeiten aufzuregen, kann man das auch als Erfolg werten. Und wenn man ein starkes Selbstwertgefühl hat, fällt es einem wahrscheinlich leichter, die Dinge, die man bereits hat, zu schätzen und dankbar dafür zu sein.

Außerdem spielen hier weitere Faktoren eine Rolle, die die Ergebnisse verzerren. Junge Angehörige der Oberschicht haben beispielsweise in der Regel ein besseres Selbstwertgefühl und einen besseren Notendurchschnitt als Kinder der Arbeiterklasse. Manche Menschen, die mit ihrem Selbstwertgefühl zu kämpfen haben, sind auch leistungsschwach, aber das kann mit Problemen in der Kindheit zusammenhängen, wenn man zum Beispiel von Eltern mit Suchtproblemen erzogen wird. Grundsätzlich hat es sich als schwierig erwiesen, einen *automatischen* Zusammenhang zwischen einem starken Selbstwertgefühl und Erfolg festzustellen.

Wäre der Hang zur Selbstbeweihräucherung allein ein idiotensicheres Rezept für Erfolg und erstklassige Leistungen, dann wären zum Beispiel junge Amerikaner:innen in mehr oder weniger allem, was sie tun, Weltklasse. Die jungen Schwed:innen wären auch ziemlich beeindruckend. Die Zahlen unterscheiden sich da gar nicht so sehr. Eine Studie ergab, dass 39 Prozent der amerikanischen Achtklässler sehr zuversichtlich waren, den Matheunterricht zu bestehen, während es bei ihren südkoreanischen Altersgenossen nur sechs Prozent waren. Vergleicht man jedoch die tatsächlichen Ergebnisse der beiden Bevölkerungsgruppen, so zeigt sich, dass die südkoreanischen Kinder ihre zuversichtlichen amerikanischen Altersgenoss:innen in den Schatten stellen. Sie haben auch die schwedischen Kinder überrundet. Die Leistungen der Kinder in westlichen Ländern gehen zurück, während unsere Kinder von Jahr zu Jahr selbstbewusster werden. Ich freue mich für sie, und ich wünschte, jede/r könnte so über sich selbst denken, aber zugleich mache ich mir Sorgen über ihre langfristigen Lebensperspektiven. Es ist schwer, Karriere zu machen, wenn man mit sich selbst zufrieden ist. Und das Leben wird ihnen wahrscheinlich noch mehr abverlangen. Vielleicht bin ich in dieser Hinsicht etwas zu kritisch, aber so oder so ist dieses Thema unbestreitbar komplex.

Lasst uns das Selbstwertgefühl aller stärken, egal, was passiert! Was wäre das Schlimmste, was passieren könnte?

Die wissenschaftliche Methode ist unser bester Ansatz, um kausale Zusammenhänge herauszuarbeiten. Sie ermöglicht es, mit verschiedenen Behandlungsarten zu experimentieren und die Konsequenzen zu beobachten. An dieser Stelle wird es wirklich spannend. Denn natürlich wurden auch zu diesen Aspekten Studien durchgeführt.

Schüler:innen, deren Leistungen durchschnittlich oder schlechter waren, wurden in zwei Gruppen aufgeteilt. Beide Gruppen erhielten jede Woche eine E-Mail, die eine Hausaufgabe enthielt, die sie erledigen sollten. Gruppe A erhielt nur die Aufgabe. Keine begleitenden Kommentare oder Erklärungen, nur die Ermahnung: »Erledigt sie!«

Gruppe B erhielt zusätzlich eine E-Mail mit Botschaften, die ihr Selbstwertgefühl stärken sollten. So wurde ihnen beispielsweise mitgeteilt, dass Menschen, die in einem bestimmten Bereich schlechte Leistungen erbringen, oft negative Gedanken und Hoffnungslosigkeit empfinden und sich ihren Mitschüler:innen unterlegen fühlen. In diesem Zusammenhang wurde auf eine (fiktive) Studie verwiesen, die besagt, dass Schüler:innen, die ein starkes Selbstwertgefühl haben, nicht nur bessere Noten erzielen, sondern auch ein hohes Maß an Selbstvertrauen bewahren können. Diese Schüler:innen wurden also ermutigt, den Kopf hochzuhalten und ein starkes Selbstwertgefühl zu bewahren. Später wiederholten sie den Test.

Manchmal ist es gut, wenn wir unsere eigenen vorgefassten Meinungen infrage stellen. Die Ergebnisse widersprechen nämlich den Erwartungen der Forscher:innen. Gruppe A, die nur ihre Aufgaben erhielt, erzielte mehr oder weniger die gleichen Ergebnisse wie zuvor. Keine besseren, aber auch keine schlechteren. Gruppe B, die die Aufgaben zusammen mit den wöchentlichen vertrauensbildenden Nachrichten erhalten hatte, erzielte deutlich *schlechtere* Ergebnisse. Ihr Ergebnis fiel von 57 Punkten (von 100) auf 37.

Einige werden jetzt vielleicht denken, dass sich Gruppe B *trotz* des wöchentlichen Vertrauensschubs schwächer gefühlt haben könnte. Vielleicht hat es nur nicht richtig funktioniert? Oder vielleicht haben sie nicht geglaubt, was in diesen E-Mails stand?

Das wollte auch das Forscherteam herausfinden. Also beschlossen sie, das Selbstwertgefühl beider Gruppen zu messen. Erstaunlicherweise fühlten sich die Schüler:innen der Gruppe B sehr wohl in ihrer Haut. Ihr Selbstwertgefühl hatte sich verbessert. Besonders bemerkenswert ist, dass sie sich besser fühlten als Gruppe A, obwohl sie eine weitaus schlechtere Leistung erbracht hatten. Wie lässt sich dies erklären? Schließlich ist das in einer Kultur, die so sehr darauf bedacht ist, den Menschen Selbstvertrauen und Selbstwertgefühl zu vermitteln, nicht gerade eine willkommene Nachricht.

Um es kurz zu machen: Als ich das zum ersten Mal las, hat mich das nicht wirklich beeindruckt. Ich war nämlich schon immer der Meinung, dass Selbstwertgefühl für eine gute Leistung unerlässlich ist. Sich gut zu fühlen, ist besser, als sich jeden Tag schlecht zu fühlen, das steht außer Frage. Und trotzdem kann ich nicht anders, als über das Ergebnis nachzudenken. Was mich daran beunruhigt, hat damit zu tun, wie dieser Aspekt mit Narzissmus zusammenhängt.

Welche Schlussfolgerungen sollten wir daraus ziehen?

Ein starkes Selbstwertgefühl ist offenbar ein zweischneidiges Schwert. Bis zu einem gewissen Punkt funktioniert es sehr gut, danach besteht die Gefahr, dass es entgleist.

Ich kann es nicht oft genug betonen: Ich behaupte keineswegs, dass wir uns unsicher fühlen, uns selbst nicht mögen und unser Selbstvertrauen niedertrampeln sollten. Ich will damit nur sagen, dass es nicht unbedingt etwas Schlechtes ist, wenn man sich und seiner eigenen Vorstellung von sich weniger Aufmerksamkeit schenkt statt übermäßig viel. Die Fähigkeit, sich auf das Wohlergehen einer Gruppe zu konzentrieren, Zeit und Mühe in die Unterstützung anderer zu investieren, ist nicht unbedingt ein Beweis für tiefen Selbsthass.

Es sollte möglich sein, erfolgreich zu sein, ohne jedes Mal sein eigenes Ego überwinden zu müssen. Das ist ja auch Sinn und Zweck der Selbstwertgefühl-Bewegung. Die Kultivierung des Selbstwertgefühls ist seit einiger Zeit in Mode, und ich wiederhole: Ich halte es grundsätzlich für eine gute Sache, sich selbst zu akzeptieren und zu mögen und zu glauben, dass man ein gutes Leben verdient hat. Aber wie wir gesehen haben, birgt es auch Gefahren, von denen einige gar nicht hoch genug eingeschätzt werden können. Während der Arbeit an diesem Buch habe ich mit einer ganzen Reihe von Menschen über das Thema Selbstwertgefühl diskutiert. Gelegentlich geriet ich dabei in hitzige Debatten. Einige schienen besonders erbittert zu reagieren: »Ach, jetzt sollen wir uns also selbst hassen, ja? Ist es das, was du sagen möchtest?« Nein, das sage ich nicht. Das Gegenteil von Adipositas ist nicht Anorexie.

Es gibt eine ganze Reihe von Einstellungen, die irgendwo zwischen Selbsthass und Narzissmus liegen. Es gibt Menschen, die sich selbst nicht mögen, und denen müssen wir helfen. Auf jeden Fall kann man sich selbst wertschätzen, ohne sich einer pathologischen, schädlichen Selbstverliebtheit hingeben zu müssen. Wie ich bereits erwähnt habe, wissen wir, dass wir zu weit gegangen sind, wenn der eigene egozentrische Fokus sich auf andere auszuwirken beginnt. Das bedeutet, dass man sich gefährlich nahe an narzisstische Verhaltensmuster heranwagt – oder diese Grenze bereits überschritten hat. Vielleicht weiß man es nur noch nicht.

Man kann aber auch sagen, dass man in dem Moment zu weit gegangen ist, wenn das eigene Verhalten Konsequenzen für etwas anderes hat, das einem vielleicht wichtig ist: für einen selbst. Falls du dein eigenes Verhalten in diesen Schilderungen wiedererkennst: Man kann es auch etwas gnädiger betrachten. Vielleicht ist es nicht nur deine eigene Schuld, dass du dich heute in dem besonderen mentalen Zustand befindest. Die narzisstische Kultur ist offenbar auf dem Vormarsch, viele Forscher:innen und Psycholog:innen schlagen inzwischen Alarm. Denn es handelt sich nicht ausschließlich um eine Frage der individuellen Verantwortung.

Wer weiß? Vielleicht wurden wir alle in dem Glauben bestärkt, dass das Leben einfach sein wird und dass wir tatsächlich das Beste von allem verdienen, ohne dafür arbeiten zu müssen. Dass wir uns nicht anstrengen müssen und dass die Welt furchtbar ungerecht ist, weil sie uns nicht gibt, was wir verdienen. Kommt dir das bekannt vor? Wenn ja, dann weiß ich, was wir als Nächstes tun müssen: Wir befassen uns mit unseren Eltern.

26
Wie haben die 1970er-Jahre unsere Eltern beeinflusst?

An dieser Stelle möchte ich daran erinnern, was wir gerade tun: Wir versuchen, die Ursachen für die mögliche Ausbreitung einer zunehmend narzisstischen Kultur zu ermitteln. In unserem Teil der Welt setzt sich der Trend fort, dass Eltern, die zum ersten Mal Eltern werden, heute tendenziell älter sind als ein paar Generationen zuvor. Viele bleiben länger in der Schule oder an der Uni, nehmen eine Auszeit, um zu reisen, arbeiten erst einige Jahre oder verwirklichen sich selbst. Wenn das alles »erledigt« ist, sind sie bereit, eine Familie zu gründen. Heutzutage ist es nicht ungewöhnlich, dass man erst mit fast 40 Jahren Kinder bekommt – was in den 1950er-Jahren unvorstellbar gewesen wäre.

Aber ist das alles wirklich wichtig? Wenn man rein körperlich mithalten kann und die finanzielle Situation stabil ist, könnte sich diese Entscheidung dann nicht sogar als eine gute Sache erweisen? Immerhin scheint es eine viel bessere Option zu sein, als mit 17 ein Kind zu bekommen.

Und auch wenn wir im Auge behalten sollten, dass es viele konkurrierende Ansichten dazu gibt, so zeigt sich doch ein Muster: Wer im Alter von 40 Jahren ein Kind bekommt, hat sein Leben auf eine bestimmte Weise eingerichtet. Er hat seine Routinen und eine lange Liste von guten und schlechten Gewohnheiten, die mit zunehmendem Alter immer schwerer zu durchbrechen sind. Eine Gewohnheit, die man 20 Jahre lang beibehalten hat, wird viel fester verankert sein als eine, die man vor sechs Monaten aufgenommen hat. Hinzu kommt, dass ein/e 25-Jährige:r im Durchschnitt mehr Energie hat als ein/e 40-Jährige:r. Eigentlich sollten wir mit 17 oder 18 Jahren Kinder haben. Tief durchatmen! Ich will damit nicht sagen, dass wir das tun sollen, ich will nur darauf hinweisen, dass es in der Evolution offenbar so vorgesehen war.

Andererseits haben 40-Jährige mit Sicherheit mehr Lebenserfahrung. Viel mehr. Sie fühlen sich selbstsicherer und haben auch eher die finanzielle Stabilität, die nötig ist, um ein Kind großzuziehen. Sie haben gelernt, ihre Impulse zu kontrollieren. Hoffentlich haben sie auch gelernt, ruhig zu bleiben, selbst wenn die Dinge außer Kontrolle geraten. Kleine Kinder ziehen das Chaos regelrecht an.

Was macht also einen idealen Elternteil aus? Ganz ehrlich: Ich habe keine Ahnung. Aber ich weiß: Je älter man beim ersten Kind ist, desto weniger Kinder kann man bekommen. Als ich ein Kind war, hatten schwedische Familien im Durchschnitt 2,1 Kinder. Diese Zahl sank auf 1,5 Kinder pro Familie, bevor sie wieder auf knapp über 1,8 Kinder pro Familie anstieg. Einzelkinder gab es schon immer, und es werden immer mehr. Ich habe eine einzige Schwester. Meine Eltern haben jeweils drei. Ihre Eltern hatten im Durchschnitt jeweils sechs Geschwister.

Was ist da passiert? Historisch gesehen war eine größere Anzahl von Kindern notwendig, um den Lebensunterhalt der Familie zu sichern, aber mit zunehmendem Wohlstand der Gesellschaft sinkt die Anzahl der Kinder einer jeden Frau. In diesem Fall kann man sich den Daten nicht verschließen. Niemand versucht mehr, es zu leugnen: Mehr Wohlstand bedeutet weniger Kinder. Außerdem überlebt heutzutage fast jedes Kind die Kindheit. Im verarmten Schweden des frühen 20. Jahrhunderts war es normal, dass nur fünf von zehn Geschwistern das fünfte Lebensjahr erreichten. Die Kindersterblichkeit ging zurück, als der Wohlstand unserer Gesellschaft zunahm. In Afrika hat die Kindersterblichkeit kürzlich das Niveau erreicht, das Europa in den 1950er-Jahren hatte. Wir sprechen nicht oft darüber, aber in dieser Hinsicht wurden echte Fortschritte erzielt.

Jetzt fragst du dich vielleicht, was das mit der narzisstischen Kultur zu tun hat. Theoretisch könnte es sein, dass Eltern, die nur ein Kind statt fünf haben, dem Wohlergehen dieses Kindes eher große Bedeutung beimessen – schließlich geht es um 100 Prozent ihres Nachwuchses.

Was machen die Menschen, wenn sie nur noch eines ihrer liebsten Dinge im Leben haben? Natürlich versuchen sie, sich so gut wie möglich zu kümmern. Sie schützen es mit allem, was sie haben. Sie haben null Toleranz für Misserfolge – das könnte ihre einzige Chance sein! Sie hören also auf ihr einziges Kind, kümmern sich nach Kräften darum und versuchen, alle seine Bedürfnisse in einer Weise zu befriedigen, die für Eltern noch vor einem Jahrhundert undenkbar gewesen wäre. In einer Familie mit zehn oder mehr Kindern wäre dafür keine Zeit gewesen.

Viele Menschen, die in jüngster Zeit von überdurchschnittlich alten Eltern großgezogen wurden, die sich um alle Bedürfnisse ihrer Kinder kümmerten, haben sich daran gewöhnt, viel Aufmerksamkeit zu erhalten. Seit sie das Licht der Welt erblickt haben, sind sie von dem Beweis umgeben, dass sie das Zentrum des Universums sind, und es gibt keinen Zweifel daran, wie wichtig sie ihren Eltern sind. Jetzt sind sie erwachsen und bereit, ihren Weg in der Welt zu gehen und ihr Glück auf eigene Faust zu suchen. Was hat das denn nun mit Narzissmus zu tun?

Die Gefahren des Fliegens

Während eines langen Fluges saßen meine Frau und ich auf unseren Sitzen und lasen unsere Bücher. Hinter uns saß auf dem mittleren Sitz eine Frau, die mit einem Kind unterwegs war, das ständig gegen die Rückenlehne meines Sitzes trat. Jede/r, der/die dieses Phänomen schon einmal erlebt hat, weiß, dass man an nichts anderes als an diese Tritte gegen den eigenen Sitz denken kann. Meine Frau drehte sich um und forderte das Kind auf, sofort mit dem Treten aufzuhören. Das Treten hörte sofort auf.

Der für mich interessante Teil daran war die Reaktion der Mutter: Ich hörte sie murmeln, dass es keinen Grund gäbe, unhöflich zu sein! Offenbar ist es jetzt unhöflich, darum zu bitten, nicht mehrere Stunden lang in den Rücken getreten zu werden. Ich möchte noch hinzufügen, dass meine Frau in keiner Weise unhöflich war. Sie war so ruhig wie immer, auch wenn sie bestimmt wirkte …

Warum reagierte die Mutter nicht? Schließlich hätte es ihr sicher auch nicht gefallen, wenn jemand so gegen ihren Sitz getreten hätte. Wir haben sie nicht gefragt. Aber als wir aus dem Flugzeug stiegen, bemerkte ich, dass sie uns recht feindselig ansah. Fast so, als hätten wir ihr Kind geohrfeigt oder Ähnliches.

Wie narzisstische Tendenzen normalisiert werden

Ich erinnere mich noch, wie meine Tochter eines Tages vom Kindergarten nach Hause kam und verkündete, sie sei eine Prinzessin. Verblüfft reagierte ich instinktiv: »Nein, mein Schatz, das bist du nicht.«

Vielleicht denkst du jetzt, dass es doch nicht schaden kann, wenn man seine Kinder verwöhnt und auf ihre Vorstellungen eingeht, dass sie Prinzessinnen, talentierte Fußballstars, Influencer, zukünftige Reality-TV-Stars, YouTube-Phänomene oder einfach die fabelhaftesten Geschöpfe der Welt sind. Warum sollen sie nicht davon träumen, für ihr Lieblingsteam zu spielen, zusammen mit ihrem Lieblingsstar? Oder einen Prinzen zu heiraten und das halbe Königreich zu bekommen? Welchen Schaden könnte das schon anrichten?

Vielleicht mag es übertrieben erscheinen, sich über so etwas aufzuregen. Zumindest so lange, bis man darüber nachdenkt. Aus kleinen Kindern werden bald größere Kinder. Ehe man sich's versieht, sind sie Teenager. In den späten Teenagerjahren beginnt eine unangenehme Phase, die von narzisstischen Verhaltensweisen geprägt ist, und Eltern sollten dies auf keinen Fall aus dem Ruder laufen lassen.

Das Ziel der Eltern ist, dass die Kinder zur besten Version ihrer selbst heranwachsen, die sie sein können. Natürlich will man, dass sie stark und unabhängig sind. Aber man sollte ihnen auch nicht den falschen Eindruck vermitteln, dass ihnen die Welt zu Füßen liege. Das eigentliche Paradoxon besteht darin: Wie kann man seinen Kindern alles geben, was sie brauchen, ohne ihnen dadurch alles zu nehmen? Beginnen wir doch am Anfang.

Wie ein einfaches T-Shirt der Anfang vom Ende sein kann

Sehr kleine Kinder konzentrieren sich ausschließlich auf sich selbst. Im Alter von zwei bis drei Jahren beginnen sie, ihre Grenzen auszutesten, und damit beginnt der schlimmste Albtraum aller Eltern: die »schrecklichen« Kleinkindjahre. Sie werfen mit Lebensmitteln um sich, haben Wutanfälle im Supermarkt, hauen ihren Geschwistern Spielzeuglokomotiven auf den Kopf, brechen beim kleinsten Rückschlag in Tränen aus, weigern sich, ins Bett zu gehen, und haben noch eine ganze Reihe anderer charmanter Auftritte.

Die herkömmliche elterliche Strategie, damit umzugehen, bestand darin, sich so gut wie möglich zu widersetzen, sich gegenseitig zu unterstützen und zu beten, dass eine höhere Macht dafür sorgt, dass diese schreckliche Zeit endlich vorbeigeht. Irgendwann wachsen die Kinder dann aus diesem Verhalten heraus und kehren zu akzeptableren Verhaltensmustern zurück. Die Aufgabe der Eltern besteht einfach darin, diese Herausforderung so gut wie möglich zu bewältigen, solange sie andauert.

Was man auf keinen Fall tun sollte, ist, den unbändigen Trotz des Kindes zu verstärken. Deshalb bin ich immer etwas irritiert, wenn ich ein Kind in einem T-Shirt mit der Aufschrift »Prinzessin« herumtollen sehe. Oder »Boss«. Oder »Ich habe das Sagen«. Oder »Badass«. Oder »Supermodel«. Oder »Bräutemagnet«. Oder »Future Reality Star«. Oder sogar – ich denke mir das nicht aus – »verwöhnt«. Warum sollte man die Aufmerksamkeit darauf lenken wollen, wie verwöhnt das eigene Kind ist? Vor nicht allzu langer Zeit wäre das für alle Eltern eine Quelle unendlicher Scham gewesen. So etwas sagte man über die Kinder *anderer*. Diese und jener ist so verwöhnt. Das war nie ein Kompliment.

Aber ich hab's verstanden. Sinn dieser T-Shirts ist nicht, eine Generation verwöhnter Kinder zu produzieren. Es ist offensichtlich, dass viele Menschen eine moderate Portion an Benehmen bei einem Kind liebenswert finden. Welchen Schaden kann das schon anrichten? Es ist ja nicht so, dass die Kinder selbst verstehen, dass daran etwas merkwürdig ist. Die Zielgruppe für diese T-Shirts sind eigentlich die Eltern. Und einige sind sogar ziemlich lustig.

Aber sprechen wir doch mal über das Kleidungsstück mit der Aufschrift »Prinzessin«. Angenommen, deine Tochter verbringt ihre gesamte Kindheit damit, dass ihr gesagt wird, sie sei eine Prinzessin, die als solche betrachtet und behandelt werden sollte … In welchem Alter genau erwartest du dann, dass sie spontan zu dem Schluss kommt, dass dies keineswegs als Andeutung zu verstehen ist, sondern sie tatsächlich die lang vermisste Thronfolgerin eines weit entfernten Landes ist? Oder wie wäre es damit: Angenommen, deine Tochter *ist* wirklich eine Prinzessin. Macht dich das dann zum König oder zur Königin? Vielleicht macht es dich nur zu einem nützlichen und loyalen Untertanen, der verpflichtet ist, jeden Wunsch der Prinzessin zu erfüllen?

Was gibt's zum Abendessen?

Vor einigen Jahren war ich im Supermarkt und versuchte mich daran zu erinnern, was denn überhaupt in unserem Kühlschrank zu Hause fehlte. Neben mir stand ein junger Vater. Sein dreijähriges Kind krabbelte auf dem Boden herum. Der Vater fragte sein Kind: »Was sollen wir heute Abend denn essen?«

Ich nahm an, dass es sich um eine rhetorische Frage handelte oder dass er einfach nur laut dachte. Plötzlich sagte der Junge aber: »Hotdogs!« Sein Vater sah ihn enttäuscht an, seufzte schwer und ging zum Kühlfach hinüber, wo die Hotdogs lagen. Wenn ich heute daran denke, reagiere ich genauso wie damals: Warum um alles in der Welt entscheidet ein Dreijähriger, was die Familie zum Abendessen isst?

Meine Eltern, die in jeder erdenklichen Weise nett, freundlich und fürsorglich waren, wären nie auf die Idee gekommen, meiner Schwester und mir die Verantwortung für den Speiseplan zu übertragen. Wenn wir keine Lust auf Eintopf mit Klößen hatten, war das hart, trotzdem bekamen wir Eintopf mit Klößen. Das hielt uns nicht davon ab, uns gelegentlich zu wünschen, dass Papa am Freitagabend einen schönen Schweinebraten mit nach Hause bringen würde. Aber wenn er das nicht tat, gab es eben Eintopf mit Klößen.

20 Jahre später war ich selbst Vater. Eine meiner kulinarischen Spezialitäten ist Spaghetti bolognese. Als meine Kinder aufwuchsen, aß die ganze Familie mit. Erst als Erwachsener verriet mir mein Sohn, der heute Koch ist, dass er meine Bolognese nie wirklich gemocht hatte. Natürlich war ich schon ein bisschen enttäuscht, aber er schien kein ernsthaftes Trauma durch das Essen erlitten zu haben. Heutzutage kochen viele Familien ein, zwei oder sogar drei verschiedene Gänge für das Abendessen, um den besonderen Wünschen und Vorlieben ihrer Kinder gerecht zu werden. Das Zuhause wird immer mehr zu einem gehobenen Restaurant. Manche Fami-

lien scheinen die Idee, dass jeder das isst, was auf den Tisch kommt, für ein abwegiges Konzept zu halten. »Möchtest du, dass ich dein Sandwich für dich schneide? Soll ich die Kruste abschneiden oder möchtest du es ganz? Sag mir, wie ich es zubereiten soll, oder willst du lieber etwas anderes? Wenn du möchtest, mach ich das natürlich auch für dich.«

»Moment mal!«, wird jetzt sicher jemand einwerfen. »Warum sollten die Kinder nicht sagen dürfen, was sie essen wollen?« Natürlich können sie das. Was sie essen *wollen*. Aber vielleicht nicht so oft, was sie tatsächlich *essen*. Nach allen verfügbaren Daten sind Siebenjährige in der Regel nicht auf dem neuesten Stand der Ernährungswissenschaft und können daher nicht wissen, warum sie Brokkoli essen sollten. Mineralien, Vitamine und Antioxidantien sind ihnen nicht sehr vertraut. Vielleicht mögen sie Ketchup. Ketchup ist jedoch kein Gemüse. Der Brokkoli bleibt schließlich auf dem Teller liegen, weil sie ihn nicht mögen.

Mama und Papa sind mit den Herausforderungen ihres Alltags überfordert und fürchten sich vor der Aussicht, ein weiteres Abendessen mit Streiten verbringen zu müssen. Die Kinder hingegen haben nichts Besseres zu tun. Sie denken nicht daran, E-Mails zu lesen oder vor dem Schlafengehen noch eine Ladung Wäsche zu waschen. Vielleicht freuen sie sich sogar auf eine erfrischende Runde Krieg zwischen Brokkoli und Ketchup. Also gibt man nach. Das ist nur menschlich. Das habe ich auch getan, obwohl ich inzwischen glaube, dass es falsch war. Ich habe den Eindruck, dass jeder als Eltern sein Bestes gibt. Aber dadurch lernen die Kinder, dass das, was sie wollen, an erster Stelle steht. Genau wie Narzisst:innen machen sie keinen Rückzieher. Man kann sich über alles Mögliche streiten: über das Essen, über die Kleidung, darüber, wann man ins Bett geht, und darüber, was man sich im Fernsehen ansieht. In vielen Familien dürfen die Kinder das Freitagabendprogramm für alle aussuchen. Sowohl Erwachsene als auch Kinder sehen sich am Ende Disney-Filme an.

Heutzutage werden Kinder in einem Ausmaß in den Familieneinkauf einbezogen, wie es noch vor 20 Jahren unvorstellbar gewesen wäre. Urlaubsziele. Weihnachtsfeiern. Welches Auto gekauft wird. Ich denke mir das nicht aus. Es wird zur Normalität. Elfjährige haben Einfluss auf Kaufentscheidungen, bei denen es um Tausende von Euro geht. Natürlich denken Menschen, die ihren Kindern in solchen Situationen nachgeben, nicht daran, dass es »toll wäre, ein Kind zu haben, das Narzisst:in ist«. Aber es muss eine Grenze dafür geben, was ein Elternteil bereit ist zu akzeptieren. Die Frage ist natürlich, wo man die Grenze zieht.

Ich will gar nicht so tun, als wüsste ich die Antwort darauf. Als Vater habe ich wahrscheinlich selbst unzählige Fehler gemacht. Alles, was ich hier tun kann, ist, auf einige der Risiken hinzuweisen, die damit verbunden sind, Kindern zu viel Macht zu geben. Manchmal kann die Verantwortung, die wir ihnen übertragen, ganz schön groß sein. Vielleicht sollten sie eine Zeit lang einfach nur Kinder sein? Niemand kann mit Sicherheit vorhersagen, was passiert, wenn Kinder zu viel Einfluss bekommen. Es ist kompliziert.

Helikoptereltern!

Der Begriff »Helikoptereltern« wird seit 30 Jahren immer häufiger verwendet, und deshalb möchte ich ihn kurz erläutern. Es wird oft behauptet, dass man es seinen Kindern zu leicht macht und sie so nicht auf das Leben vorbereitet. Wenn aus einem Jungen ein Mann wird, ohne dass er jemals mit den Widrigkeiten des Lebens konfrontiert wurde, wie soll er dann zurechtkommen? Verhalten sich Erwachsene weiterhin wie Kinder, wird ihr Verhalten als narzisstisch bezeichnet. Die hypothetische Frage lautet also: Besteht die Gefahr, dass ein bestimmter Erziehungsstil bestehende narzisstische Veranlagungen bei einem Kind noch verstärkt?

Eine Theorie besagt, dass wir uns um unsere Kinder kümmern, sie erziehen und sie vor offensichtlichen Gefahren schützen sollten – aber nicht auf Kosten ihrer Vorbereitung auf die Herausforderungen des Lebens. Sie müssen im Grunde auf alles vorbereitet werden, was die Welt ihnen entgegenwirft. In kleinen Schritten.

Der andere Ansatz besteht darin, alles in unserer Macht Stehende zu tun, um unsere Kinder zu schützen, denn sie sind klein und zerbrechlich, und sie können Schaden nehmen, wenn wir sie vor große Herausforderungen stellen, bevor sie bereit dafür sind. Sie sollten so lange wie möglich vor allen Übeln der Welt geschützt werden. Irgendwann müssen sie sich ihren Weg in der Welt bahnen und die Gefahren überwinden, die sich ihnen in den Weg stellen.

Also, was davon stimmt nun? Müssen wir über unsere Kinder wachen, oder ist es das Schlimmste, was wir ihnen antun können? Früher waren Eltern sehr viel autoritärer. Traditionelle Werte wie Pünktlichkeit, harte Arbeit, Loyalität und der Schutz der Familie waren wichtig. Im Guten wie im Schlechten. Erwachsene respektierten Kinder weit weniger, körperliche Züchtigung war noch üblich, und bei Kindern bestand die Gefahr, dass sie sich verschlossen und gehemmt wurden. Kinder sollten tun, was man ihnen sagte, und wenn es zu Konflikten kam, wurde von Eltern nicht erwartet, dass sie mit ihnen reden. Die Menschen waren im Allgemeinen selbstbewusster in ihrer Rolle als Eltern, und sie waren sich der Werte, die sie ihren Kindern vermitteln wollten, viel bewusster.

Eltern haben heute einen demokratischeren Ansatz. Schwedische Eltern zum Beispiel diskutieren mehr mit ihren Kindern als Eltern anderer Nationalitäten. Manche nennen dies den »intellektualisierenden« Ansatz in der Erziehung. Dabei werden die Kinder oft so behandelt, als seien sie viel reifer, als sie tatsächlich sind. Wie viele Eltern haben ihre Kinder erfolgreich zum Schlafengehen überredet, indem sie ihnen Vorträge über Fünfjährige und ihr Schlafbedürfnis gehalten haben? Ich kann da nur raten. Wie viel bringt es, über den Nutzen des Schnürsenkelbindens zu diskutieren, wenn es draußen schneit und dein Vierjähriger bereits im Flur auf- und abhüpft? Schwer zu sagen. Wer kann eigentlich mit Kindern, die wissen, dass der Schrank voller Leckereien ist, über die Essenszeiten verhandeln? Keine Ahnung.

Blindlings kultivieren

Ist es denn so falsch, den Wünschen und Forderungen des Kindes nachzugeben? Wie üblich, lässt sich auch hier kein Konsens auf der Grundlage von Forschungsergebnissen über die tatsächliche Lage erzielen.

So legt eine dänische Studie nahe, dass Kinder, die zu Hause übermäßig von Helikoptereltern betreut werden, im Leben nicht schlechter abschneiden, zumindest nicht in Bezug auf das *subjektive Wohlbefinden*. Das ergibt Sinn. Am besten vorbereitet scheinen diejenigen zu sein, die von ihren Eltern in gewissem Maße helikoptermäßig betreut wurden, aber auch bei vielen *Aufgaben im Haushalt* mithelfen mussten. Eine Studie wie diese wird zweifellos von vielen mit einem Seufzer der Erleichterung aufgenommen, da sie eine teilweise Bestätigung dafür bietet, dass es nicht unbedingt schädlich ist, seinen Kindern zu helfen.

Wir sollten an dieser Stelle einen Gang zurückschalten und uns vergewissern, dass wir unsere Konzepte richtig verstanden haben. Dass man seinen Kindern hilft, ist natürlich eine Selbstverständlichkeit. Eltern, die ihren Kindern nicht helfen, sind ziemlich schlechte Mütter oder Väter. Aber ein vernünftiges Maß an Hilfe anzubieten, ist nicht dasselbe, wie *alle Hindernisse zu beseitigen*. Problematisch wird es, wenn wir unseren Kindern so viel helfen, dass sie nie die Chance bekommen zu lernen, für sich selbst zu sorgen. Es gibt immer einen Mittelweg zwischen Überfürsorge und Vernachlässigung. Sollte man einem Zweijährigen ein Sandwich zubereiten? Wahrscheinlich. Ab welchem Alter kann man von ihnen erwarten, dass sie sich selbst ein Butterbrot machen? Mit drei? Mit fünf? Zwölf? *Irgendwo* muss man die Grenze ziehen.

Wie sieht es am Ende des Lebens aus? Hier werden wir gelegentlich daran erinnert, wie es war, ein Kind zu sein. In der Altenpflege gibt es eine verbreitete und gesunde Philosophie: Es heißt, man solle nie etwas für jemanden tun, wenn er es selbst tun kann. Und warum nicht? Weil es ihnen einen großen Teil ihrer Würde raubt. Es entmachtet Patient:innen, die deshalb vielleicht ganz aufhören, sich zu bemühen. Es kann sogar die Lust am Leben mindern. Das bedeutet also, dass eine zu große Hilfsbereitschaft ein gewisses Maß an Gefahr in sich birgt. Lass sie also das, was sie können, selbst erledigen. Nimm ihnen nicht das Recht, in ihrer eigenen Welt klarzukommen. Wenn sie nicht zurechtkommen, greif ein und unterstütze sie. Ganz klar. Aber wenn es nicht notwendig ist, ist es würdelos.

Gibt es einen Grund, warum wir unsere Kinder anders behandeln sollten? Sollten wir ihnen erlauben, ihr Selbstvertrauen so weit wie möglich zu kultivieren, indem wir sie ermutigen, Verantwortung für sich selbst zu übernehmen? Ich jedenfalls tendiere zu diesem Ansatz. Es geht hier nicht darum, dass Fünfjährige bei strömendem Regen die Reifen wechseln müssen, sondern darum, dass sie lernen, wie man zusammenarbeitet und wie man als Mitglied einer Familie funktioniert. Das ist der Teil der Gesellschaft, mit dem sie vertraut sind. In gewisser Weise geht es auch darum, dass ein Siebenjähriger durchaus in der Lage ist, ein Sandwich zu machen. Er kennt den Ablauf wahrscheinlich gut.

Kinder nicht mit den Dingen zu versorgen, die sie brauchen, ist jedoch ein heikles Thema, und Diskussionen können an dieser Stelle schnell hitzig werden. Wahrscheinlich wird man mich für das, was ich schreibe, kritisieren, aber das ist nur zu erwarten. Solltest du dich provoziert fühlen und dich aufregen, dann ist das eigentlich ein gutes Zeichen, denn das bedeutet, dass du das Thema ernst nimmst. Aber du musst das ganze Bild vor Augen haben, bevor du dir eine Meinung bildest.

Einige – wenn auch bei Weitem nicht alle – Psycholog:innen, die ich kenne, vertreten die Auffassung, dass Kinder Erwachsenen gleichgestellt sind, wenn es darum geht zu wissen, was sie brauchen. Sie wissen es nur noch nicht – die Eltern, meine ich! Lies diesen Satz noch einmal.

Die Kinder wissen genauso gut wie ihre Eltern, was sie brauchen. Wie fühlst du dich bei dieser Einstellung? Ist dieses Wissen auf magische Weise in ihnen vorprogrammiert? Wenn das tatsächlich so wäre, sollten wir sie vielleicht zur Arbeit schicken, statt sie zu ermutigen, den ganzen Tag Strichmännchen zu zeichnen.

Die Gefahren von Restaurantbesuchen

Das kommt dir sicher bekannt vor: Du bist mit deiner Familie in einem Restaurant. Vielleicht zu einem besonderen Anlass. Du fühlst dich wohl, das Essen ist großartig und der Service entspricht deinen Erwartungen an ein gehobenes Restaurant. An einem anderen Tisch sitzt ein Paar mit einem Kind. Dieses Kind – sagen wir, es ist zwei Jahre alt – ist in dieses Restaurant gekommen, um es zu erkunden! Es rennt herum und nimmt alle Sehenswürdigkeiten in Augenschein. Bald fängt es an, an Gegenständen zu ziehen und zwischen den Tischen umherzuwuseln, wobei es laute Ausrufe der Freude über alles, was es zu sehen gibt, ausstößt.

Der erste Freudenschrei lässt dich aufschrecken, denn mit diesem Geräusch hast du in einem Restaurant nicht gerechnet. Dein Mann oder deine Frau hat die Situation bereits erkundet und nickt diskret zur Seite. Dort sitzen die Übeltäter:innen. Aber vielleicht war dieser entsetzliche Schrei auch eine einmalige Sache. Sicherlich beruhigt sich die Lage gleich wieder. Du glaubst es zwar selbst nicht so recht, und bald bestätigt sich, dass du mit deinem Bauchgefühl richtiglagst. Das süße kleine Ding fängt wieder an, um die Tische herumzulaufen und zu schreien. Die Eltern sind an diesen Lärm so gewöhnt, dass sie kaum noch reagieren.

Schließlich steht einer von ihnen auf und treibt den Ausreißer zurück zum Tisch. Doch damit beginnt das echte Chaos: Das ganze Restaurant kommt in den Genuss eines heftigen Wutanfalls, gefolgt von einem Heulkrampf. Wenn es richtig schlimm wird, wird der Elternteil, der versucht hat, die Situation zu beruhigen, von der Heftigkeit dieses Angriffs überwältigt und das Kind einfach wieder auf den Boden setzen. Daraufhin wird sich die Szene wiederholen. Stell dir nun vor, dass sich das in den ersten Lebensjahren des Kindes und im Teenageralter wiederholt. Niemand ist in der Lage, mit diesem Individuum fertigzuwerden. Die Dinge entwickeln sich einfach so, wie sie sich entwickeln. Alle spielen mit, um die Dinge schön einfach zu halten.

Damit sind narzisstische Tendenzen zum Leben erweckt worden. Das sind keine bloßen Spekulationen meinerseits; genau so wird sich das narzisstische Kind verhalten, wenn es erwachsen ist.

Tränen – der Albtraum aller Eltern

Wer kann es ertragen, ein weinendes Kind zu sehen oder zu hören? Unser Instinkt schreit danach, es in den Arm zu nehmen, es zu umarmen und ihm zu sagen, dass das, was es bedrückt, bald verschwinden wird. Wenn man zu einem Kind jedoch nie Nein sagt, besteht die Gefahr, dass sich seine liebenswerten kleinen Bitten um Leckereien an einem Dienstagabend in wenigen Jahren zu einer berechtigten Erwartung entwickeln, ein Auto geschenkt zu bekommen.

Ist es in Ordnung, einem Kind zu sagen, dass es etwas nicht tun soll oder dass es etwas nicht haben kann, was es sich wünscht? Ruiniert man das Leben seiner Kinder, wenn sie einen einzigen Moment der Enttäuschung ertragen müssen? Oder lernen sie vielleicht sogar eine wichtige Lektion daraus? Wenn man ihnen sagt, dass sie keine Coca-Cola zum Essen trinken dürfen, kommt die Botschaft nach einer Weile an. Ich sage das nur deshalb so zuversichtlich, weil ich mir die Mühe gemacht habe, die Ergebnisse von Forscher:innen der Kinderpsychologie zu studieren, anstatt mich auf bloße Meinungen und Anekdoten zu verlassen. Es gibt unzählige Belege für die Annahme, dass all dies real ist. Aber natürlich kann das Thema heikel sein.

Zurück zum Albtraum im Restaurant

Stell dir vor, die Mutter oder der Vater des Kindes hätte ihm sofort gesagt, dass es sich wieder hinsetzen soll, sobald es seinen Stuhl verlässt. So verhält man sich doch in einem Restaurant, oder? Stell dir weiter vor, das Kind hätte bereits gelernt, dass es keinen Sinn hat, darüber zu debattieren, es hätte sich mit diesen fest gezogenen Grenzen angefreundet und könnte nun in aller Ruhe den Inhalt seines Tellers untersuchen.

Einige von euch sind wahrscheinlich erstaunt, dass es Leute gibt, die das nicht kapieren. Alles, was du tun musst, ist, deinem Kind Grenzen zu setzen. Investiere zu Hause ein paar Monate Zeit, danach läuft es wie geschmiert. Menschen machen das seit Jahrtausenden so, warum sollte es also heute nicht mehr funktionieren?

Andere Leser denken jetzt vielleicht, dass ich niemals in engem Kontakt mit einem Zweijährigen gewesen sein kann. Welcher Zweijährige kann schon stundenlang still sitzen? Keine noch so perfekte Erziehung kann der Natur trotzen. Das ist verständlich. Aber in diesem Fall sollte man vielleicht damit warten, in ein Restaurant zu gehen, bis sich diese Dinge geklärt haben.

Eine amerikanische Studie ergab, dass rund 80 Prozent der Bevölkerung der Meinung sind, dass Kinder im Allgemeinen viel zu verwöhnt sind. Witzigerweise war ein Drittel der Befragten auch der Meinung, dass *ihre eigenen* Kinder verwöhnt sind. Was sagt man dazu?!

Wie ich bereits erwähnt habe, bin ich kein Psychologe. Andererseits muss man auch kein Meteorologe sein, um ein Gewitter zu erklären. Was wir hier noch suchen, ist eine Erklärung für die beobachtete Zunahme des Narzissmus. *Irgendwo* muss er ja seinen Ursprung haben.

Vielleicht nerven Eltern einfach nur

Jede Generation von Eltern, die je gelebt hat, wurde jeweils in die Mangel genommen, für etwas, das sie falsch gemacht hat. Meine eigenen Großeltern waren ziemlich hart und anspruchsvoll. Dafür haben sie sicherlich Kritik einstecken müssen. Dennoch haben sie es geschafft, eine einigermaßen funktionierende Generation heranzuziehen – die Generation meiner Eltern, die zu viel netteren, angenehmeren und nachsichtigeren Menschen als meine Großeltern wurden. Diese Generation wiederum wurde für das, was sie ihren Kindern – uns also – angetan hat, heftig kritisiert. Meiner eigenen Generation, die noch toleranter, sensibler und inklusiver ist. Aber nur ein Narr erwartet ernsthaft, dem Urteil der Geschichte zu entkommen. In 50 Jahren sind wir dann an der Reihe, wir sind dann die Idioten, die es nicht kapiert haben.

Wie werden meine eigenen Kinder meine Enkelkinder erziehen? Ich habe nicht die leiseste Ahnung. Vielleicht wird die nächste Generation ihre Kinder einfach in den Garten stellen und der Natur ihren Lauf lassen. Sie werden sowieso keinen Einfluss auf ihre Entwicklung haben. Sie haben doch nur die Kinder gezeugt – was wissen sie schon? Und was auch immer sie tun werden, am Ende wird man ihnen sagen, wie falsch es war.

Aber Spaß beiseite: Eltern zu sein, war noch nie ein Spaziergang. Und jeder hat seine eigene Vorstellung davon, was man tun oder lassen sollte. Vielleicht ist das unvermeidlich, wenn es um das Wertvollste geht, was wir haben: unsere Kinder. Wir haben sie nicht auf die Welt gebracht, um sie zu vernachlässigen. Die autoritären Eltern von früher, die sich nicht dazu verpflichtet fühlten, ihren Kindern die Welt zu erklären, mussten einem moderneren, integrativen Erziehungsansatz weichen. Wie wir aber gesehen haben, gibt es auch zu viel des Guten. Versteht man die verschiedenen Aspekte eines bestimmten Themas nicht vollständig, fällt es schwer, sich an der Entscheidungsfindung zu beteiligen.

Korrumpiert Macht umfassend?

In der Kinderpsychologie wird das Thema Macht manchmal erwähnt, oft in Verbindung mit dem Begriff des Machtmissbrauchs. Natürlich haben Eltern Macht über ihre Kinder. Sie ernähren und beherbergen sie. Übt man keine Macht aus, kann man auch nicht Eltern sein. Alles andere würde nur zu endlosen Verhandlungen führen.

Und wenn es niemandem erlaubt ist, Macht über einen anderen auszuüben, wie kommt es dann, dass wir so oft erleben, dass Kinder Macht über ihre Eltern ausüben? Sollen die weniger kompetenten Parteien wirklich Macht über die kompetenteren ausüben? Ich persönlich kann mir keinen Reim darauf machen. Das ist so, als würde man eine/n neue/n Mitarbeiter:in in der Fabrik bitten, dem/der Geschäftsführer:in und den Eigentümer:innen Anweisungen zu geben, wie sie das Unternehmen führen sollen. Der/die Neue kann ein wirklich klasse Typ sein – und sogar gut riechen! Und vielleicht ist er/sie der Aufgabe tatsächlich gewachsen. Na ja, Kompetenz oder das Fehlen von Kompetenz hat nichts mit dem Wert zu tun, den man einer bestimmten Person beimisst. Es gibt keine Verbindung zwischen den beiden. Natürlich hat jeder Mensch einen Wert, aber nicht jeder kann das Gleiche. Die elterliche Autorität sollte auf intelligente und einfühlsame Weise ausgeübt werden, mit dem Ziel, dass das Kind das bekommt, was es braucht.

Die Macht der Konsequenz

Da wir gerade beim Thema Macht sind, dachte ich, wir könnten über die ultimative Form der Macht sprechen: die Macht der Konsequenz, die wir schon früher in diesem Buch angesprochen haben. Wie schon gesagt, geht es darum, zuerst die Grundregeln festzulegen und sich dann daran zu halten. Egal ob bei Donner, Hagel oder Eisregen – du hältst entschlossen an deiner ursprünglichen Aussage fest, dass die Kinder dienstags keine Süßigkeiten bekommen. Natürlich musst du dir die Einzelheiten deines Dekrets überlegen, bevor du es verkündest; es funktioniert nicht, Unsinn zu erzählen und zu erwarten, dass die Kinder gehorchen.

Da das Verhalten der meisten Menschen eklatant inkonsequent ist, bedeutet dies, dass du dir in der Interaktion mit deinen Kindern eine sehr gute Ausgangsposition verschaffen solltest. Überleg es dir. Gib eine Antwort. Bleib dabei. Das ist so simpel, dass es fast lächerlich ist. Aber weiß Gott, es ist natürlich nicht einfach!

Du darfst Dinge tun, die Kinder nicht tun dürfen. Zum Beispiel hast du dir kurz vor dem Abendessen ein Stück Schokolade gegönnt. Dein Kind merkt das und verlangt auch ein Stück Schokolade – du hast dir ja auch eins genommen, oder? Obwohl du die

Situation zugegebenermaßen verschlimmert hast, kannst du immer noch Nein sagen. Es gibt keinen Grund für Verhandlungen. Du bist der/die Erwachsene. Du darfst. Vielleicht solltest du es nicht tun, aber du *darfst es* trotzdem. Es ist immer deine Verantwortung. Du genießt andere Privilegien als die Kinder. Du darfst wählen. Du darfst ein Auto fahren. Du darfst Alkohol kaufen. Du darfst rauchen. Du darfst sogar noch mehr Kinder zeugen. Du bist ein Erwachsener. *Du darfst.*

Die Vorstellung, dass Kinder in irgendeiner Weise geschädigt oder für ihr Leben traumatisiert werden, wenn ihnen Privilegien verweigert werden, die Erwachsenen gewährt werden, erscheint mir seltsam. Ich habe nachgeforscht, aber noch keine Studienergebnisse gefunden, die dies belegen.

Müssen wir darüber nachdenken, ob es missbräuchlich wäre, wenn wir unseren Kindern nicht den größtmöglichen Einfluss gewähren würden? Zumindest ist es eine Überlegung wert. Die Feststellung, dass Kinder – insbesondere kleine Kinder – eine begrenzte Aufnahmefähigkeit haben, ist nicht dasselbe wie die Behauptung, sie seien völlig nutzlos oder weniger wertvoll als Erwachsene. Auch hier handelt es sich um zwei völlig verschiedene Dinge. Meiner Meinung nach muss man das Gefühl für den Wert einer Person von der intellektuellen Erkenntnis trennen, dass es sich um ein Individuum aus Fleisch und Blut handelt, das seine eigenen Stärken und Schwächen hat.

Behalte die Kontrolle über deine Erziehung. Sei der/die Erwachsene. Du hast das Recht, in deinem eigenen Haus das Sagen zu haben. Du hast das Recht, das einfache, aber so nützliche Wort »Nein« zu benutzen. Das bedeutet nicht, dass du deine Kinder weniger liebst. Vielmehr könnte es sogar bedeuten, dass du sie mehr liebst. Wenn wir Erwachsenen nicht bereit sind, Grenzen zu setzen, damit wir alle kooperieren, um die Gesellschaft voranzubringen – wer soll es dann tun? Wenn du jetzt denkst, ich übertreibe, könntest du sogar recht haben. Aber stell dir einfach die Alternative vor: Stell dir eine Welt vor, in der sich jeder für die Nummer eins hält. Wie könnte diese Welt überhaupt funktionieren?

27
Teste dich selbst: Bist du ein/e Narzisst:in?

Es wird Zeit, dass wir nach vorne schauen! Nachdem wir uns nun mit kulturellem Narzissmus beschäftigt haben, stellst du dir vielleicht die Frage: »Was, wenn ich Narzisst:in bin?« Und wenn das so wäre? Immerhin ist das eine gute Frage, und man sollte dazu wissen, dass wir alle bis zu einem gewissen Grad narzisstische Eigenschaften besitzen – die Frage ist nur, in welchem Grad. Und macht uns das per se zu *Narzisst:innen*?

Vielleicht tut es das, zumindest ein bisschen. Ich gehe nicht davon aus, dass du wirklich Narzisst:in im klinischen Sinne bist. Die Wahrscheinlichkeit, dass bei dir eine narzisstische Persönlichkeitsstörung diagnostiziert wird, ist gering. Die allgemeinen Kriterien für eine klinische Diagnose von Narzissmus habe ich bereits aufgezeigt. Wahrscheinlich hast du zumindest ein oder zwei der Kriterien bei dir selbst wiedererkannt, das reicht manchen Menschen, kurz innezuhalten und genauer hinzusehen. Aber so, wie keiner leugnen kann, dass er manchmal etwas aufschiebt, sich nicht auf das Zuhören konzentriert oder sich klammheimlich das letzte Stück Schokolade nimmt, kann auch keiner leugnen, dass er gelegentlich narzisstische Verhaltensweisen zeigt. Das Thema ist und bleibt komplex.

Deshalb schlage ich vor, den Test zu machen, den Psycholog:innen seit mehreren Jahrzehnten verwenden, um narzisstische Züge zu erkennen. Dieser Test ist sicher nicht perfekt, und es gibt die Kritik, dass er für seinen Zweck nicht geeignet sei. Aber er *kann* uns helfen, narzisstische Tendenzen bei Menschen zu erkennen, die nicht unbedingt als vollwertige Narzisst:innen diagnostiziert werden. Höchstwahrscheinlich hat deine Persönlichkeit die eine oder andere narzisstische Seite – aber um als narzisstisch diagnostiziert zu werden, müsste davon mehr nachgewiesen werden und in größerer Frequenz. Manchmal muss man einfach akzeptieren, dass man kein/e Heilige:r ist – das hat den Vorteil, dass man dadurch sein wahres Potenzial besser einschätzen kann.

Der Test

Zeit, ein für alle Mal die Spekulationen zu beenden und den Test zu machen! Wähle für jede zweiteilige Auswahl die Option, mit der du dich am meisten identifizierst. Wenn du dich mit beiden Optionen identifizieren kannst, wähle die Option, die dir am wichtigsten ist.

1 PUNKT Ich habe ein natürliches Talent, Menschen zu beeinflussen.
0 PUNKTE Ich bin nicht gut darin, Menschen zu beeinflussen.

1 PUNKT Bescheidenheit steht mir nicht.
0 PUNKTE Ich bin eigentlich ein bescheidener Mensch.

1 PUNKT Bei einer Mutprobe würde ich fast alles tun.
0 PUNKTE Ich bin ein ziemlich vorsichtiger Mensch.

0 PUNKTE Wenn mir jemand ein Kompliment macht, ist mir das manchmal peinlich.
1 PUNKT Ich weiß, dass ich gut bin, weil mir das alle ständig sagen.

0 PUNKTE Der Gedanke, die Welt zu beherrschen, jagt mir eine Heidenangst ein.
1 PUNKT Wenn ich die Welt regieren würde, wäre sie ein besserer Ort.

1 PUNKT Ich kann mich normalerweise aus allem herausreden.

0 PUNKTE Ich versuche, die Konsequenzen meines Verhaltens zu akzeptieren.

0 PUNKTE Ich mische mich lieber unauffällig unter die Leute.
1 PUNKT Ich stehe gerne im Mittelpunkt der Aufmerksamkeit.

1 PUNKT Ich werde erfolgreich sein.
0 PUNKTE Ich mache mir keine allzu großen Gedanken um Erfolg.

0 PUNKTE Ich bin nicht besser oder schlechter als die meisten Menschen.
1 PUNKT Ich glaube, ich bin ein besonderer Mensch.

0 PUNKTE Ich bin mir nicht sicher, ob ich ein/e gute/r Anführer:in wäre.
1 PUNKT Ich halte mich für eine gute Führungskraft.

1 PUNKT Ich bin durchsetzungsfähig.
0 PUNKTE Ich wünschte, ich hätte mehr Durchsetzungsvermögen.

1 PUNKT Ich habe gerne Autorität über andere Menschen.
0 PUNKTE Es macht mir nichts aus, Befehle zu befolgen.

1 PUNKT Ich finde es leicht, Menschen zu manipulieren.
0 PUNKTE Ich mag es nicht, wenn ich mich dabei ertappe, wie ich Menschen manipuliere.

1 PUNKT Ich bestehe darauf, dass mir der Respekt entgegengebracht wird, der mir zusteht.
0 PUNKTE Ich bekomme in der Regel den Respekt, den ich verdiene.

0 PUNKTE Ich zeige meinen Körper nicht besonders gern.

1 PUNKT Ich zeige gerne meinen Körper.

1 PUNKT Ich kann Menschen lesen wie ein Buch.
0 PUNKTE Menschen sind manchmal schwer zu verstehen.

0 PUNKTE Wenn ich mich kompetent fühle, bin ich bereit, Verantwortung für Entscheidungen zu übernehmen.
1 PUNKT Ich übernehme gerne die Verantwortung für Entscheidungen.

0 PUNKTE Ich möchte angemessen zufrieden sein.
1 PUNKT Ich möchte der Welt zeigen, was ich kann.

0 PUNKTE Mein Körper ist nichts Besonderes.
1 PUNKT Ich betrachte gerne meinen Körper.

0 PUNKTE Ich versuche, nicht anzugeben.
1 PUNKT Ich gebe normalerweise an, wenn ich die Gelegenheit dazu habe.

1 PUNKT Ich weiß immer, was ich tue.
0 PUNKTE Manchmal bin ich mir nicht sicher, was ich tue.

0 PUNKTE Ich verlasse mich manchmal auf andere, um Dinge zu erledigen.
1 PUNKT Ich verlasse mich selten auf andere, um Dinge zu erledigen.

0 PUNKTE Manchmal erzähle ich gute Geschichten.
1 PUNKT Jede/r mag meine Geschichten.

1 PUNKT Ich erwarte sehr viel von anderen Menschen.
0 PUNKTE Ich tue gerne etwas für andere Menschen.

1 PUNKT Ich bin erst zufrieden, wenn ich alles bekomme, was ich verdiene.
0 PUNKTE Ich nehme meine Selbstbestätigung, wie sie gerade kommt.

0 PUNKTE Komplimente sind mir peinlich.
1 PUNKT Ich mag es, wenn man mir Komplimente macht.

1 PUNKT Ich habe einen starken Willen zur Macht.
0 PUNKTE Macht um ihrer selbst willen interessiert mich nicht.

0 PUNKTE Ich interessiere mich nicht für neue Trends und Modeerscheinungen.
1 PUNKT Ich mag es, neue Trends und Moden zu kreieren.

1 PUNKT Ich betrachte mich gerne im Spiegel.
0 PUNKTE Ich bin nicht besonders daran interessiert, mich im Spiegel zu betrachten.

1 PUNKT Ich stehe sehr gerne im Mittelpunkt.
0 PUNKTE Es ist mir unangenehm, im Mittelpunkt zu stehen.

1 PUNKT Ich kann mein Leben so leben, wie ich es will.
0 PUNKTE Menschen können ihr Leben nicht immer so leben, wie sie es sich wünschen.

0 PUNKTE Eine Autorität zu sein, bedeutet mir nicht so viel.
1 PUNKT Menschen erkennen meine Autorität immer an.

1 PUNKT Ich würde es vorziehen, eine Führungskraft zu sein.
0 PUNKTE Für mich macht es kaum einen Unterschied, ob ich eine Führungskraft bin oder nicht.

1 PUNKT Ich werde ein großartiger Mensch sein.
0 PUNKTE Ich hoffe, dass ich erfolgreich sein werde.

0 PUNKTE Manchmal glauben die Leute, was ich ihnen sage.
1 PUNKT Ich kann jeden dazu bringen, alles zu glauben, was ich will.

1 PUNKT Ich rege mich auf, wenn die Menschen nicht bemerken, wie ich aussehe, wenn ich in der Öffentlichkeit stehe.
0 PUNKTE Es macht mir nichts aus, in der Menge unterzutauchen, wenn ich in die Öffentlichkeit gehe.

1 PUNKT Ich bin eine geborene Führungspersönlichkeit.
0 PUNKTE Führung ist eine Eigenschaft, deren Entwicklung viel Zeit in Anspruch nimmt.

1 PUNKT Ich wünschte, jemand würde eines Tages meine Biografie schreiben.
0 PUNKTE Ich mag es nicht, wenn man aus irgendeinem Grund in meinem Leben herumschnüffelt.

1 PUNKT Ich bin fähiger als andere Menschen.
0 PUNKTE Ich kann viel von anderen Menschen lernen.

0 PUNKTE Ich bin so wie alle anderen.
1 PUNKT Ich bin ein außergewöhnlicher Mensch.

GESAMTPUNKTE:

Muster	**Ergebnis**
Studierende an US-Universitäten (Raskin und Terry, 1988)	15,6
Erwachsene in den USA (Pinsky und Young, 2009)	15,3
Prominente in den USA (Pinsky und Young, 2009)	17,8

Wie fällt dein Ergebnis aus? Ich verrate hier schon mal, dass ich 14 Punkte erreiche, was mich mehr oder weniger zum Durchschnitt macht. Um als Narzisst:in zu gelten, ist ein Ergebnis von über 25 Punkten erforderlich. Wenn du 30 Punkte erreichst, kannst du davon ausgehen, dass deine Freund:innen dich ab und zu als anstrengend empfinden. Über 30? Hm. Mir fällt es schwer zu glauben, dass jemand über 30 Punkte erreicht, und zwar aus einem einfachen Grund: Ich kann mir kaum vorstellen, dass echte Narzisst:innen auf diese Fragen wahrheitsgemäß antworten würden. Auch hier gilt, dass man diesen Wert nur als Anhaltspunkt betrachten kann. Ob du tatsächlich Narzisst:in bist oder nicht, können nur qualifizierte Psycholog:innen klären.

Inwiefern sind diese Informationen hilfreich?

Sie können darauf hindeuten, dass du Gefahr läufst, dich mit deinem Verhalten unbeliebt zu machen. Wenn dir allerdings völlig egal ist, was andere Leute denken, bist du wahrscheinlich kein/e Narzisst:in. Fällt deine Punktzahl höher aus als erwünscht, dann solltest du dir allerdings überlegen, woran das liegen könnte.

Wie deine Selbstwahrnehmung deine Erfahrung verändert

Wer du bist und wie du dich siehst, hat natürlich einen erheblichen Einfluss darauf, wie du den Inhalt dieses Buches aufnimmst. Darüber hinaus wird es auch deine Interpretationen darüber beeinflussen, ob die Zeichen darauf hinweisen, dass du dabei bist, in narzisstische Verhaltensmuster abzugleiten oder nicht. Vielleicht weißt du, welche Farben dir zugeordnet sind, vielleicht auch nicht. Willst du mehr darüber erfahren, wie andere Menschen dich wahrnehmen und wie du tatsächlich auf einer tieferen Ebene nach dem DiSG®-Modell tickst, kannst du die App *Surrounded by Idiots* herunterladen und eine vereinfachte Analyse von dir selbst (oder auch von anderen) durchführen.

In diesem Zusammenhang zuerst einmal mit sich selbst anzufangen, ist dabei sinnvoll. Denn das hilft dir zu verstehen, wie die Ergebnisse zu interpretieren sind. Je nachdem, zu welcher Farbe man neigt, bewertet man die verschiedenen Optionen des Fragebogens unterschiedlich, was bei der Konzeption solcher Tests selten berücksichtigt wird. Nehmen wir zum Beispiel diese Aussage:

1. »Ich habe ein natürliches Talent, Menschen zu beeinflussen.«

   Und die Aussage, gegen die sie abgewogen werden soll:

2. »Ich bin nicht gut darin, Menschen zu beeinflussen.«

Narzisst:innen würde keine Sekunde zögern und Option 1 als eindeutig die bessere Wahl identifizieren – und sich dann genau aus diesem Grund dafür entscheiden. Ein Punkt für Narzissmus also. Aber ist die Beeinflussung anderer Menschen an sich wirklich etwas Gutes oder etwas Schlechtes? Nun, das kommt darauf an.

Wenn es um negative Beeinflussung geht, zum Beispiel darum, andere zu manipulieren oder zu täuschen, damit sie Dinge tun, die sie eigentlich nicht tun wollen – dann ist das eine schlechte Sache. Aber wenn es darum geht, Menschen zu ermutigen, positive Veränderungen vorzunehmen, ist das etwas anderes. Es könnte jemandem tatsächlich helfen, sein Leben zu ändern. Sie könnten mit Unterstützung aufhören, am Wochenende zu trinken, anfangen, Sport zu treiben, ihren Partner besser behandeln oder was auch immer. Wir können also nicht sagen, dass die Fähigkeit, andere zu beeinflussen, per se etwas Negatives ist. Die Tatsache, dass sich jemand für einen mächtigen Influencer hält, ist aber dennoch bezeichnend.

Um ein anderes Beispiel zu nennen:

1. »Der Gedanke, die Welt zu beherrschen, jagt mir eine Heidenangst ein.«

Im Gegensatz zu:

2. »Wenn ich die Welt regieren würde, wäre sie ein besserer Ort.«

Nehmen wir an, du reagierst so wie die meisten Menschen, und wählst die erste Option. Die Welt zu regieren, dürfte für die meisten eine beängstigende Vorstellung sein. Aber wenn deine Antwort die zweite Option wäre, dass die Welt mit dir an der Spitze ein besserer Ort wäre … Nun, das gäbe einen Punkt für Narzissmus. Das Problem dabei ist, dass du vielleicht sogar recht hast mit deiner Wahl. Es gibt definitiv Menschen, die wir lieber an der Spitze der Welt sehen würden – und sie würden damit de facto die Welt zu einem besseren Ort machen! Diejenigen, die für diese Aufgabe am besten geeignet sind, lehnen das Angebot jedoch mit großer Wahrscheinlichkeit ab. Die größten Führungspersönlichkeiten zeichnen sich nämlich oft durch ein hohes Maß an Demut aus.

Fragt man Menschen aus verschiedenen Teilen der Welt nach ihren Vorbildern, so erhält man natürlich von Kontinent zu Kontinent unterschiedliche Antworten. Ein Name, der jedoch immer wieder genannt wird, eine Person, die jeder schätzt, ist Nelson Mandela, der ehemalige Präsident Südafrikas. Wäre die Welt heute ein besserer Ort, wenn er zu Lebzeiten mehr Einfluss gehabt hätte? Meine höchst unqualifizierte Vermutung lautet: Ja, das wäre sie.

Interessant ist jedoch, wie er selbst auf das Angebot reagiert hätte. Es ist sehr wahrscheinlich, dass selbst Nelson Mandela bei der Aussicht, so viel Macht auszuüben, erschrocken wäre. Das ist also unsere Herausforderung: die tatsächlichen Fähigkeiten einer Person von ihren eigenen Einschätzungen zu trennen. Narzisst:innen werden immer behaupten, dass die Dinge besser wären, wenn alle das täten, was sie sagen. Ob sie tatsächlich über die nötigen Fähigkeiten verfügen, spielt dabei keine Rolle.

Ich schlage dir daher vor, alle Fragen noch einmal durchzugehen und sicherzustellen, dass du sie richtig beantwortet hast. Vielleicht lernst du dabei sogar etwas über dich selbst.

Was hat das nun alles mit meinen Farben zu tun?

Dein Selbstvertrauen hängt von deiner Farbe ab. Rote und Gelbe neigen beide zu einem sehr hohen Maß an Selbstvertrauen. Sie haben ein starkes Ego und erwarten, dass sie den meisten Herausforderungen gewachsen sind.

Gelbe denken nicht viel nach, sie vertrauen auf ihre Intuition. »Es wird mir Spaß machen, die Welt zu regieren – denk nur an all die neuen, wichtigen Freund:innen, die ich finden werde!«

Den Roten ist es wie immer egal, was andere Leute denken. Aber wenn sie wirklich glauben, dass sie etwas bewirken und dem Planeten helfen könnten, würden sie es versuchen. Schließlich sind sie risikofreudig und denken, dass sie mit allen Missgeschicken, die auf dem Weg passieren, schon fertigwerden.

Grüne neigen dazu, weniger Vertrauen in ihre Fähigkeiten zu haben. Sie würden sicherlich zögern, eine Herausforderung wie diese anzunehmen. Einen Grünen dazu zu bringen zuzugeben, dass er überhaupt etwas gut kann, ist eine echte Herausforderung. Gerade wenn es darum geht, die Welt zu regieren.

Blaue sind selbstkritisch. Alles, was sie sehen, auch bei sich selbst, sind Fehler und Mängel. Ich bezweifle, dass sie bereit wären, sich für die zweite Option zu entscheiden, ohne sich vorher ernsthaft mit sich selbst auseinandergesetzt zu haben.

Noch einmal: Was wir hier messen, sind nicht wirklich die Fähigkeiten als solche, sondern es ist vielmehr die Einschätzung des Einzelnen von sich selbst und seinen Fähigkeiten. Was sind also deine Farben? Hast du das Gefühl, dass sie deine Antworten auf die Fragen beeinflusst haben?

Wenn du immer noch glaubst, dass dein Ergebnis zu hoch liegt

Nehmen wir an, du hast darüber nachgedacht und bist immer noch unzufrieden mit dem hohen Wert, den du erreicht hast. Vielleicht hast du das Gefühl, dass sich in deinem Leben einiges in die falsche Richtung entwickelt und dass du mit deinem Verhalten insgesamt nicht zufrieden bist. Sollte das der Fall sein, dann bist du sehr einfühlsam, und ich kann dir zu deiner Reife nur gratulieren.

Das Selbstwertgefühl ist für den Einzelnen von Vorteil. Wir haben das bereits besprochen. Niemand will, dass man sich selbst nicht mag und unglücklich damit ist, wie man ist. Aber wie bei so vielen Dingen gilt das nur bis zu einem gewissen Punkt. Die Frage, *ob es möglich ist, sich selbst zu sehr zu mögen*, ist eine Frage, die eine ernsthafte Überlegung wert ist. Wie wir bereits gesehen haben, kann man auch zu viel des Guten haben. Eine übermäßige Konzentration auf das eigene Ich kann dazu führen, dass Menschen Verhaltensweisen zeigen, die dem narzisstischen Spektrum entsprechen.

In unserer Gesellschaft hat sich der Schwerpunkt allmählich von den Bedürfnissen des Kollektivs auf die Bedürfnisse des Einzelnen verlagert. Das reicht vielleicht sogar bis in die Renaissance.

Ich wäre überrascht, wenn das Schlimmste schon hinter uns läge. Bisher erkenne ich keine Anzeichen dafür, dass sich der Trend verlangsamen könnte.

Schneller versus langfristiger Gewinn

Da das Leben von Narzisst:innen kurzfristige Vorteile mit sich bringt, verleitet uns unsere eigene Ungeduld immer wieder dazu, nach sofortigen Lösungen zu suchen. Wir wollen sofortige Befriedigung. Niemand bringt mehr die Geduld auf, auf etwas zu warten. Die Nachteile von narzisstischem Verhalten sind nie von Anfang an offensichtlich – es kann Jahre dauern, bis Narzisst:innen entlarvt werden. Aber dann kann es schon zu spät sein.

Gute Gewohnheiten sind schwer zu kultivieren, aber leicht zu ertragen. Schlechte Gewohnheiten hingegen sind leicht zu kultivieren, aber schwer zu ertragen. Das Problem bei schlechten Gewohnheiten ist, dass wir sie anfangs oft mit guten Gewohnheiten verwechseln. Die negativen Auswirkungen zeigen sich erst später. Manchmal erst Jahre später.

Warum stehlen manche Menschen Arbeitsmaterialien von ihrem Arbeitsplatz? Ist es, weil sie es sich nicht leisten können, ihre eigenen Schraubenzieher oder Bleistifte zu kaufen? Wenn die Vorräte zur Neige gehen und wenn meine Kolleg:innen einen Bleistift brauchen, sind sie alle weg! Das ist eine kurzsichtige, unmoralische Handlungsweise. Und trotzdem tun es viele. Du natürlich nicht, aber andere haben so etwas schon getan, angeblich jedenfalls.

Warum essen Menschen zu viel Fast Food? Wohl kaum, weil sie den tiefen Wunsch hegen, übergewichtig zu sein. Es geht um eine kurzfristige Befriedigung. Es kann Jahre dauern, bis man merkt, dass die Hose nicht mehr um die Taille passt. Trotzdem entscheiden wir uns häufiger für Pizza als für Salat, als wir sollten.

Manche Menschen trinken zu viel. Wahrscheinlich haben sie dabei nicht die Absicht, ihr Leben zu ruinieren – es ist nur so, dass der Alkohol ihnen für den Moment Erleichterung verschafft. Der Kater wird zwar heftig sein. Theoretisch könnten sie sich auch in Gesellschaft lächerlich gemacht haben. Die langfristigen Folgen von übermäßigem Alkoholkonsum können, wie wir alle wissen, sogar noch weitaus schlimmer ausfallen. Und doch gönnen sich viele von uns immer wieder einen oder zwei Drinks mehr, als sie sollten.

Zwanghafte Glücksspieler:innen weisen die gleichen beunruhigenden psychologischen Mechanismen auf. Am Anfang probiert man ein Online-Casino aus, weil man gehört hat, dass jemand den Jackpot geknackt hat und nie mehr arbeiten muss – also beginnt man mit einem Einsatz von 20 Euro. Der Reiz des Spiels und die Vorfreude auf den Gewinn des Jackpots sind überwältigend. Vielleicht gewinnt man anfangs sogar etwas. Das ermutigt zu einem weiteren Einsatz, und bevor man »Schuldeneintreiber« überhaupt buchstabieren kann, setzt man jede Nacht Hunderte von Euro. Du natürlich nicht! Ich weiß, dass du das nicht tun würdest. *Andere* schon.

Gute Gewohnheiten sind schwer zu kultivieren, aber es ist leicht, mit ihnen zu leben. Schlechte Gewohnheiten sind leicht zu kultivieren, aber schwer zu ertragen. Ähnlich verhält es sich mit Narzissmus. Er ist genauso selbstzerstörerisch wie Glücksspiel, Ehebruch, Alkoholkonsum und dergleichen. Betrachte es als eine Falle mit zeitlicher Verzögerung – sie schnappt erst viel später zu. Die Auswirkungen, wenn man sich ausschließlich auf sich selbst konzentriert und alle anderen ignoriert, scheinen zunächst nur positiv zu sein. Sofort alles zu beanspruchen, ist ungefähr so, wie von anderen zu stehlen. Irgendwie bestiehlt man auch sein eigenes zukünftiges Ich. Das kann schwer sein zu begreifen. Gibt es etwas, was wir dagegen tun können? Sich zurückhalten zu müssen, wird nicht jedem gefallen, aber solange du kein/e klinische/r Narzisst:in mit einer vollständigen NPS-Diagnose bist, gibt es noch Hoffnung!

Demut als Heilmittel

Ich kann mich selbst daran erinnern, welche langfristigen Auswirkungen es hat, wenn ich mich ausschließlich auf mich selbst konzentriere. Wahre Wertschätzung wird nur demjenigen zuteil, der in der Lage ist, sich nicht ständig auf sich selbst zu konzentrieren. Denken wir nur an die größten Namen in der Geschichte. All die bedeutenden Menschen, die das Gegenteil von Narzissmus propagierten, indem sie öffentlich die Tugenden der Großzügigkeit und Bescheidenheit predigten: Nelson Mandela, Mutter Teresa, Martin Luther King. Um nur ein paar zu nennen. Die Namen dieser Menschen sind unsterblich. Sie und ihre Taten haben für immer ihre Spuren in der Geschichte hinterlassen. Aber sie waren nicht von dem Wunsch beseelt, berühmt oder gar bedeutsam zu sein.

Dieses Thema steht in besonderer Weise mit unserem Nervensystem und seinen Neurotransmittern in Verbindung. Serotonin ist ein Neurotransmitter, der ein Gefühl des Stolzes und des gehobenen Status vermittelt. Wann immer du dich wichtig oder anerkannt fühlst, erhältst du eine Dosis Serotonin. Deshalb schätzen viele von uns öffentliche Anerkennung so sehr. Bis zu einem gewissen Grad ist es auch notwendig, dass wir uns von unseren Mitmenschen akzeptiert fühlen.

Deshalb sind auch große Preisverleihungen wichtig. Wenn man einen Schulabschluss macht, einen Sportwettbewerb oder einen Gesangswettbewerb gewinnt, ist es wichtig, den Erfolg mit einer öffentlichen Zeremonie zu feiern – sowohl für die Gewinner:innen als auch für das Publikum. Wäre Serotonin nicht ein Teil davon, hätten wir genauso gut einen Brief mit folgendem Inhalt verschicken können: »Herzlichen Glückwunsch, Sie haben gewonnen! Sie können eine Kopie Ihrer Urkunde mit Ihrem eigenen Drucker ausdrucken. Oh, und die Nationalhymne sollten Sie vielleicht auch noch singen.« Das Gefühl, das vermittelt wird, ist das, was Narzisst:innen fesselt. Serotonin macht sie zu Aufmerksamkeitsjunkies. Sie sehnen sich ständig nach mehr davon, auch wenn sie wissen, dass es andere Menschen verärgern könnte. Sie können sich nicht zurückhalten.

In unserer Welt sind Dinge wie Status und Prestige von großer Bedeutung. Wie zeigen wir unseren Status und unser Prestige? Indem wir einem übermäßigen Materialismus frönen. Wir kaufen ein noch teureres Auto, ein noch imposanteres Haus, noch schönere Kleidung mit all den richtigen Accessoires und den richtigen Logos darauf. Deshalb ist das Logo auch außen auf der Tasche angebracht. Andere Leute *sollen* es sehen. Es reicht nicht aus, dass du weißt, dass die Tasche von XY (füge hier deine Lieblingsmarke ein) hergestellt wurde. Alle, die zu exzessiven Einkäufen neigen, kennen folgendes Problem: Das Hochgefühl hält nicht lange an. Das liegt daran, dass es an jeglicher Art von Verbindung zu anderen Menschen fehlt. Du baust keine Beziehungen zu Menschen auf, die deinen neuen Besitz bewundern. Die meisten von ihnen sind nur Fremde, die du in der Stadt triffst, und was sie denken, ist für dich nicht wirklich wichtig. Auf diese Weise fühlst du dich nur innerlich leer, während du dich nach mehr sehnst.

Vielleicht gibt es einen anderen Weg, wie du dich ausdrücken kannst. Eine Fähigkeit, die es dir ermöglichen könnte, das zu bekommen, wonach du dich wirklich sehnst: nach echter Wertschätzung von Menschen, denen du wirklich etwas bedeutest. Das wäre eine demütigere Haltung. Vielleicht ist das Gegenteil von Narzissmus genau das: Demut. Echte Demut ist eine große Quelle der Stärke. Die Fähigkeit, sich selbst objektiv zu betrachten und zu bewerten und weder das Positive noch das Negative zu übertreiben. Wahrhaftig. Korrekt. Akkurat und präzise.

Bescheidene Menschen werden von anderen sehr geschätzt. Sie neigen dazu, sich mit Menschen zu umgeben, die sich aufrichtig um sie kümmern. Demut bedeutet auch, dankbar für das zu sein, was man hat. Beachte: Es ist nichts Falsches daran, mehr vom Leben zu wollen. Ich selbst führe eine lange Liste von Dingen, die ich gerne haben, tun und erleben würde. Aber ich erinnere mich auch ständig daran, was ich bereits besitze, erlebt oder getan habe. Das macht mich nicht zu einem besseren Menschen, aber es hilft mir, mein Leben realistisch zu sehen, und sorgt dafür, dass ich immer etwas habe, das ich anstreben kann. Wie bereits gesagt, man bekommt nur sehr wenig im Leben für umsonst.

Bescheidenheit zu üben, dankbar zu sein für das, was man hat, und anderen aktiv zu helfen, kann ein wirksames Mittel sein, um narzisstischen Tendenzen entgegenzuwirken.

Die drei Glücksdrogen

Oxytocin ist der Neurotransmitter, der ausgeschüttet wird, wenn wir Gefühle wie Liebe, Vertrauen, Freundschaft und Fürsorge empfinden. Die Freisetzung von Oxytocin kann durch eine Vielzahl von Dingen und Situationen ausgelöst werden. Eines der einfachsten Mittel ist die körperliche Berührung. Das ist einer der Gründe, warum es sich so gut anfühlt, jemanden zu umarmen – es verschafft einem ein echtes Hochgefühl.

Die Neurowissenschaft hat uns gelehrt, dass es uns Spaß macht, anderen zu helfen. Versuche doch einmal, etwas Nettes und Hilfreiches für jemanden zu tun, der *keine Möglichkeit hat, sich zu revanchieren.* Merk dir, wie du dich danach fühlst. Ich kann dir eines versprechen: Du wirst dich gut fühlen – immerhin hast du gerade eine Dosis Oxytocin erhalten! Und das kostenlos! Der große Vorteil dabei ist, dass dein Körper dich aktiv dazu anregt, Verhaltensweisen zu wiederholen, die dir ein gutes Gefühl vermitteln. Je mehr Oxytocin durch deinen Körper fließt, desto großzügiger wirst du gegenüber deinen Mitmenschen sein. Die Frage ist vielleicht folgende: Aus *welchem Grund* willst du dich gut fühlen? Selbstvermarktung ist eine Sache. Bescheidenheit eine andere. Beides kann ein Hochgefühl erzeugen.

Das größte Risiko, das du dabei eingehst, ist, dass du unendlich viele echte Bewunderer haben könntest. Ich gehe davon aus, dass du damit gut leben könntest. Eine Möglichkeit, sich in Bescheidenheit zu üben, besteht darin, seine materiellen Bedürfnisse zu überdenken. Brauchst du alle drei Jahre ein neues Auto? Müssen wir alle fünf Jahre alle Möbel ersetzen? Ist es notwendig, alle sechs Monate ein neues Smartphone zu kaufen? Kommst du vielleicht mit diesem Mantel noch ein wenig länger aus? Die Bilder, die du von dir in den sozialen Medien postest – für wen sind sie wirklich? Für dich selbst? Oder für jemand anderen? Schmälert es deinen Wert, wenn du nicht jeden Tag öffentliche Anerkennung von deinen Mitmenschen erhältst? Kommst du vielleicht mit der Anerkennung aus, die du von den Menschen erhältst, die dir wirklich wichtig sind?

Mir ist schon öfter folgendes Zitat untergekommen, allerdings habe ich nicht herausgefunden, von wem es ist: »Von dem Geld, das wir nicht haben, kaufen wir Dinge, die wir nicht brauchen, um Leuten zu imponieren, die wir nicht mögen.« Viele schlagen vor, dass Achtsamkeit als Gegengewicht dazu dienen könnte. Oder Meditation. Zumindest könnten sie für innere Zufriedenheit sorgen. Das scheint mir einen Versuch wert. Meditieren zu lernen, ist gar nicht so schwer. Und wenn es uns tatsächlich inneren Frieden bringen und uns helfen kann, uns zu entspannen – was haben wir dann zu verlieren? Stell dir vor, wir könnten uns fast jeden Tag so gut fühlen, ohne dass es uns irgendetwas kosten würde.

28
Sei die Veränderung

Zu viel? Übertrieben? Vielleicht. Aber ich *möchte* eine Reaktion von dir. Ich *möchte,* dass du über diese Themen nachdenkst. Aufrichtig. Ich glaube nämlich, dass es eine wichtige Angelegenheit ist. Dass Narzissmus auf lange Sicht eine schlechte Sache ist, darüber sind sich alle einig. Angenommen, wir leben wirklich in einer narzisstischen Kultur, in einer Gesellschaft, die uns dazu bringt, auf eine Art und Weise zu handeln und uns zu verhalten, die uns vielleicht nicht natürlich vorkommt – gibt es eine Möglichkeit, diesen Trend umzukehren?

Letzten Endes bist du und ich wie alle anderen auch – wir alle denken in erster Linie an uns selbst. Das tun wir auf vielerlei Weise. Nehmen wir an, du bist dir der Gefahren bewusst und weißt, dass auch du anfällig dafür bist, dich zu sehr auf dich selbst zu konzentrieren. Du hast dich damit abgefunden, dass dies kurzfristig nicht gut für die Menschen in deinem Umfeld und langfristig sogar schlecht für dich selbst ist. Du hast beschlossen, dich von dieser narzisstischen Kultur nicht mitreißen zu lassen. Vielmehr willst du dich stattdessen für etwas anderes einsetzen.

Das ist mein Hauptziel dieses Buches: Bei dir etwas auslösen, das auch dich dazu veranlassen könnte, einen anderen Weg zu wählen. Vielleicht kannst du sogar etwas Gutes tun? Natürlich kannst du das, und ich bin sicher, dass du Wege findest, die ich noch nicht einmal in Betracht gezogen habe.

Inspiriert werden – aber was kommt dann?

Hörst du einem/einer inspirierenden Redner:in zu, wirst du … inspiriert. Man spürt einen Energieschub, ein Gefühl, dass etwas Großes passieren wird. Ich kenne etliche aus der Branche, und einige von ihnen sind unglaublich kompetent. Man fühlt sich danach wie der König der Welt (auch wenn man vielleicht gar keine Fortschritte gemacht hat). Das Problem bei dieser Art von Inspiration ist, dass sie davon abhängt, was man danach – wenn man nach Hause geht – daraus macht. Wenn du nicht noch am selben Tag loslegst, lässt die Begeisterung oft nach, und der Vortrag bleibt bald nur noch eine blasse Erinnerung. Inspiration ist eine gute Sache. Wir brauchen sie. Aber wir müssen die Dinge auch aus eigenem Antrieb tun. Also, wo fangen wir an?

Mit dem Natürlichsten, was es gibt: mit uns selbst. Anstatt jeden Morgen beim Blick in den Spiegel zu rufen: »Ich bin der/die Größte!«, solltest du echtes Vertrauen in dich entwickeln. Das erreichst du, indem du die Dinge selbst in die Hand nimmst. Echtes Selbstvertrauen entwickelt man nur, wenn man Dinge aus eigener Kraft schafft. Warum sollten wir nicht so vorgehen, wie es die Natur für uns vorgesehen hat?

Die Idee dabei ist, mit etwas Unwichtigem anzufangen – vielleicht etwas, das du noch nie ausprobiert hast, aber gerne lernen würdest. Man probiert Dinge aus und lernt Schritt für Schritt. Und wenn man dann mit etwas Abstand draufschaut, stellt man fest, dass man etwas geschafft hat, was vor einer Woche noch nicht geklappt hat. Du hast Fortschritte gemacht. *Dopamin* wird ausgeschüttet. Du erlebst einen leichten Rausch. Du erzählst auch einigen anderen Leuten davon. Sie lächeln dich an, weil sie sich durch das, was du ihnen erzählst, gestärkt fühlen. Sie beglückwünschen dich. *Serotonin* wird ausgeschüttet. Du bist stolz. Vielleicht entscheidest du dich, deine neue Fähigkeit jemandem beizubringen. Du siehst das Glück und die Dankbarkeit in den Augen dieser Person. *Oxytocin*-Dosis, voraus! Du fühlst dich jetzt noch besser. Und wenn ich so darüber nachdenke: So schlimm ist es doch eigentlich gar nicht, oder? Wie wirst du dich erst fühlen, wenn du all diese Dosen erhalten hast? Sicher schätzt du dich dann mehr als noch vor einem Monat.

Eines kann ich dir garantieren: Dein *Selbstwertgefühl* wird stärker sein. Beim ersten Mal vielleicht noch nicht so sehr. Aber doch ein wenig. Du wirst dich besser und wohler mit dir selbst fühlen, aus ganz natürlichen Gründen. Daran ist nichts Künstliches oder Kompliziertes. Du fühlst dich besser. Das ist echt.

Lerne auch, Folgendes zu akzeptieren: Es kommen Zeiten, in denen du dich schrecklich fühlen wirst. Das ist eine der Ungerechtigkeiten, die mit dem Leben auf diesem unversöhnlichen Planeten einhergehen. Nicht jeder Tag kann wunderbar sein. Niemand ist die ganze Zeit glücklich. Nur ein Narr denkt, dass man das Gefühl der Niedergeschlagenheit vermeiden könnte. Jetzt aber kennst du einen einfachen Weg, wie du dieses Gefühl ändern kannst. Gib dir Zeit. Wende das Verfahren an, Schritt für Schritt. Dabei sollte dir auch bewusst sein, dass dies mit Risiken verbunden ist. Versuche, die narzisstische Falle zu vermeiden, immer kurzfristigen Überlegungen den Vorzug zu geben. Kurzfristige Belohnungen bringen *Dopamin*. Seine Wirkung ist stark, und es kann genauso süchtig machen wie manche harte Droge.

Kokain, Amphetamin und verschiedene Opiate haben die gleichen Auswirkungen auf das Gehirn wie Dopamin. Sie alle bewirken, dass man sich absolut fantastisch fühlt. Dieses Gefühl hält jedoch nur für kurze Zeit an. Danach brauchst du mehr davon, um die gleiche Wirkung zu erzielen. Irgendwann braucht man dann viel mehr. Genau darum machen Drogen so abhängig und man kann schnell süchtig werden. Jeder, der Drogen schon einmal ausprobiert hat, wird dir sagen, dass man ziemlich schnell süchtig wird. Diese Belohnung ist jedoch trügerisch, denn sie trägt nicht wirklich zur Lösung deiner Probleme bei. Was auch immer dich dazu gebracht hat, diesen Rausch zu brauchen, wird auch danach noch da sein. Im Grunde ist das Belohnungssystem des Körpers kurzgeschlossen worden.

Wie also kannst du dir deine Belohnung verschaffen, ohne zu riskieren, dass du in kurzsichtige, riskante Abhängigkeiten gerätst?

Wäre es einfach, würden mehr Menschen es versuchen. Was wir aber mit Sicherheit wissen, ist, dass die meisten einen guten Grund brauchen, um das Richtige zu tun. Sie brauchen ein Ziel, um in allem einen Sinn zu sehen. Ohne ein Ziel könnte man genauso gut den ganzen Tag auf der Couch zu Hause verbringen, Videospiele spielen und Gras rauchen. Schließlich ist nichts von Bedeutung.

Uralte Weisheit

An dieser Stelle gehe ich auf Risiko und greife auf ein sehr altes – und, wenn wir ehrlich sind, etwas klischeehaftes – Gleichnis zurück. Vielleicht kennst du die Geschichte vom Steinmetz in der Wüste schon? Wenn ja, dann hab ein wenig Geduld – meine Version wird nicht so enden wie die, die du schon einmal gehört hast.

Die Geschichte geht ungefähr so: Ein Wanderer durchquert die Wüste und trifft auf einen Mann, der Steine bearbeitet. Er fragt den Steinmetz, was er da macht. Der Steinmetz antwortet – vielleicht wenig überraschend –, dass er Steine behaut. Auf die Frage, was er von seiner Arbeit halte, spuckt der Steinmetz auf den Boden und erklärt, dass sie stinklangweilig sei.

Der Wanderer geht weiter und trifft auf einen anderen Steinmetz. Wieder fragt er ihn, was er da macht. Dieser Steinmetz antwortet, dass er Teile für den Bau einer unglaublichen Kathedrale herstelle, die hoch in den Himmel ragen und das unglaublichste Gebäude aller Zeiten sein wird. Auf die Frage, wie er sich bei seiner Arbeit fühle, antwortet der Mann, dass er sie liebe. Stell dir bloß vor, du wärst selbst ein Teil von so etwas Großartigem!

In der Regel endet die Geschichte an dieser Stelle. Sie soll dabei die Einsicht vermitteln, dass Steine aus verschiedenen Gründen verarbeitet werden können. Die eigentliche Lektion wird dabei allerdings ein wenig verschleiert. Wir alle verstehen den Kern der

Geschichte: Es macht mehr Spaß, eine schöne Kathedrale zu bauen, als einfach nur Steine zu behauen, auch wenn die eigentlichen Aufgaben identisch sind. Aber warum ist das so? Warum sollte es sinnvoller sein, Steine mit einem bestimmten Grund zu verarbeiten?

Einen tieferen Sinn finden

An dieser Stelle stellt sich die Frage nach dem Sinn. Existiert eine versteckte Bedeutung? Ist es wichtig, was ich tue? Verarbeite ich Steine, damit ich einen Gehaltsscheck erhalte, oder um etwas zu erschaffen, das größer ist als ich selbst? Eine schöne Kathedrale etwa.

Hat die Kathedrale selbst überhaupt eine besondere Bedeutung? Sie steht für Spiritualität, dafür, etwas Großem mit – potenziell – Millionen von Menschen zu teilen. Nun ist eine Kathedrale ein Gotteshaus, und nicht jeder ist religiös. Aber eigentlich geht es hier um das gemeinsame Schaffen eines abstrakten Wertes, der größer ist als alles andere. Es geht darum, einen Ort zu schaffen, an dem Menschen ihren Glauben finden können oder sich selbst oder was auch immer sie brauchen, um ihr Leben zu meistern. Es ist aber auch ein Ort der Kontemplation, ein Ort für Ideen, die vielleicht größer sind als jeder einzelne Mensch. All dies macht eine Kathedrale zu weit mehr als nur einem schönen Stück Architektur.

Nur wenige Menschen – Narzisst:innen und Psychopath:innen sind hier die Ausnahmen – sind immun gegenüber dem Gefühl, Teil von so etwas zu sein. Diesmal ist der Neurotransmitter, der die Arbeit ausführt, nicht *Dopamin*, sondern es sind *Serotonin* und *Oxytocin*. Diese Substanzen werden nämlich eher mit langfristigem Glück in Verbindung gebracht.

Keine Bedeutung. Kein Zweck. Kein Ziel. Keine Richtung. Kein Grund, von der Couch aufzustehen. Keine positiven Erwartungen jeglicher Art. Dieses Gefühl ist den Menschen schon seit Jahrtausenden vertraut. Früher wussten sie vielleicht noch nicht so viel über die Mechanismen des Gehirns, aber sie wussten, wie der Mensch auf einer grundlegenden Ebene funktioniert. Das ist bemerkenswert.

Diese Erkenntnis macht die Geschichte über die Steinmetze so wichtig. Wir brauchen Sinn, Zweck und ein Ziel. Wir brauchen eine Richtung in unserem Leben. Wenn wir das haben, finden wir plötzlich unzählige Gründe, um von der Couch aufzustehen. Genau aus diesem Grund ist Langzeitarbeitslosigkeit ein so verheerendes Schicksal. Sie vermittelt ein Gefühl der Hoffnungslosigkeit. Sie beschwichtigt den Einzelnen und beschwört die Illusion, dass er gar nichts mehr beitragen kann. Jemand, der keine Aufgabe hat und keine Funktion ausübt, bricht bald zusammen.

Deshalb ist es besser, einen schlecht bezahlten Job anzunehmen, als in der Arbeitslosigkeit zu verharren: Das schützt deinen Geist. Glaubwürdige Studien deuten darauf hin, dass Arbeitslosigkeit verheerende Auswirkungen hat, selbst wenn es finanziell ausgeglichen wird. Jede/r, der/die beschließt, dass es keinen Sinn ergibt, zu arbeiten, weil er/sie damit nicht mehr Geld verdienen kann, als er/sie von der Sozialhilfe bekommen würde, lebt wirklich gefährlich.

Soziale Medien – ein alternativer Ansatz

Ich kann es nicht oft genug wiederholen: Das Internet ist nicht die reale Welt. Das Internet ist ein hervorragendes Instrument zur Verbreitung von Narzissmus. Narzisst:innen lieben Aufmerksamkeit. Narzisst:innen lieben es, sich aufzuspielen. Es bereitet ihnen große Freude, zu wissen, dass alle Augen auf sie gerichtet sind. Sie sehnen sich nach Likes und positivem Feedback und sind bereit, alles zu tun, um diese zu bekommen. Das Bild, das sie von sich selbst und ihrem Leben zeichnen, ist oft stark übertrieben – und sie verlangen auch noch Anerkennung für die Illusion, die sie gesponnen haben! Je besser es ihnen gelingt, die Menschen über den wahren Zustand der Dinge zu täuschen, desto mehr erwarten sie, dass die Menschen ihnen zujubeln.

Influencer:innen präsentieren sich in perfekter Umgebung, in eleganter Kleidung, perfekt gebräunt und immer in Bewegung. Sie sitzen auf dem Rücksitz einer Limousine oder fahren einen Ferrari. Wenn man genau hinschaut, fallen allerdings merkwürdige Details auf. Auf Instagram sieht man häufig zwei Autos auf demselben Bild. Aber nicht irgendwelche alten Schrottlauben – Gott bewahre! Auf der linken Seite ein 300 000 Dollar teurer Bentley. Er ist atemberaubend elegant und ein wahres Wunderwerk. Rechts ein 400 000 Dollar teurer Rolls-Royce. Einfach göttlich – und unerreichbar. Unter dem Bild steht ein Post, in dem die Follower:innen zum Handeln aufgefordert werden: »Welchen würdest du gerne besitzen? Welchen willst du nächstes Jahr fahren?« Die Leute posten darunter ihre Antworten. »Ich nehme den Bentley. Nein, nein! Der Rolls ist viel schöner! BEIDE!«, schreit jemand in Großbuchstaben. In der Luft hängen unglaublich viele Tagträume. Einige andere rufen, dass sie im wahrsten Sinne *alles* tun würden, um so ein Auto zu bekommen.

Fernsehen oder etwas Sinnvolles machen?

In einem Interview, das er vor einigen Jahren gab, wurde einer der Topmanager von Lamborghini gefragt, warum Lamborghini seine Autos nie im Fernsehen bewirbt. Seine Antwort? »Unsere Kunden sehen nicht fern.« Lass das mal einen Moment auf dich wirken und denk darüber nach, was er damit sagen wollte.

In einem Post steuert ein Mann eine kleine Jacht auf ein anderes, viel größeres und teureres Schiff zu, mit einer großen, offenen Luke an der Seite seines Rumpfes. Im Post steht: »Während du fernsiehst, parkt dieser Typ sein Boot in seinem anderen Boot.« Was genau soll mir das sagen?

Diamanten. Influencerinnen, die an ihren Händen Schmuck im Wert von Millionen von Euro tragen. Oft mit einem ziemlich nonchalanten Blick. Als ob sie sich nicht darum scheren würden. Es sind nur ein paar alte Diamanten. Der Wert dieser Diamanten entspricht in etwa dem Lebenseinkommen von durchschnittlichen Arbeiter:innen.

Oft sieht man auch Bilder von Häusern – eigentlich von Palästen –, die so prunkvoll und kostspielig sind, dass sie den Neid der Könige erregen. Manche sehen aus, als hätten sie 30 Schlafzimmer. In der Einfahrt steht ein Aston Martin. Der Text, der dazu gepostet wird, liest sich in etwa so: »In fünf Jahren werde ich in einem solchen Haus leben.« Oder: »So sieht es aus, wenn du der erste Millionär bist, den deine Familie hervorgebracht hat!«

Es gibt schlimmere Beispiele als diese. Weitaus schlimmere. Ich lüge nicht. Auf Instagram habe ich schon öfter Posts von Leuten gesehen, die *buchstäblich* in Geld baden. Sie füllen ihre Badewannen mit Bargeld. Wir sprechen von echten Geldscheinen. Ein Tisch voller Stapel von Scheinen. Kiloweise Papier. Der Text unter diesen Fotos lautet dann ungefähr so: »Wie soll es weitergehen? Weißt du schon, wie du dein Leben gestalten willst? Was bist du bereit zu tun, um dein Ziel zu erreichen?« Bizarr? Ich würde sagen, ja.

In einem Videoclip geht ein Mann zu seinem Kühlschrank, schnappt sich eine Handvoll Geldscheine und geht damit auf den Balkon hinaus. Dort wirft er das Geld aus dem zehnten Stock oder so über das Geländer, und die Scheine verteilen sich überall. Ein anderer lässt eine Handvoll Geld aus dem Schiebedach seines Autos gleiten, während er mit voller Geschwindigkeit die Straße entlangfährt. Es regnet Geld. Sind die Videos gefälscht? Ich hoffe es mal. Aber die Botschaft ist unmissverständlich: Häufe so viel Geld an, bis du genug hast, um jeden noch so verrückten Plan zu finanzieren, den du dir ausdenken kannst!

Manche Leute legen Wert darauf, allen zu sagen, dass sie es *selbst geschafft haben* und ihnen niemand geholfen hat, sie haben nur ihr Ding gemacht. Viele von ihnen erzählen, dass sie sich um nichts und niemanden kümmern und alles in sich selbst und ihren eigenen Erfolg investieren. Und zu allem Überfluss ermutigen sie uns, das Gleiche zu tun. Du könntest auch einfach loslegen! Du könntest all diese coolen Sachen haben, die ich habe. Du könntest mit einem Privatjet und einem Sportwagen reisen. Du könntest in erstklassigen Hotels wohnen und ein Leben in der Sonne genießen.

Es klingt cool, es strahlt Selbstvertrauen aus und es ist sogar etwas, auf das viele von uns tatsächlich abfahren könnten. Beanspruche deinen Anteil an der Welt. Mach was draus. Mach dein Ding. Doch was bedeutet es eigentlich, *sein Ding zu machen*? Abgesehen vom Offensichtlichen, nämlich dass niemand aus eigener Kraft viel erreichen kann, muss man sich Gedanken darüber machen, was uns diese Botschaft eigentlich sagen soll.

Natürlich kann es nicht schaden, sich mit solchen Dingen zu füttern, solange man sich vor Augen hält, dass das alles eine trügerische Illusion ist, von Anfang bis Ende. Du kannst dich immer dafür entscheiden, über diesen ganzen Wahnsinn zu lachen. Gleichzeitig ist diese besondere Art von egozentrischem Hypernarzissmus – mir fällt keine bessere Definition ein – eigentlich ein Hinweis darauf, dass all die Leute, die es nicht auf TikTok oder Instagram schaffen, aber trotzdem diesen glamourösen Lebensstil wollen, versuchen werden, das oder etwas Ähnliches auf andere Weise zu bekommen.

Was könnte das sein, vorausgesetzt, wir schließen ein Leben als Kriminelle aus? Nun, wenn du genug Geld haben willst, um dir öfter als deine Nachbar:innen ein neues Auto zu kaufen, ständig zu reisen und deine Kinder mit Plastikspielzeug zu überhäufen, hast du im Grunde nur die Wahl, dich entweder hoch zu verschulden oder dein Geld für endlose Rubbellose oder Wetten auf Pferderennen auszugeben. Entspann dich! Natürlich empfehle ich das nicht, ich will nur sicherstellen, dass du verstehst, worauf ich hinauswill.

Wie man Hypernarzissmus entgegenwirkt

Du gründest dein eigenes Unternehmen, arbeitest sieben Jahre lang hart und erntest dann die Früchte deiner Bemühungen. Erfolg braucht Zeit. Er stellt sich nicht über Nacht ein. Als ich begann, dieses Buch zu schreiben, war Jeff Bezos der reichste Mensch der Welt. Jetzt, da ich das Buch beende, ist es offenbar Elon Musk. Diese Jungs sind wirklich stinkreich. Aber das haben sie nicht über Nacht erreicht. Sie haben beide mehr als 30 Jahre gebraucht, um dorthin zu gelangen, wo sie heute sind.

Man muss bis zur Erschöpfung arbeiten, dann stellt sich der Erfolg in den meisten Fällen ein. Wie schon Finanzguru Warren Buffett sagte, als er gefragt wurde, warum so wenige Menschen seinen Ratschlägen für Investitionen folgen: »Niemand will langsam reich werden.« Vielleicht sollten wir vorsichtiger damit sein, uns mit anderen zu vergleichen. Schließlich wird es immer jemanden geben, der uns übertrumpft. Wir können nicht mit Narzisst:innen konkurrieren. Sollen sie sich doch verausgaben in ihrem Bemühen, den Anschein zu erwecken, so viel zu besitzen.

Wenn du ein Vorbild brauchst, such dir ein gesundes Vorbild. Aber vor allem solltest du dein Leben mit dem vergleichen, was du vor einem Jahr hattest. Sieht es jetzt besser aus? Wenn ja, dann ist das großartig. Feier das und gönn dir einen schönen Abend in der Stadt! Haben sich die Dinge dagegen zum Schlechten gewendet, ist das natürlich schlecht. Dann solltest du sofort einen Plan entwerfen, wie du die Situation in den Griff bekommst. Mach dich an die Arbeit, und sobald der Plan steht, fang damit an, ihn umzusetzen!

Aber mach dir nicht zu viele Gedanken darüber, dich mit den Menschen zu vergleichen, die du auf Instagram oder Facebook siehst. Denk daran: Das Internet ist nicht die reale Welt. Es gibt dort eine Menge Inhalte, von schlechten Nachrichten bis hin zu Hassreden, Mobbing und so vielem mehr, was alles andere als vertrauensfördernd ist. Ich persönlich befasse mich bewusst nicht damit, denn das ist ein echtes Chaos.

Digital Detox

Mein Rat: Schalte einen Monat lang alles aus und beobachte, wie sich das auf dein Stressniveau auswirkt. Lass Twitter für 30 Tage links liegen. Deinstalliere die Apps von Facebook und Instagram für einen Monat. Bist du auch auf anderen Plattformen? Bleib ihnen fern. 30 Tage lang. Bekommst du bei der Vorstellung Herzrasen? Fällt es dir plötzlich schwer zu atmen? Das könnte natürlich ein Hinweis sein – ich meine ja nur!

Entspann dich. Du kannst später alles wieder installieren. Versuch es nur für *30 Tage*. Wenn du 80 Jahre alt wirst, ist das nur ein Tausendstel deines Lebens. Du kannst es schaffen! Es ist kostenlos. Du kannst durch dieses Experiment viel lernen. 30 Tage sind nichts.

Immer mehr Menschen testen es. Und ausnahmslos alle sagen das Gleiche: »Ich fühle mich so viel besser! Wie kann das sein?« Dafür gibt es eine einfache physiologische Erklärung. Das Stresshormon *Cortisol* wird plötzlich nicht mehr hektisch in deinen Körper gepumpt. Du schaffst es endlich, aus dem Zustand der ständigen Kampfbereitschaft herauszukommen.

Man ist nicht mehr ständig in Alarmbereitschaft. Du beginnst, dich zu entspannen, sowohl körperlich als auch geistig. Du fängst an, andere Aktivitäten als das Herumsitzen mit dem Handy zu schätzen. Vielleicht verbringst du mehr Zeit mit deinem Kind, deinem Mann, deiner Frau, deinen Eltern oder wem auch immer, mit Menschen, die dir wichtig sind. Vielleicht fängst du an, Sport zu treiben. Oder liest Bücher. Oder telefonierst mehr und setzt damit auf echte Kommunikation. Manche Menschen sind mit den Ergebnissen ihres Verzichts auf soziale Medien so zufrieden, dass sie nie wieder einsteigen. Nie wieder. Wirklich bemerkenswert.

Während eines Vortrags im Jahr 2020 hatte ich das Thema Digital Detox angesprochen, und mir schlug eine gewisse Skepsis entgegen. Die häufigste Reaktion war: »Was in aller Welt soll ich stattdessen tun?« Nun, was hast du denn getan, bevor du von diesem Gerät abhängig warst?

Um auf das Thema der narzisstischen Kultur zurückzukommen: Verweigerst du dich diesen Optionen über einen längeren Zeitraum, erkennst du deutlicher bestimmte Verhaltensweisen, die abweichen. Du bist nicht mehr abgestumpft. Und du erkennst klarer, dass das, was manche Leute online treiben, alles andere als normal ist. Du kannst dich sogar aktiver in die Situation hineinversetzen und sagen: »Das, was du getan hast, mein Freund, war nicht in Ordnung. Bitte tu das nicht noch mal.« Plötzlich wirst du selbst Teil einer positiven Veränderung sein.

Ausatmen

Kannst du also herausfinden, wie du mehr Sinn in deinem Leben findest? Ja, natürlich. Denk gründlich darüber nach und frage ruhig andere, ob sie dir helfen können, deinen wahren Sinn zu finden. Nicht: Wann fühlst du dich gut? Sondern vielmehr: Worin besteht dein Sinn? Das gibt dir ein Gefühl des inneren Friedens, das du nie wieder loslassen willst.

Vielleicht ist, wie bereits erwähnt, Achtsamkeit eine Option für dich. Oder vielleicht kann dir ein/e erfahrene/r Therapeut:in für Konzentrative Bewegungstherapie (KBT) helfen. Es gibt viele hervorragende personliche Coaches, die Expert:innen darin sind, Menschen dazu zu bringen, neue, revolutionäre Gedanken über ihr Leben zu entwickeln. Das ist oft eine sehr gut investierte Zeit. Ich wäre nicht dort, wo ich heute bin – und zufällig auch dort, wo ich wirklich sein möchte –, wenn eine/r meiner Coaches mich nicht gezwungen hätte, mich nicht mehr selbst zu belügen. Damals war das schon ein bisschen schmerzhaft, aber insgesamt war es der beste Rat, den ich je erhalten habe. Sobald ich mit dem Schreiben dieses Buches fertig bin, lade ich sie deshalb zum Essen ein.

Zum Abschluss
Linda, dritter Teil: Wie können wir ihr helfen?

Stellt die Person, die in der ersten Reihe des Flugzeugs sitzt, ihren Sitz bis zum Anschlag zurück, muss die Person, die hinter ihr sitzt, dasselbe tun, oder der Kaffee landet auf ihren Knien. Dies setzt sich fort bis zur letzten Reihe. Diese Person sitzt an der Wand und kann nicht mehr ausweichen. Manchmal beschleicht mich das Gefühl, dass immer mehr von uns ihre Sitze ganz nach hinten schieben. Bevor wir die Kontrolle völlig verlieren, müssen wir das Problem angehen.

Deshalb wird es Zeit, unsere alte Bekannte Linda ein letztes Mal zu besuchen. Du hast sie sicher nicht vergessen. Linda, deren Eltern sie übermäßig unterstützten, die schließlich aber genug von ihrem Verhalten hatten und ihr sagten, dass sie von nun an ihren eigenen Weg gehen müsse. Linda, deren Strategien, um von anderen Menschen das zu bekommen, was sie wollte, Zwang, Tränen oder Streit waren. Sie wandte diese Tricks bei allen an: bei ihrer Mutter, ihrem Vater, ihrem Lehrer oder, wie im letzten Beispiel in diesem Buch, bei ihrer Chefin. Wie du dich vielleicht erinnerst, ging ihrem Vater am Ende die Geduld aus, und er zog einen Schlussstrich: keine weiteren Rettungsaktionen mehr. Kein Weglaufen vor der Verantwortung mehr. Zeit für Linda, sich wie eine Erwachsene zu verhalten.

Nehmen wir einmal an, du wärst mit Linda eng befreundet, und sie käme zu dir, um sich darüber zu beschweren, dass ihr Vater sie nicht mehr unterstütze. Alles sei so ungerecht. Nichts habe sich so entwickelt, wie sie es sich vorgestellt hat. Nehmen wir an, du gehst nicht davon aus, dass Linda eine klinische Narzisstin ist (Männer sind tatsächlich viel häufiger Narzissten als Frauen, wahrscheinlich, weil sie insgesamt weniger empathisch sind), bei der eine NPS diagnostiziert wurde, sondern du siehst sie eher als Opfer dessen, was wir als narzisstische Kultur definiert haben. Das bedeutet, dass sie nicht wirklich eine narzisstische Persönlichkeit hat, sondern einfach eine Reihe von Verhaltensmustern entwickelt hat, die man als narzisstisch bezeichnen könnte. Wir können davon ausgehen, dass sie ihr eigenes Verhalten noch nie auf diese Weise betrachtet hat, und da niemand in der Vergangenheit etwas zu ihr gesagt hat, war die Ankündigung ihres Vaters für sie ein Schock.

Sagen wir mal, dass sie davor nie darüber nachgedacht hatte. *Alle machen das!* Es ist nicht Lindas Schuld, dass die Gesellschaft so ist, wie sie ist. Sie hat nie darum gebeten, in etwas hineingezogen zu werden, das sie selbst nicht einmal richtig wahrnehmen kann. Aber du willst helfen. Und das möchte ich hier betonen: Wir *müssen* einander helfen. Ich will hier nicht zu sehr predigen, aber wir müssen uns gemeinsam wieder angewöhnen, die Energie zu haben, Dinge füreinander zu tun und nicht nur für uns selbst. Unser gesamtes System hat uns nur deshalb dorthin gebracht, wo wir heute sind, weil wir es auf gegenseitigem Interesse und Zusammenarbeit aufgebaut haben. Hier ist deine Chance, wirklich etwas Gutes zu tun.

Natürlich spekulieren wir hier nur, aber was könntest du tatsächlich tun, um Linda zu helfen, wenn du die Möglichkeit dazu hättest? Angenommen, du hast – aus Gründen, die wir nicht näher erläutern müssen – irgendwelche Gefühle für Linda und wollest nur das Beste für sie. Was solltest du tun? Was sagen? Was müsste sie deiner Meinung nach tun, um das Problem in den Griff zu bekommen? Welche Risiken bist du bereit einzugehen, um ihr zu helfen, der Abwärtsspirale zu entkommen, in der sie gefangen ist? Was würdest du ihr sagen wollen?

Eines der schwierigsten Dinge, die man versuchen kann, ist, jemandem zu helfen, der sich nicht helfen lassen will. Es ist, als würde man versuchen, jemanden zu umarmen, der eigentlich auf eine Schlägerei aus ist. Nach meiner Erfahrung liegen die Erfolgsaussichten praktisch bei null. Die Psychologie dahinter ist einfach: Sobald man einen gut gemeinten Ratschlag gibt, enthält dieser auch eine implizite Kritik am aktuellen Status quo der Betreffenden. Du würdest schließlich nichts raten, wenn alles großartig wäre, oder? Das bedeutet also, dass du kritisch bist. Und selbst wenn die betreffende Person behauptet, dass sie mit ihrer derzeitigen Situation unzufrieden ist, bedeutet das nicht unbedingt, dass sie dich darum bittet, ihre Bedenken zu bekräftigen und ihr einen passenden Ratschlag zu erteilen.

Manchmal muss man einfach nur zuhören. Und dann noch mehr zuhören. Ohne den Mund zu öffnen. Frauen sind darin besser als Männer. Männer neigen, wie wir alle wissen, dazu, direkt auf die Lösung zuzusteuern: »Das solltest du tun.« Wenn du, lieber Leser, mit einer Frau zusammenlebst, wird sie dir das gerne bestätigen. Frag sie: Manchmal will sie nur, dass du zuhörst. Lass dir eine Weile von ihren Erfahrungen erzählen, ohne sie zu unterbrechen. Aber was dann? Und wenn dir nichts einfällt, wie du deiner Freundin in ihrer Situation helfen könntest? Nimm zum Beispiel Linda. Wie könntest du ihr wirklich helfen, um sie in die Gemeinschaft zu integrieren?

Der wichtigste Schritt besteht darin, sich zu vergewissern, dass du weißt, was das Problem ist. Hier ist nicht Lindas Vater das Problem, auch wenn Linda das vielleicht angedeutet hat. Wenn du nicht weißt, welches Problem du lösen sollst, erkennst du auch nicht die Notwendigkeit einer Lösung. Das musst du also erst herausfinden. Und Linda wird das auch. Sie wird sich nur so lange weigern, gute Ratschläge anzunehmen, bis das eigentliche Problem für sie sichtbar wird.

Zunächst musst du deshalb das Problem identifizieren. Das bedeutet, dass du Linda dazu bringen musst, ihr Leben so zu beschreiben, wie sie es im Moment erlebt. Erst wenn sie akzeptiert hat, dass sie sich ändern muss, macht es Sinn, ihr zu erklären, wie sie es deiner Meinung nach tun könnte.

Ist das alles so einfach? Auf keinen Fall. Aber ich bin der festen Überzeugung, dass wir uns alle gegenseitig unterstützen müssen, wenn wir sehen, dass die Dinge aus dem Ruder laufen. Je früher, desto besser natürlich, und es lohnt sich, daran zu denken, dass die meisten von uns den narzisstischen Strömungen in unserer Kultur noch nicht erlegen sind. Wenn wir mutig genug sind, alles, was so aussieht, als könnte es uns in die Irre führen, so früh wie möglich anzusprechen, sind wir vielleicht in der Lage, großzügiger mit unserer Zeit umzugehen und uns gegenseitig zu helfen, das Muster zu durchbrechen.

Ist es für jemanden wie Linda zu spät? Ich weiß es nicht. Das hängt davon ab, was in den nächsten Wochen passieren wird. Gibt es eine Linda in deinem Leben? Tu etwas! Irgendetwas. Gemeinsam können wir alle den Kurs ändern und den schwierigsten Problemen aus dem Weg gehen. Ich mag diese alte Redensart: Es braucht ein Dorf, um ein Kind großzuziehen.

Danke, dass du es bis hierher geschafft hast. Seid gut zueinander!

Thomas Erikson

Bibliografie und Quellen

Einführung

- Twenge, J. M. & Campbell, W. K. *The Narcissism Epidemic. Living in the Age of Entitlement.* Atria Books (2009).

Kapitel 7

- Campbell, W. K., Bosson, J. K., Goheen, T. W., Lakey, C. E. & Kernis, M. H. (2007). *Do Narcissists Dislike Themselves »deep down inside«?* Psychological Science, 18, 227–229.
- Gentile, B. & Twenge, J. M. *Birth Cohort Changes in Self-Esteem, 1988–2007.* Unpublished manuscript. Based on: Gentile, B. (2008). Master's thesis, San Diego State University.
- Twenge, J. M. & Campbell, W. K. (2001). *Age and Birth Cohort Differences in Self-Esteem: A Cross-Temporal Meta-Analysis.* Personality and Social Psychology Review, 5, 321–344.

Kapitel 13

- Dweck, C. & Po, B. (2007). »How Not to Talk to your Kids: The Inverse Power of Praise«, Study done by social psychologist Carol Dweck of Stanford: Bronson, Po. 12. Februar 2007. http://nymag.com/news/features/27840/ (abgerufen online am 06.06.2008).
- Horton, R. S., Bleau, G. & Drwecki, B. (2006). *Parenting Narcissus: What are the Links Between Parenting and Narcissism.* Journal of Personality, 74, 345–376.
- Miller, J. D. & Campbell, W. K. (2008). *Comparing Clinical and Social-Personality Conceptualizations of Narcissism.* Journal of Personality, 76, 449–476.

- Otway, L. J. & Vignoles, V. L. (2006). *Narcissism and Childhood Recollections: A Quantitative Test of Psychoanalytic Predictions.* Personality and Social Psychology Bulletin, 32, 104–116.
- Twenge, J. M. & Campbell, »Parenting and Narcissism: A Prospective Study« (2008). Unpublished manuscript. (Taken from *The Narcissism Epidemic,* Twenge & Campbell.)

Kapitel 20

- Ogden, C. L., Fryar, C. D., Carroll, M. D. & Flegal, K. M. (2004). *Mean Body Weight, Height and Body Mass Index, United States 1960–2002.* Advance Data from Vital and Health Statistics, 347, 27. Oktober 2004.

Kapitel 21

- Buffardi, L. E. & Campbell, W. K. (2008). *Narcissism and Social Networking Websites.* Personality and Social Psychology Bulletin.

Kapitel 25

- Die Koreaner:innen übertrafen jedoch die tatsächlichen Leistungen der US-Schüler:innen in den Mathe-Tests bei Weitem: Diese Testdaten (aus »The Trends in International Mathematics and Science Study« [TIMSS] sowie aus Daten der National Assessment of Educational Progress [NAEP]) finden sich online auf der vom U.S. Department of Education geführten Internetseite: http://nces. ed.gov/index.asp. Siehe, zum Beispiel: http://nces.ed.gov/timss/results03_eighth95.asp (abgerufen online am 06.07.2008).

Kapitel 26

- Foster, J. D., Campbell, W. K. & Twenge, J. M. (2003). *Individual Differences in Narcissism: Inflated Self-Views across the Lifespan and Around the World.* Journal of Research in Personality, 37, 469–486.

- Gibbs, Nancy. *»Do kids have too much power?«* Time, 6. August 2001; http://www.time.com/time/covers/1101010806/cover.html (abgerufen online am 06.07.2008).

Kapitel 27

- https://opeNPDychometrics.org/tests/NPI/
- Raskin, R. & Terry, H. (1988). *A Principal-Components Analysis of the Narcissistic Personality Inventory and Further Evidence of its Construct Validity.* Journal of Personality and Social Psychology, 54 (5), 890–902.

208 Seiten
16,99 € (D) | 17,50 € (A)
ISBN 978-3-86882-564-0

Jens Hoffmann

Menschen entschlüsseln

Ein Kriminalpsychologe erklärt, wie man spezielle Analyse- und Profilingtechniken im Alltag nutzt

Wie gut kennen Sie Ihre Freunde und Kollegen? Ist der Mensch, mit dem Sie das Büro teilen, ein Fremder für Sie? Es ist gar nicht so leicht, andere Menschen richtig einzuschätzen. Denn viele der 15 bekannten Persönlichkeitsstile sind nicht gleich auf den ersten Blick zu erkennen, manche, wie der Narzissmus, fallen dagegen schnell auf. Aber was tut man, wenn der eigene Chef ein Narzisst ist? Oder sich der neue Flirt als hartnäckiger Querulant entpuppt? Dr. Jens Hoffmann ist Kriminalpsychologe und Experte für Profiling. In seinem Buch zeigt er die besten Tipps im Umgang mit Boss-Typen, Psychopathen, Narzissten, dramatischen Persönlichkeiten und anderen.

mvgverlag